"十四五"职业教育国家规划教材

高等职业教育动车组检修技术专业系列教材

动车组机械装置检修

张明思◎主　编

张文伟　顿小红◎副主编

樊　星　秦明明◎主　审

中国铁道出版社有限公司

2026年·北　京

内 容 简 介

本书为“十四五”职业教育国家规划教材，采用项目—任务式的编写方式，以CRH2、CRH380和CR400等系列车型为例，介绍了动车组机械装置及检修方法。全书分为4个项目，共14个任务，包含动车组概述、动车组车体结构及车内设施检修、动车组转向架检修和动车组车端连接装置检修等内容。

本书适合作为高等职业院校动车组检修技术专业教材，也可作为动车组检修相关技术人员培训、参考用书。

图书在版编目(CIP)数据

动车组机械装置检修/张明思主编．—北京：中国铁道出版社有限公司，2023.8（2026.2 重印）

ISBN 978-7-113-30332-7

Ⅰ.①动… Ⅱ.①张… Ⅲ.①动车-机械设备-机车检修 Ⅳ.①U269

中国国家版本馆CIP数据核字(2023)第113833号

书　　名：动车组机械装置检修

作　　者：张明思

责任编辑：阚济存　　**编辑部电话：**(010)51873133　　**电子邮箱：**ni_yh_press@163.com

编辑助理：倪英翰

封面设计：郑春鹏

责任校对：刘　畅

责任印制：赵星辰

出版发行：中国铁道出版社有限公司（100054，北京市西城区右安门西街8号）

网　　址：https://www.tdpress.com

印　　刷：北京启航东方印刷有限公司

版　　次：2023年8月第1版　2026年2月第3次印刷

开　　本：787 mm×1 092 mm　1/16　**印张：**12.25　**字数：**300千

书　　号：ISBN 978-7-113-30332-7

定　　价：49.00元

前言

目前,中国高速铁路营业里程居世界第一。以中国动车组为代表的高铁,从无到有,从有到优,从追赶到领跑,凭着自力更生的创新精神、拥抱世界的大视野,实现了从中国制造到中国创造乃至中国智造的跨越。白天奔驰在祖国大地上的动车组,到了夜晚,需要进行检修才能保证第二天的运行安全,其中,动车组机械装置主要包括动车组车体、转向架、车端连接装置等,机械装置检修能力是动车组机械师工作岗位必备的基本技能。

全书根据动车组机械师岗位职责与职业发展需求,将理论与实践有机结合;按照"以项目为载体、任务引领、工作过程导向"的职业教育教学理念和新形态一体化教材开发要求,将全书分为动车组概述、动车车体结构及车内设施检修、动车组转向架检修和动车组车端连接装置检修四大项目,着力体现模块化、系列化实践教学单元,确保教材内容与岗位标准相契合;依托教育数字化转型的强大助力,以国家在线精品课程"动车组机械装置检修"慕课为牵引,将微课、教学 PPT、电子教材相结合,推动信息技术与新形态教材深度融合,增加教材互动性、趣味性;结合动车组幕后英雄系列案例,坚持能力培养与价值引领同频共振的设计思路。结合动车组从"和谐号"到"复兴号"的发展历程,每个模块按照学生的学习规律,从简单到复杂,从线下到线上,从认知到实践全方位提供新形态教材资源。

本书所有实训单、作业单、评价单均配有电子版,需要相关电子版的读者可致电编辑部索取,联系电话(010)51873133。

本书根据校企合作、产教融合的思路组建"院校 + 企业"的编写团队,结合职业院校和铁路职工专业学习特点,全方位、多视角呈现专业学科知识。本书由武汉铁路职业技术学院张明思任主编,武汉铁路职业技术学院张文伟、顿小红任副主编,中国铁路武汉局集团有限公司武汉动车段樊星、秦明明任主审。全书具体编写分工如下:项目一、项目三由张明思编写;项目二由张文伟编写;项目四由顿小红编写。中国铁路武汉局集团有限公司武汉动车段工程师李焜武,中国铁路武汉局集团有限公司武汉高速铁路职业技能训练段等提供资料并参与部分内容编写及审定。

由于时间仓促,铁路科技变化更新速度快,加之作者水平有限,疏漏之处在所难免,恳请广大读者批评指正。

编　者

2023 年 7 月

目录

项目一 动车组概述

中国高速动车组，从“和谐号”到“复兴号”，一次次闪耀地登上世界舞台，一次次完美地呈现华丽变身。这个被称为中国一张亮丽名片的中国骄傲，不断向世界展示中国速度、中国智慧、中国制造和中国标准。

从早期技术引进到消化吸收再创新，再到复兴号动车组全面拥有核心技术，实现自主知识产权，中国高铁迈出了从追赶到领跑的关键一步。经过近年来的不断发展，中国高铁人不仅掌握了“核心技术”，而且逐渐走出了中国制造的技术路线。

本项目依据动车组从“和谐号”到“复兴号”的发展历程，结合课程目标，通过3个任务——动车组的定义及分类、动车组的发展史、动车组型号及配置代码，探秘动车组发展历程，体会高铁人的艰苦奋斗精神。同时通过学习掌握如何进行各种类型动车组的分辨能力。

任务一 动车组的定义与分类

一、任务目标

【知识目标】

1. 了解动车组的定义。
2. 掌握动车组不同类型的区分。

【能力目标】

1. 能说出动车组关键名字的含义。
2. 能写出我国动车组家族的分类标准。

【素养目标】

1. 感受学习习惯和行为习惯的重要性。
2. 体会爱岗敬业、忠于职守、团结合作、精益求精等动车检修人的工匠精神。

二、任务导入

到2022年底，我国高铁营业里程达到4.2万km，占世界高铁总里程的三分之二以上，稳居世界第一。同时，复兴号动车组常态化按时速350 km运营，使我国成为世界上唯一实现高铁时速350 km商业运营的国家，树起了世界高铁商业化运营标杆，以最直观的方式向世界展示了“中国速度”。

动车组表示什么含义？动车组有哪些分类方式？通过相关知识点和微课资源的学习，完成本任务作业单。

三、相关知识点

知识点1 动车组的定义与分类

1. 动车组的定义

动车组的定义及相关解释见表1-1。

表 1-1 动车组的定义及相关解释

序号	名词	相关解释
1	动车组	由动车(有动力)和拖车(无动力)组成的自带动力、固定编组、两端均可操纵驾驶、整列一体化设计的一组列车
2	电动车组	以电力为动力源的动车组
3	内燃动车组	以内燃机为动力源的动车组
4	动力分散动车组	动力设备分散布置在若干车辆上,并且每辆车均能载客的动车组
5	动力单元	由多个安装有动力设备的车辆连接在一起组成一个完整的可提供牵引动力的车辆组合
6	动车	在动车组中具有牵引力输出能力的车辆
7	拖车	在动车组中不具有牵引力输出能力的车辆

2. 动车组的分类

动车组的分类方式主要有三种:按动力配置方式分类、按牵引动力类型分类及按转向架连接方式分类。

1)按动力配置方式分类

按照动力配置方式,可将动车组分为动力分散动车组和动力集中动车组。

(1)动力分散动车组:指动力设备分散布置在若干车辆上,并且每辆车均能载客的动车组,如我国的 CRH1、CRH2、CRH3、CRH5、CR400、CR300 等系列动车组。

(2)动力集中动车组:指将列车的动力设备集中在列车的一端或两端车辆上且动力车辆不载客的动车组,如我国的 CR200J。

2)按牵引动力类型分类

按照牵引动力类型,可将动车组分为电动车组、内燃动车组以及混合动力动车组。

(1)电动车组:指以电力为动力源的动车组。电动车组通常在电气化铁路上运行。由于电动车组所用的电力牵引具有牵引功率大、轴重轻、经济性好、利于环保等优点,因此,世界各国高速铁路 80% 以上的高速动车组都是采用电动车组。

(2)内燃动车组:指以内燃机为动力源的动车组。根据内燃机的种类,可分为柴油动车组和燃气轮动车组。我国铁路内燃动车组绝大多数是柴油动车组。内燃动车组由于其运用线路投资少、见效快等优点,常用于尚未电气化的铁路区段。

(3)混合动力动车组:指以多种动力驱动的动车组,如油电混合型(内燃机 + 接触网电能或者内燃机 + 动力蓄电池)、电电混合型(接触网电能 + 动力蓄电池)等,可实现电气化和非电气化铁路间跨线运行,为乘客出行提供方便。

3)按转向架连接方式分类

按照转向架连接方式,可将动车组分为独立式动车组和铰接式动车组。

(1)独立式动车组:指传统的转向架与车体的连接方式,每节车的车体都由两台转向架支撑,车辆与车辆之间通过车端连接装置相连接,动车组解编后车辆可独立行走。

(2)铰接式动车组:指动车组车体与车体之间用弹性铰相连接,在两个车体连接处共用一台转向架,因此每节车辆不能从动车组中解编下来独立行走。

四、任务实施

第一步：学习教材本任务知识点 1。

第二步：结合教学资料，完成作业单 1-1。

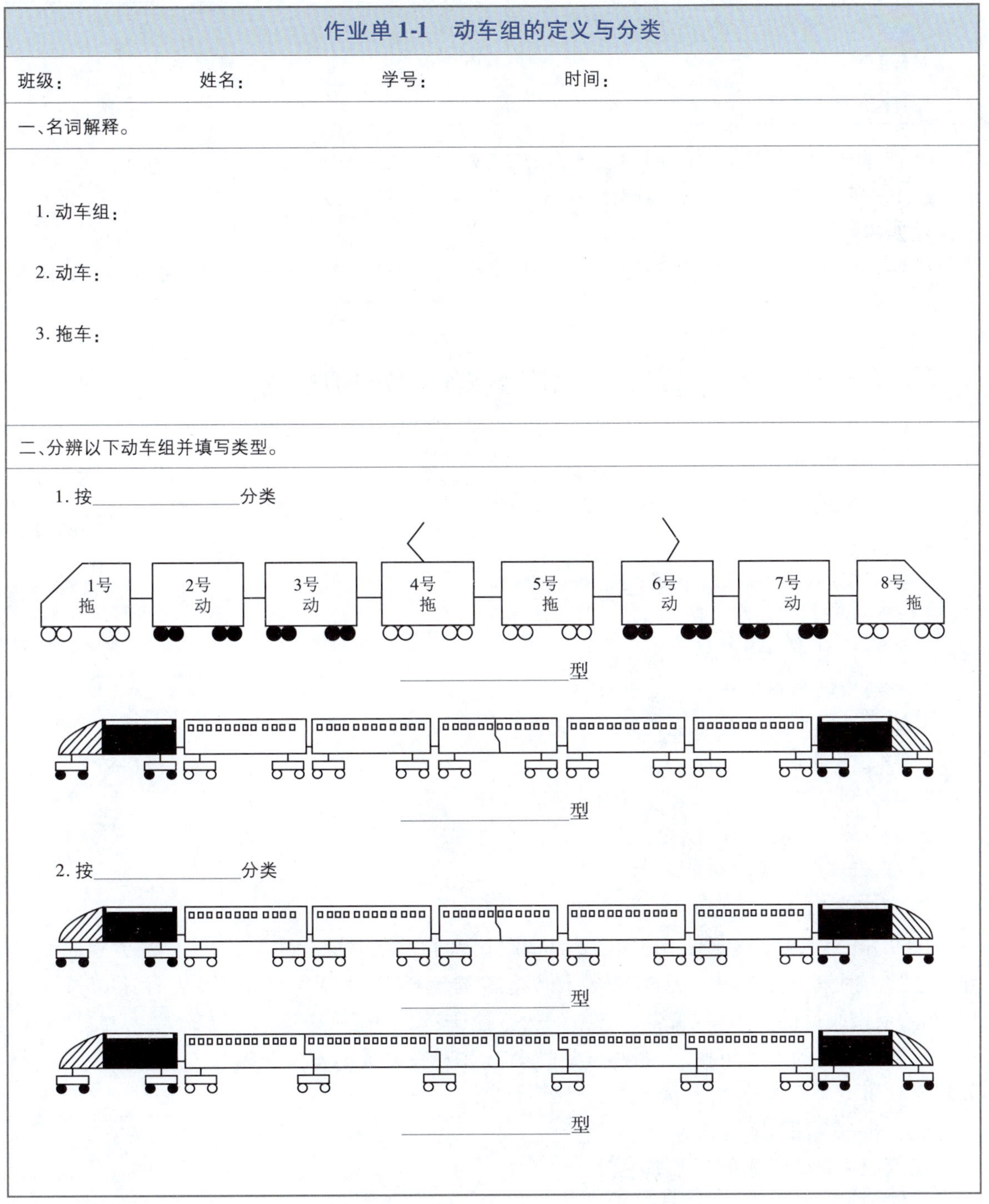

作业单 1-1　动车组的定义与分类

班级：　　　　姓名：　　　　学号：　　　　时间：

一、名词解释。

1. 动车组：

2. 动车：

3. 拖车：

二、分辨以下动车组并填写类型。

1. 按________分类

________型

________型

2. 按________分类

________型

________型

第三步：结合作业完成情况，完成动车组的定义与分类评价单 1-1。

评价单 1-1　动车组的定义与分类

评价等级	A—优	B—良	C—中	D—及格	E—不及格
学生自评					
组内互评					
教师互评					
综合评价					

注:按照学生自评占 20%、组内互评占 20%、教师评价占 60% 的比例计分。其中,A—90 ~ 100 分,B—80 ~ 90 分,C—70 ~ 80 分,D—60 ~ 70 分,E—60 分以下。

第四步:课后拓展

谈谈各型号复兴号动车组按照动力配置、牵引动力类型、转向架连接方式分别是什么类型的动车组?

任务二　我国动车组的发展历程

一、任务目标

【知识目标】

1. 了解动车组的发展过程。
2. 掌握动车组不同类型的开发平台的特点。

【能力目标】

1. 能绘出动车组发展的路线。
2. 能绘出动车组家族的组成框架。
3. 能区分动车组不同类型的开发平台。

【素养目标】

1. 感受学习习惯和行为习惯的重要性。
2. 体会爱岗敬业、忠于职守、团结合作、精益求精等动车检修人的工匠精神。

二、任务导入

1909 年,京张铁路建成;2019 年 12 月 30 日,世界首条时速 350 km 的智能高铁京张高铁开通运营。回望百年历史,从自主设计修建零的突破到世界先进水平,从时速 35 km 到 350 km,京张线见证了中国铁路从无到有、从追赶到领跑的砥砺奋进。

回顾动车组的发展历程,有哪些重要时刻?有哪些关键车型?有哪些创新平台?通过相关知识点和微课资源的学习,完成本任务作业单。

三、相关知识点

知识点 1　动车组的发展历程

1. 初创期

我国对动车组技术的探索和动车组的研制,最早可以追溯到 1979 年,根据当时的规划,研究开发了 140 km/h 速度级动力分散式电动车组。此后,我国先后研发了 26 款种类各异的动车组样车,牵引类别涵盖了内燃和电力,动力配置涵盖了动力集中和动力分散,速度等级涵盖了 100 km/h、120 km/h、140 km/h、180 km/h、200 km/h 各个速度级别。这些国产动车组吸收了 25 型铁路客车的研发成果,同时也广泛借鉴了国外先进技术,其代表性动车组有:200 km/h 电动旅客列车组“大白鲨”“蓝箭”“中华之星”“先锋号”“中原之星”“长白山”等。国内早期研制典型动车组如图 1-1 所示。

图 1-1 国内早期研制典型动车组

“大白鲨”动车组是 1999 年由长春客车厂、株洲电力机车厂、四方机车车辆厂、唐山机车车辆厂、浦镇车辆厂及株洲电力机车研究所等研制的动力集中电动车组,最高运营速度 200 km/h。

“蓝箭”动车组是 1999 年—2001 年由株洲电力机车厂与长春客车厂联合研制的我国第一列采用交流传动技术的电动车组。

“中华之星”动车组是 2001 年由长春客车厂、四方机车车辆股份有限公司、株洲电力机车厂和大同机车厂共同研制的动力集中动车组,最高运营速度 270 km/h。

“先锋号”动车组是 2001 年由浦镇车辆厂研制的动力分散电动车组,最高运营速度 200 km/h。

“中原之星”动车组是 2001 年由株洲电力机车厂、四方机车车辆股份有限公司、株洲电力机车研究所联合研制的动力分散电动车组,最高运营速度 160 km/h。

“长白山”动车组是 2003 年由长春轨道客车股份有限公司研制的动力分散电动车组,采用 6M3T 动力配置,最高运营速度 200 km/h。

2. 发展成熟期

从 2004 年起,我国通过技术引进、消化吸收再创新形成了和谐号 CRH 系列动车组,主要包括 CRH1、CRH2、CRH3 和 CRH5 四大技术平台。

(1)CRH1 动车组技术平台

CRH1 动车组技术平台是由中车青岛四方机车车辆股份有限公司与加拿大庞巴迪公司的合资公司青岛四方阿尔斯通铁路运输设备有限公司(原名:青岛四方庞巴迪铁路运输设备有限公司)研制生产的,目前有 CRH1A、CRH1B、CRH1E、CRH380D、CRH1A-A 等型号。

CRH1A 型动车组的原型车是加拿大庞巴迪公司为瑞典国铁(SJ)设计的 Regina C2008 型电动车组。2007 年 2 月,首批 CRH1A 型动车组投入运用。采用不锈钢车体,8 辆编组,5M3T(M:动车;T:拖车)动力配置,最高运营速度 200 km/h 或 250 km/h(不同批次)。2007 年,在 CRH1A 型动车组基础上扩编成 16 辆编组坐车。

CRH380D 型动车组是 2012 年基于 ZEFIRO380 平台研发的高速动车组,采用 4M4T 动力配置,最高运营速度 350 km/h。CRH380D 型动车组车体采用通长的铝合金型材,车内振动小,噪声低,温度、湿度可自动调节,总定员为 556 人。

2015 年，研制 CRH1A-A 型动车组，最高运营速度 250 km/h。CRH1 动车组技术平台典型动车组如图 1-2 所示。

图 1-2　CRH1 动车组技术平台典型动车组

（2）CRH2 动车组技术平台

CRH2 动车组技术平台是由中车青岛四方机车车辆股份有限公司消化吸收日本川崎重工 E2-1000 系动车组技术研制生产的，目前有 CRH2A、CRH2B、CRH2E、CRH2C、CRH380A、CRH380AL、CRH6A、CRH6F、CRH2G 等型号。

首批 CRH2A 型动车组于 2007 年 1 月投入运营，最高运营速度 250 km/h，采用 8 辆编组、4M4T 的动力配置方式。

2007 年，先后在 CRH2A 型动车组基础上扩编研制形成 CRH2B、CRH2E 型 16 辆编组座车/卧铺动车组。

CRH2C 型动车组在 CRH2A 型动车组基础上通过技术升级提升运行速度，总共有两个阶段。首列 CRH2C 型第一阶段动车组于 2007 年 12 月下线，动力配置由 4M4T 调整为 6M2T，最高运营速度 310 km/h。首列 CRH2C 型第二阶段动车组于 2010 年下线，在第一阶段的基础上进行提升，最高运营速度 350 km/h。

CRH380A、CRH380AL 型动车组是 2010 年在 CRH2C 型动车组基础上自主研制的高速动车组，最高运营速度 350 km/h。其中，CRH380A 型动车组编组为 6M2T。CRH380AL 为 CRH380A 型的长编组形式，采用 14M2T 动力配置。

除上述动车组外，2013 年研制了 CRH6A 和 CRH6F 型城际动车组，2015 年研制了 CRH2G 型高寒动车组。CRH6A 型城际动车组最高运营速度 200 km/h，CRH6F 型城际动车组最高运营速度 160 km/h。CRH2G 型高寒动车组可在 −40 ~ +40 ℃极端气候条件下正常运营，最高运营速度 250 km/h，转向架采用高寒适应性设计，车下设备舱采用密封结构，空调系统采用防风沙和空气过滤设计等。CRH2 动车组技术平台典型动车组如图 1-3 所示。

图 1-3　CRH2 动车组技术平台典型动车组

(3)CRH3 动车组技术平台

CRH3 动车组技术平台是由中车唐山机车车辆有限公司和中车长春轨道客车股份有限公司消化吸收西门子 Velaro-E 动车组技术研制生产的,目前有 CRH3C、CRH380B、CRH380BG、CRH380BL、CRH380CL、CRH3A 等型号。

CRH3C 型动车组,最高运营速度 350 km/h,8 辆编组,4M4T 动力配置,2008 年 8 月正式投入运营。

CRH380BL 型动车组是在 CRH3C 型动车组基础上自主研制的新一代高速动车组,2010 年 5 月底首列样车完成试制。与 CRH3C 型动车组相比,CRH380BL 型动车组采用 16 辆编组,8M8T 动力配置,最高运营速度 350 km/h,通过提升牵引功率、降低传动比、气动外形减阻等方式优化了列车性能,通过车厢降噪、加强车内气压控制提高了列车舒适度。

CRH380B 型动车组为 CRH380BL 型的短编形式;CRH380BG 型动车组为高寒型,针对哈大客运专线的高寒运用环境进行了适应性优化,在材料、低温特性、密封防雪及防结冰、空调采暖、水系统防冰、转向架系统低温适应性等方面进行了改进,可适应 -40 ~ +40℃环境运营要求。

CRH380CL 型动车组是在 CRH3C 和 CRH380BL 型动车组基础上于 2011 年研发的高速动车组,为 16 辆编组,8M8T 动力配置,采用了新头型以降低列车高速运行时的气动阻力,最高运营速度 350 km/h。

2016 年,研制的 CRH3A 型动车组,为 8 辆编组,4M4T 动力配置,牵引总功率 5 500 kW,最高运营速度 250 km/h。CRH3 动车组技术平台典型动车组如图 1-4 所示。

图 1-4 CRH3 动车组技术平台典型动车组

(4)CRH5 动车组技术平台

CRH5 动车组技术平台是由中车长春轨道客车股份有限公司消化吸收阿尔斯通 SM3 型动车组技术研制生产的,目前有 CRH5A、CRH5G、CRH5E 等型号。

CRH5A 型动车组为 8 辆编组,采用 5M3T 的动力配置方式。第一列国产 CRH5A 型动车组于 2007 年下线,最高运营速度 250 km/h。

2014 年,研制了 CRH5G 型耐高寒抗风沙动车组,该型动车组在 CRH5A 型动车组基础上,根据兰新、哈大线等典型高寒风沙地区的运用条件,从系统匹配、结构设计、材料选择等方面进行了优化设计,最高运营速度 250 km/h。

2015 年,研制了 CRH5E 型动车组,为耐寒型卧铺动车组,可以在 -40 ℃的环境下长时间运营,具备简洁实用的“座卧转换”功能可实现夜间卧、白天坐两种运营模式。CRH5 动车组技术平台典型动车组如图 1-5 所示。

图 1-5 CRH5 动车组技术平台典型动车组

3. 自主创新期

为解决我国动车组技术引进后带来的自主化、简统化及运用适应性问题，按照国家创新驱动发展战略，2013 年起，我国研制了 CR400 平台和 CR300 平台复兴号系列动车组，8 辆编组相同速度等级的复兴号动车组可互联互通、实现重联运营。2017 年以后，为满足我国智能高铁发展需求，研制了京张和京雄智能动车组。

复兴号动车组是在充分吸收我国多年来动车组运用检修经验的基础上，以市场需求为目标、坚持问题导向、坚持自主创新、开展正向设计、全面提高自主化水平研制的具有完全自主知识产权的标准化、系列化、简统化动车组，达到国际领先水平，满足未来发展需求。

(1)CR400 平台动车组

CR400 平台动车组为时速 350 km 的复兴号动车组，有 CR400AF（图 1-6）和 CR400BF（图 1-7）两种技术平台，包括 8 辆编组（CR400AF、CR400BF）、16 辆编组（CR400AF-A、CR400BF-A）、17 辆编组（CR400AF-B、CR400BF-B）、8 辆编组高寒型（CR400AF-G、CR400BF-G）等不同技术配置动车组。

图 1-6 CR400AF 平台动车组

图 1-7 CR400BF 平台动车组

CR400 平台 8 辆编组复兴号动车组为时速 350 km 的动力分散式电动车组，4M4T 动力配置。为满足大客流干线客流运输需求，2017 年研制了时速 350 km 的 16 辆编组复兴号动车组 CR400AF-A 和 CR400BF-A，8M8T 动力配置。

2018 年，为进一步提升京沪高铁等繁忙干线动车组列车的载客能力，研制了 17 辆编组复兴号动车组，全长约 440 m，载客定员 1 283 人，载客能力较 16 辆编组提升了 7.5%。

(2)CR300 平台动车组

为满足不同速度等级线路使用需求，2018 年在 CR400 平台动车组基础上研制了时速

250 km的 CR300 平台动车组,如图 1-8 所示。

图 1-8　CR300 平台动车组

(3)智能动车组

京张高铁复兴号智能型动车组 CR400BF-C 是复兴号动车组的家族产品,定位于复兴号的智能型,由中车长春轨道客车股份有限公司研制。动车组采用了低阻力新型流线型车头,运行阻力较 CR400BF 型动车组减少约 10%,能耗降低约 7% ;首次实现有人值守的自动驾驶;首次应用应急自走行技术,可在京张线任意点自走行至邻近站;首次采用智能列车安全监控系统,实现多系统、整车级交互监测。2019 年底 2 列智能动车组在京张高铁投入运营。

京雄高铁复兴号智能型动车组 CR400AF-C 是复兴号动车组的家族产品,定位于复兴号的智能型,由中车青岛四方机车车辆股份有限公司研制。动车组聚焦智能、舒适、绿色及新形象,较 CR400AF 型动车组新增 ATO、PHM、5G、以太网、抬头显示等系统,多场景提升智能行车、智能运维、智能服务水平;增设司机登乘门、优化商务及一等客室,提升噪声、空气质量、压力控制水平,设盲文标识,全面提升乘坐及环境舒适性;采用灰水回收、变频空调等节能技术,选用环保材料践行环保理念;开发新头型,新头型较 CR400AF 型动车组可降低气动阻力 2%。

此后,在京张、京雄智能动车组优化技术方案的基础上,结合运用检修需求和不同线路开通的运营线路条件,研制了智能配置动车组,包括 8 辆编组智能型 CR400AF-Z、CR400BF-Z 和 17 辆编组智能型 CR400AF-BZ、CR400BF-BZ,如图 1-9 所示。

图 1-9　复兴号智能动车组

思政小课堂

“十三五”时期，中国铁路总公司(2019 年 6 月 18 日以后为中国国家铁路集团有限公司)按照国家创新驱动发展要求，深入实施复兴号品牌战略，牵头组织国内相关企业、高校和科研院所形成创新团队，根据旅客和市场需求，采取正向设计的原则，在高铁关键装备领域开展技术创新，取得了一系列重大突破。

研发团队搭建了具有完全自主知识产权的中国高速动车组技术创新平台，系统掌握了车体、转向架、牵引、制动、网络等关键核心技术，构建了我国高速铁路装备成套试验验证体系。

2016 年 7 月，2 列中国标准动车组在郑徐高铁，实现了拟运营高铁动车组世界上首次时速 420 km 交会和重联运行。

2017 年 6 月，中国标准动车组被命名为复兴号，并在京沪高铁上线运营。2017 年 9 月，复兴号动车组在京沪高铁实现时速 350 km 商业运营，树起世界高铁建设运营新标杆。

2019 年 12 月，复兴号智能动车组在京张高铁上线运营，世界上首次实现时速 350 km 自动驾驶，这是复兴号系列动车组在智能化方面的重要成果。2020 年 5 月，复兴号动车组研发创新团队荣获全国创新争先奖牌。

我国动车组发展历程

四、任务实施

第一步：扫描二维码完成线上学习。

第二步：学习教材本任务知识点 1。

第三步：结合线上线下教学资料，完成作业单 1-2。

作业单 1-2　动车组发展历程的认知

班级：　　姓名：　　学号：　　时间：

一、请写出下面动车组车型的生产厂家。

1. CRH1A：

2. CRH2A：

3. CRH3C：

4. CRH5A：

二、我国动车组不同平台车型对比表。

技术平台	200 km/h 等级车型			300 km/h 等级车型		
	序号	车型	编组方式	序号	车型	编组方式
CRH1	1	CRH1A	8 辆编组，5M3T			

续上表

技术平台	200 km/h 等级车型			300 km/h 等级车型		
	序号	车型	编组方式	序号	车型	编组方式
CRH2						
CRH3						
CRH5						
复兴号						

第四步:结合作业完成情况,完成动车组发展历程的认知评价单 1-2。

评价单 1-2　动车组发展历程的认知

评价等级	A—优	B—良	C—中	D—及格	E—不及格
学生自评					
组内互评					
教师互评					
综合评价					

注:按照学生自评占 20%、组内互评占 20%、教师评价占 60% 的比例计分。其中,A—90 ~ 100 分,B—80 ~ 90 分,C—70 ~ 80 分,D—60 ~ 70 分,E—60 分以下。

第五步:课后拓展

结合动车组家族图谱,谈谈复兴号动车组主要车型。

任务三　动车组的型号编排规则

一、学习目标

【知识目标】

1. 了解动车组编号的规则。
2. 掌握不同类型动车组的编号特点。

【能力目标】

1. 能准确说出动车组整车的编号含义。
2. 能准确说出动车组中车辆的编号含义。
3. 能根据编号说出动车组的型号及技术配置代码。

【素养目标】

1. 感受良好职业道德的重要性。
2. 体会爱岗敬业、忠于职守、团结合作、精益求精等动车组检修人的工匠精神。

二、任务导入

如果大家在乘坐动车组时看到车身上有 CR400AF-B-2116 这么一串编号，可能觉得编号没有什么意义，但对动车组来说，这串编号相当于他们的“身份证号码”。学习这些“身份证号码”的正确认读，不仅可以轻松判断该动车组是复兴号还是和谐号动车组，编组方式是 8 辆编组、16 辆编组还是 17 辆编组，速度是 200 km/h、300 km/h 还是 350 km/h，还能知晓该动车组生产厂家、技术平台等。通过相关知识点和微课资源的学习，完成本任务作业单。

三、相关知识点

知识点 1　动车组型号及技术配置代码

1. 和谐号动车组

和谐号动车组型号有两种命名方式，分为技术序列代码命名和速度等级命名两种方式。

(1)技术序列代码命名

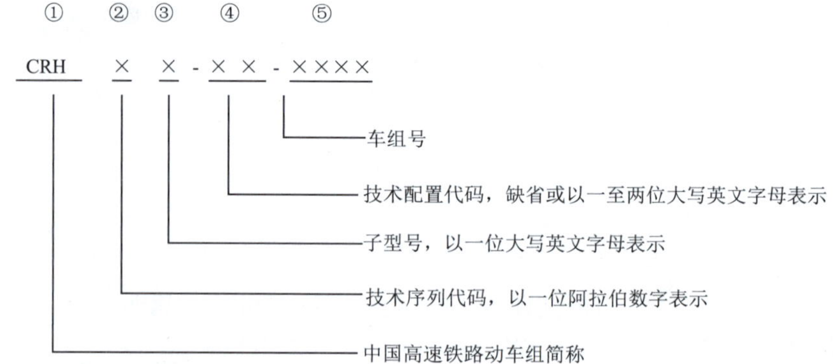

①CRH：中国铁路高速动车组标志。

②×：技术平台代码。技术平台代码以一位阿拉伯数字表示，由 1 开始顺序排列。

1——青岛四方阿尔斯通铁路运输设备有限公司申请定型的动车组；

2——中车青岛四方机车车辆股份有限公司申请定型的动车组；

3——中车唐山机车车辆有限公司/中车长春轨道客车股份有限公司申请定型的动车组；

5——中车长春轨道客车股份有限公司申请定型的动车组；

6——中车青岛四方机车车辆股份有限公司申请定型的城际动车组；

7及后续数字——预留的动车组技术平台标识代码。

③×：子型号。以一位大写英文字母表示，由A开始顺序排列。

A——时速200～250 km、8辆编组、座车；

B——时速200～250 km、16辆编组、座车；

C——时速300～350 km、8辆编组、座车；

D——时速300～350 km、16辆编组、座车；

E——时速200～250 km、16辆编组、卧车；

F——时速160 km、8辆编组、城际动车组；

G——时速200～250 km、8辆编组、耐高寒座车动车组；

H——预留；

I——预留；

J——综合检测动车组；

K及后续字母——预留的动车组子型号。

④××：技术配置代码。缺省或以一至两位大写英文字母表示，用以区分同一基本型号下的不同技术配置，每个型号的基本型产品技术配置代码可缺省。

⑤××××：车组号。以四位阿拉伯数字表示。

(2)速度等级命名

CRH380系列动车组型号以速度等级命名，其型号及技术配置代码如下：

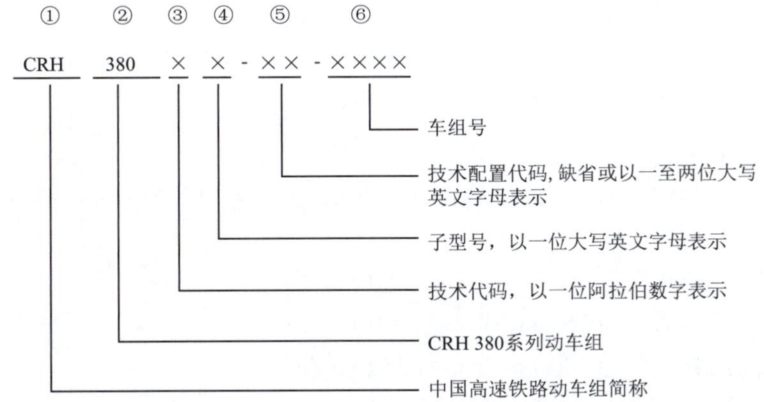

①CRH：中国铁路高速动车组标志。

②380：速度目标值。

③×：技术平台代码。技术平台代码以一位大写英文字母表示，由A开始顺序排列。

A——中车青岛四方机车车辆股份有限公司申请定型的动车组、8辆编组、座车；

B——中车长春轨道客车股份有限公司/中车唐山机车车辆有限公司申请定型的动车组、

8辆编组、座车；

C——中车长春轨道客车股份有限公司申请定型的动车组（与B采用不同的牵引及控制系统）、8辆编组、座车；

D——青岛四方阿尔斯通铁路运输设备有限公司申请定型的动车组、8辆编组、座车；

其余字母预留。

④×：子型号。以一位大写英文字母表示，缺省时为基本型。

G——耐高寒动车组；

J——综合检测动车组；

L——基本型的16辆编组动车组；

M——更高速度等级试验列车改为综合检测动车组；

N——永磁电机动车组；

其余字母预留。

⑤××：技术配置代码。技术配置代码以一至两位大写英文字母表示，用以区分同一基本型号下的不同技术配置，每个型号的基本型产品技术配置代码缺省。

⑥××××：车组号。以四位阿拉伯数字表示。

2. 复兴号动车组

复兴号动车组型号及技术配置代码如下：

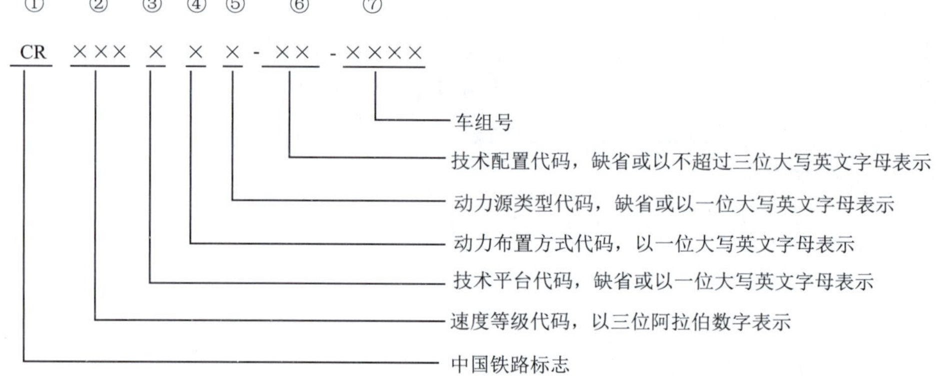

①CR：中国铁路标志。

②×××：速度等级代码。以最高试验速度值确定速度等级代码，以三位阿拉伯数字表示。

450——最高试验速度为400 km/h < v≤450 km/h；

400——最高试验速度为350 km/h < v≤400 km/h；

350——最高试验速度为300 km/h < v≤350 km/h；

300——最高试验速度为250 km/h < v≤300 km/h；

250——最高试验速度为200 km/h < v≤250 km/h；

200——最高试验速度为150 km/h < v≤200 km/h；

150——最高试验速度为100 km/h < v≤150 km/h。

③×：技术平台代码。技术平台代码以一位大写英文字母表示，由A开始顺序排列。

A——中车青岛四方机车车辆股份有限公司申请定型的动力分散动车组；

B——中车长春轨道客车股份有限公司申请定型的动力分散动车组；

C——中车株洲电力机车有限公司、中车唐山机车车辆有限公司申请定型的动力集中动车组；

D——中车大连机车车辆有限公司、中车南京浦镇车辆有限公司申请定型的动力集中动车组；

M——中车株洲电力机车有限公司、中车南京浦镇车辆有限公司申请定型的动力集中动车组；

N——中车大连机车车辆有限公司、中车唐山机车车辆有限公司申请定型的动力集中动车组。

分置式双源制动力集中动车组代码缺省，其余预留。

④×：动力布置方式代码。以一位大写英文字母表示。

F——动力分散动车组；

J——动力集中动车组。

⑤×：动力源类型代码。以一位大写英文字母表示。

N——内燃型；

S——内燃、电力分置式双源制；

H——内燃、电力集成式双源制；

电力型缺省，其他混合动力、多源制、多流制等能源类型根据需要确定。

⑥×：技术配置代码。以不超过三位大写英文字母表示，用以区分同型号下的不同编组、运用环境、综合检测用途等不同技术配置的一般改进型产品。

A——动力分散动车组的 16 辆编组；

B——动力分散动车组的 17 辆编组；

C——京张、京雄智能动车组；

G——高寒配置（动力分散）/高原配置（动力集中）；

J——综合检测动车组；

Z——智能配置；

动力分散动车组的 8 辆编组缺省，平原型及基本型缺省。

以上编码可共同使用，如 17 辆编组动力分散智能配置动车组技术配置代码为 BZ。动力集中动车组长、短编通过车组号区分，不在技术配置代码中体现。

⑦××××：车组号。以四位阿拉伯数字表示。

例如：CR400AF-A-2065 为中车青岛四方机车车辆股份有限公司申请定型的 16 辆编组动力分散动车组，时速 350 km，2065 为车组号。

3. 其他动车组

CJ2——中车唐山机车车辆有限公司申请定型的城际动车组，时速 250 km，8 辆编组座车。

CJ3——中车唐山机车车辆有限公司申请定型的城际动车组，时速 160 km，4 辆编组座车。

CJ5D——中车长春轨道客车股份有限公司申请定型的油电混合动力动车组，时速 120 ~ 160 km，3 辆编组座车。

CJ5E——中车长春轨道客车股份有限公司申请定型的电电混合动力动车组，时速 120 ~ 160 km，3 辆编组座车。

CJ5E-A——中车长春轨道客车股份有限公司申请定型的城际动车组,时速 160 km,4 辆编组座车。

CJ6——中车株洲电力机车有限公司申请定型的城际动车组,时速 160 km,4 辆编组座车。

其他代码预留。

知识点 2　动车组中车辆的车种及车辆号

动车组中车辆的车种代码是车种名称的汉语拼音缩写,车种代号、名称见表 1-2。

表 1-2　车种代号、名称

序号	车种代号	车种名称	序号	车种代号	车种名称
1	ZY	一等座车	10	WR	软卧车(动力分散)
2	ZE	二等座车	11	WY	硬卧车(动力分散) 一等卧车(动力集中)
3	KZ	控制车/一等座车	12	WE	二等卧车(动力集中)
4	SW	商务座车	13	WG	高级软卧车
5	ZYS	一等/商务座车	14	CA	餐车
6	ZES	二等/商务座车	15	WRC	软卧车/餐车
7	ZEC	二等座车/餐车	16	JC	检测车
8	ZYT	一等/特等座车	17	DGN	多功能车
9	ZET	二等/特等座车			
注:动力集中动车组的动力车车种代号按机车相关规定执行。					

四、任务实施

第一步:扫描二维码完成线上学习。

第二步:学习教材本任务知识点 1、2。

第三步:结合线上线下教学资料,完成作业单 1-3。

动车组的定义、编号、行车

作业单 1-3　动车组的型号编排规则
班级:　　　　姓名:　　　　学号:　　　　时间:
一、请写出下面动车组车型类型。
1. CRH1A-A: 2. CRH2J: 3. CRH5E: 4. CRH380AN: 5. CJ6:

续上表

<table>
<tr><td colspan="2">二、根据编号写含义。</td></tr>
<tr><td>编号</td><td>解释含义</td></tr>
<tr><td>例:CR400AF-A-2065</td><td>中车青岛四方机车车辆股份有限公司申请定型的 16 辆编组动力分散动车组,时速 350 km,2065 为车组号</td></tr>
<tr><td>CRH380AL-2580</td><td></td></tr>
<tr><td>CR400AF-B-2115</td><td></td></tr>
<tr><td>CR400BF-G-5146</td><td></td></tr>
<tr><td>CR400BF-BZ-5208</td><td></td></tr>
<tr><td>ZE 516205</td><td></td></tr>
<tr><td colspan="2">三、根据含义写编号。</td></tr>
<tr><td colspan="2">含义:中车青岛四方机车车辆股份有限公司申请定型的 17 辆编组动力分散复兴号动车组,时速 350 km,2120 为车组号
编号:</td></tr>
<tr><td colspan="2">含义:中车长春轨道客车股份有限公司申请定型的 8 辆编组动力分散高寒智能复兴号动车组,时速 350 km,5203 为车组号
编号:</td></tr>
<tr><td colspan="2">含义:中车长春轨道客车股份有限公司申请定型的 16 辆编组动力分散高寒和谐号动车组,时速 300 km,6190 为车组号(答案不唯一)
编号:</td></tr>
</table>

第四步:结合作业完成情况,完成动车组的型号编排规则评价单 1-3。

评价单 1-3　动车组的型号编排规则

评价等级	A—优	B—良	C—中	D—及格	E—不及格
学生自评					
组内互评					
教师互评					
综合评价					

注:按照学生自评占 20%、组内互评占 20%、教师评价占 60% 的比例计分。其中,A—90 ~ 100 分,B—80 ~ 90 分,C—70 ~ 80 分,D—60 ~ 70 分,E—60 分以下。

第五步:课后拓展

结合编号图,谈谈你见过的罕见动车组编号。

项目二　动车组车体结构及车内设施检修

谈到动车组家族，不论是第一代"和谐号"CRH系列动车组，还是CRH380系列新一代高速动车组，抑或是当下时速350 km具有完全自主知识产权的复兴号中国标准动车组，首先映入人们脑海的，一定是它们那各具特色又同样象征着高速的流线型的靓丽车身。那么，是不是只要拥有流线型车身就能保证动车组的高速呢？究竟还需要具备哪些车体条件才能让复兴号动车组问鼎轨道车辆最高运营速度？动车组的车体作为容纳旅客和司乘人员的地方，又是安装和连接车辆其他部分的基础，在其设计和制造中采用了哪些新技术、新材料、新工艺？从动车组的车体技术方面又是如何做到既能减少运行阻力、降低车体质量，又能保证列车乘坐的舒适性和安全性？项目二——动车组车体结构及车内设施检修将会给你答案。

本项目从动车组车体结构认知、动车组侧门应急故障处理、动车组车内设施检修三个任务导入，介绍了CRH2型动车组的车体结构、复兴号动车组车体结构，包含黑科技的防夹手车门、客室内贴心设施的检修等基础知识，以及动车组流线型、轻量化车体技术等拓展知识。

任务一　动车组车体结构认知

一、学习目标

【知识目标】

1. 了解动车组车体结构组成及技术特点。
2. 掌握动车组车体外形尺寸。
3. 了解动车组车体技术。

【能力目标】

1. 能正确认知动车组车体结构组成。
2. 能正确说出动车组车体相应部件的名称。

【素养目标】

1. 培养良好的学习习惯和行为习惯。
2. 体会和学习中国动车组车体设计制造展中体现出的创新精神和奋斗精神。

二、任务导入

动车组车体是容纳旅客和司乘人员的地方，又是安装和连接车辆其他设备及组件的基础，在设计和制造中采用了大量新技术、新材料和新工艺，以保证其具有运行阻力小、质量轻、气密性和防噪性能好、防火性能好等特点，也使得动车组高速运行安全可靠、舒适性好、轮轨之间的破坏作用小，并延长了线路和动车组的使用寿命。

动车组的车体结构是由哪些部分组成？各型动车组的车体结构有何不同之处，各有哪些技术特点？动车组车体采用了哪些新技术、新材料和新工艺？通过相关知识点和微课资源的学习，掌握动车组车体结构的认知，并完成后续学习。

三、相关知识点

知识点1　复兴号中国标准动车组车体结构

CR400系列中国标准动车组为最高运营速度350 km/h的动力分散式电动车组，如图2-1所示。中国标准动车组由我国具有完全自主知识产权、达到世界先进水平的动车组列车，是目前世界上运营时速最高的高速列车，2017年6月25日，被正式命名为“复兴号”。

图2-1　复兴号中国标准动车组

知识点2　CR400AF型复兴号中国标准动车组车体结构

1）概述

CR400AF型动车组车体结构采用与车体等长的大型中空铝合金挤压型材组焊而成，为筒形整体承载结构，具有防振、防腐及隔声功能。车体结构主要由底架、车顶、侧墙、端墙和司机室（仅头车）组成，具有高强度、高耐撞性和轻量化等特点。

根据车顶设备布置不同，分为头车、有受电弓中间车和无受电弓中间车三大类。头车车体结构如图2-2所示，有受电弓中间车车体结构如图2-3所示。

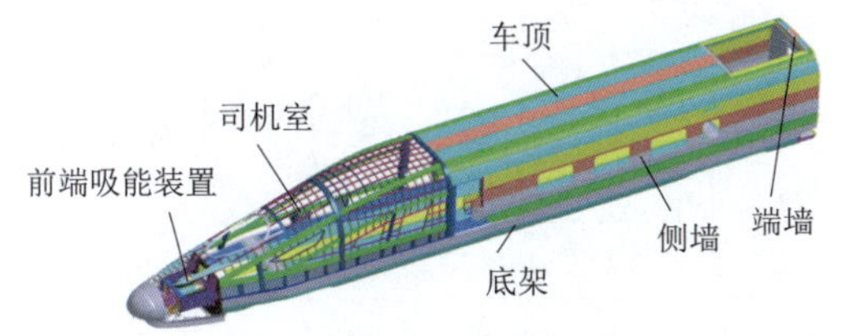

图2-2　头车车体结构

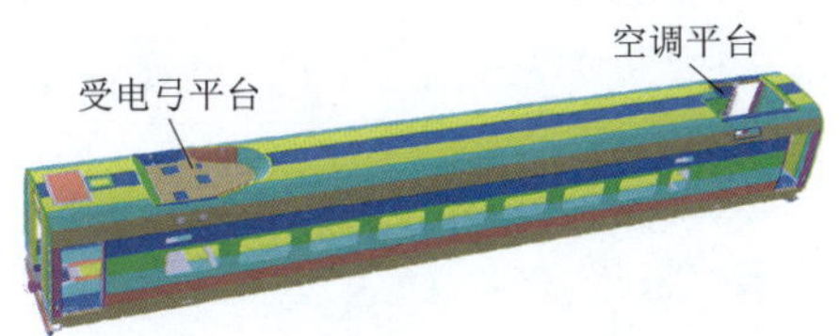

图2-3　有受电弓中间车车体结构

2）车体断面

车体断面设计统筹考虑车顶空调、车顶高压电缆、风道、内装墙板、塞拉门、行李架、电加热器、客室地板等部件的安装接口，采用大断面铝合金挤压型材。车体断面型材上设有通长C形槽，方便安装各种部件。车体断面如图2-4所示。

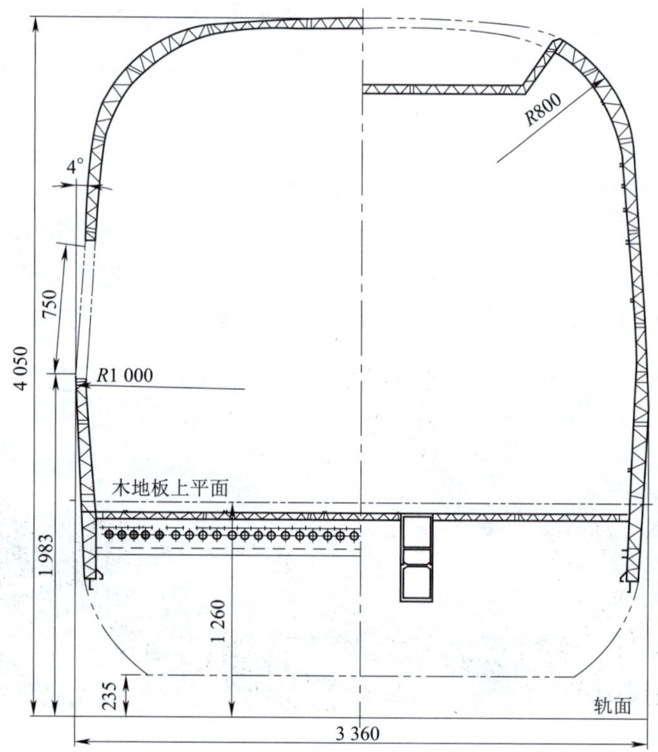

图 2-4　车体断面(单位:mm)

3)性能参数

车体结构主要性能参数见表 2-1。

表 2-1　CR400AF 型动车组车体结构主要性能参数

序号	项点		参数
1	车体强度	纵向压缩载荷	1 500 kN
2		纵向拉伸载荷	1 000 kN
3		扭转载荷	40 kN · m
4		车端压缩载荷	400 kN
5		气密载荷	±6 kPa
6	耐撞性	两列相同动车组以 36 km/h 相对速度对撞	
7		动车组以 36 km/h 相对速度对撞 80 t 铁路货车	
8		动车组以 110 km/h 相对速度对撞 15 t 柔性障碍物	
9		动车组以运营速度撞击轨道上方的低矮障碍物	

4)车体外形尺寸

车体外形尺寸见表 2-2。

表 2-2 CR400AF 型动车组车体尺寸主要参数

总长		约 208.95 m
车体长度	头车	27 200 mm
	中间车	25 000 mm
车体最大宽度		3 360 mm
1 250 mm 高度处车体宽度		3 300 mm
车辆高度(新轮,不含受电弓)		4 050 mm
车门处地板面高度		1 260 mm
设备舱底面高度		约 235 mm
车体拐点高度		1 900 mm
车顶弧半径		12 000 mm
侧顶弧半径		800 mm
车辆定距		17 800 mm
转向架轴距		2 500 mm
车轮直径(新轮/全磨耗)		920/850 mm
头车车钩中心高度		$1\ 000^{+10}_{-15}$ mm
中间车车钩中心高度		935^{+10}_{-15} mm

5)受电弓平台隔声罩

受电弓平台隔声罩安装于 TP03 车和 TP06 车,主要作用是提高受电弓区域车体隔声量,降低该区域客室内噪声。

隔声罩为外层不锈钢板、内层发泡隔声材料的"三明治"结构,使用螺栓安装在受电弓平台的安装座上。

为提高结构隔声性能和防止雨水通过螺栓孔进入隔声罩内部,螺栓紧固完成后需要在隔声罩周圈(排水管部位除外)、螺栓头周圈和盖板周圈涂打密封胶。

受电弓平台隔声罩安装如图 2-5 所示,结构组成如图 2-6 所示。

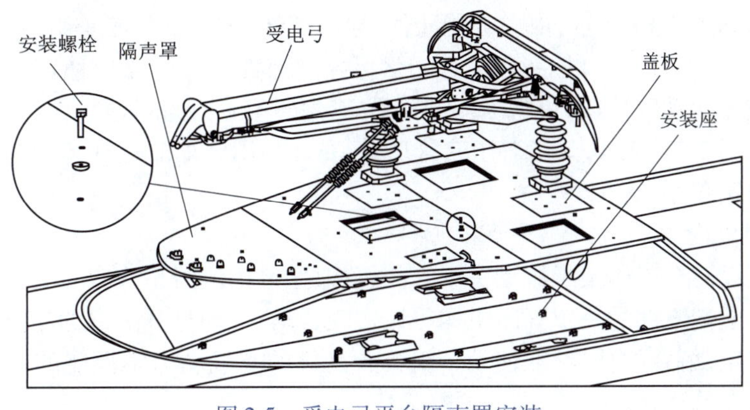

图 2-5 受电弓平台隔声罩安装

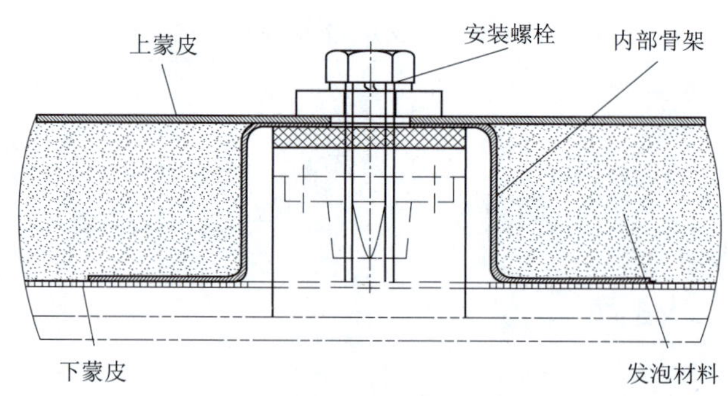

图 2-6　受电弓平台隔声罩结构

6）高压接头箱活盖

高压接头箱活盖安装于 TP03 二位端、MH04 车两端、MB05 车两端和 TP06 车二位端，主要作用为避免阳光直射，防止雨水、杂物等进入高压接头箱，保护车端高压接头。

高压接头箱活盖为外层铝合金板、内层铝蜂窝芯的“三明治”结构，使用螺栓安装在高压接头箱框体上，活盖与框体之间通过密封胶条密封，如图 2-7、图 2-8 所示。为防止雨水通过螺栓孔进入高压接头箱，螺栓紧固完成后需要在螺栓头周圈涂打密封胶。

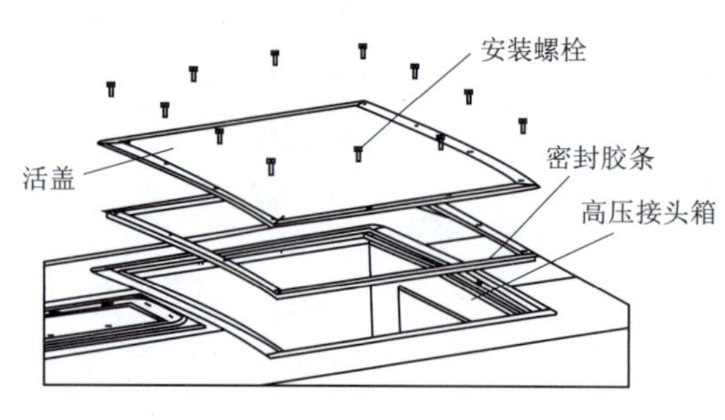

图 2-7　高压接头箱活盖安装

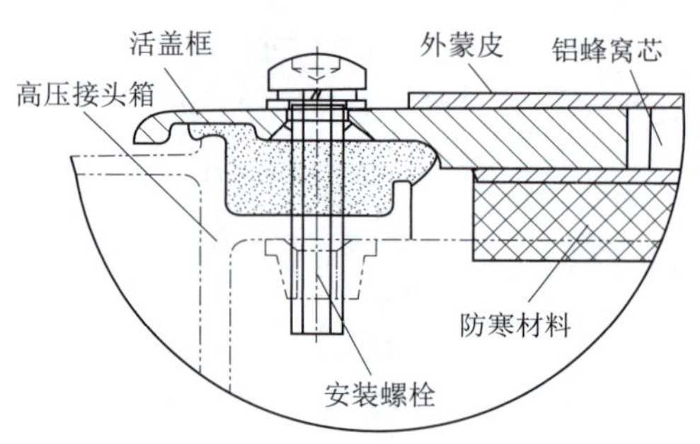

图 2-8　高压接头箱活盖结构

7）前端吸能装置

前端吸能装置安装于头车前端，主要作用是吸收碰撞能量，采用三级吸能机制，设计总吸能容量 3.05 MJ，如图 2-9 所示。前端吸能装置包含车钩缓冲装置、主吸能结构和防爬装置，其中前端车钩后置膨胀式压溃管为一级吸能，防爬装置后置膨胀式压溃管为二级吸能，两对称布置的五孔蜂窝状铝合金吸能管为三级吸能。

主吸能结构如图 2-10 所示，由主吸能元件、导向部件、车钩安装座等组成。主吸能元件在碰撞过程中产生稳定、有序、可控变形吸收能量。导向部件为吸能元件稳定、有序压溃提供支撑。车钩安装座为活动刚性墙，可将纵向冲击力有效传递到主吸能元件。

防爬装置如图 2-11 所示，采用双压溃管形式，充分利用头车前端空间增加吸能量，在碰撞过程中能有效抑制爬车。

8）头罩开闭机构

司机室前端设有金属构架承载型头罩开闭机构，主要由流线型头罩与头罩开闭机构组成，通过位于司机室前端下部的头罩开闭机构可以实现自动、手动打开头罩的功能，同时设有头罩全自动及手动锁定、解锁的功能，在使动车组具有良好的空气动力学性能的同时，方便动车组重联及救援时的车钩连挂。

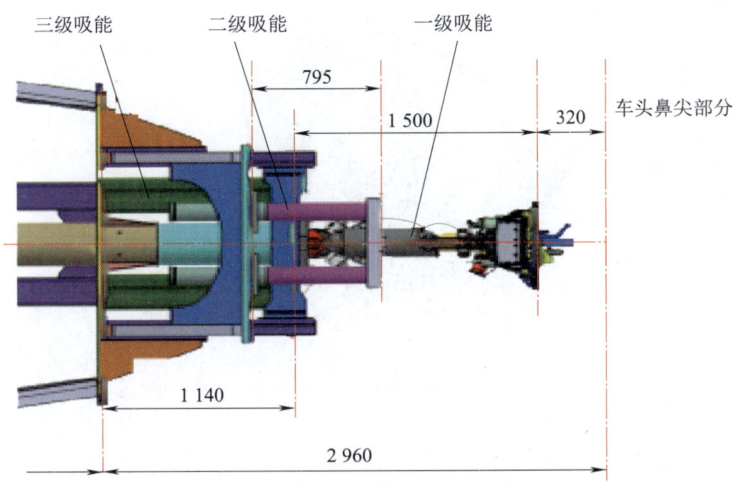

图 2-9 前端吸能机制(单位:mm)

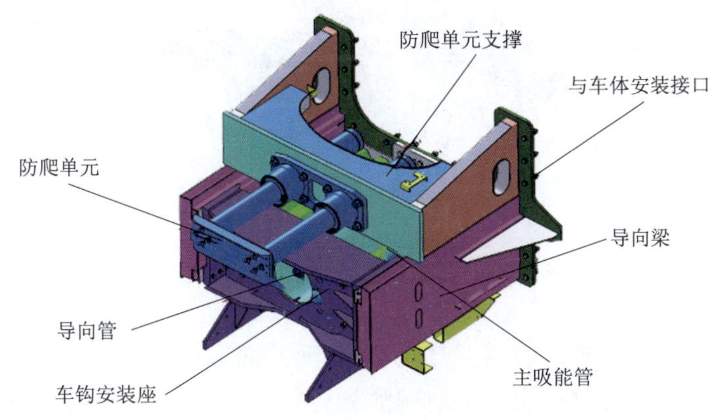

图 2-10 主吸能结构

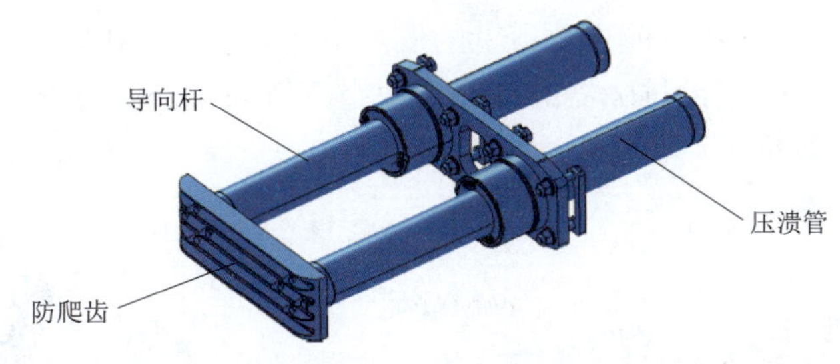

图 2-11 防爬装置

头罩开闭机构采用双旋转轴直接旋转打开式开闭机构,该机构采用金属构架承载,由气缸驱动头罩绕固定旋转轴旋转,从而打开头罩。头罩开闭机构结构如图 2-12、图 2-13 所示。

强度性能及参数:头罩开闭机构沿车体纵向能承受 20 kN 载荷且不发生影响功能的变形及破坏。

高低温性能及参数:头罩开闭机构满足在温度为 -25 ~ +40 ℃环境下使用要求。

气缸可靠性:头罩开闭机构在开闭 20 000 次后,机构仍能正常工作。

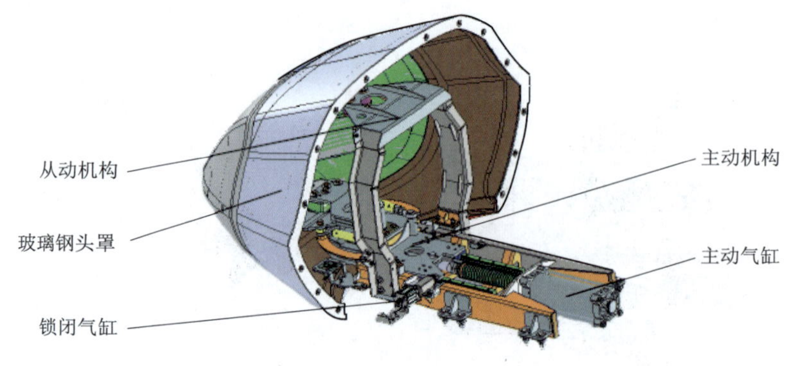

图 2-12　01 车头罩开闭机构结构

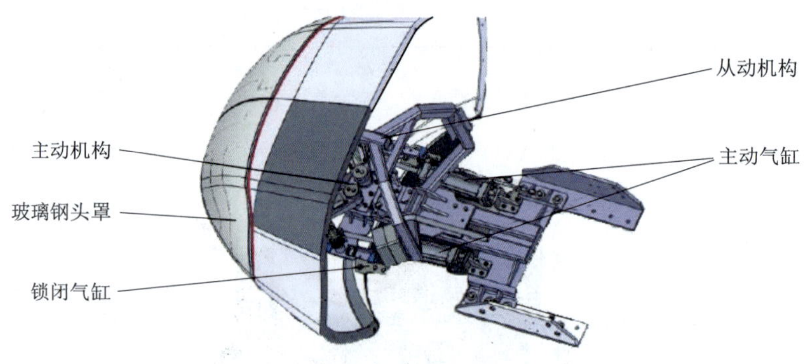

图 2-13　08 车头罩开闭机构结构

9)前头排障装置

前头排障装置安装于司机室前端,与司机室曲面共同形成了头车及尾车优美的流线外形。前头排障装置的气动外形可以优化头车前端流场,降低气动阻力,抑制气动升力,其强度满足 137 kN 静态压力下不发生影响功能的变形及破坏。

排障装置如图 2-14 所示,主要由排障板、内部骨架、辅助排障中的排障橡胶及紧固件等组成。排障板主要作用是排除运行前方轨道上的低矮障碍物。前端排障板距离轨面 145 mm,随着轮缘磨耗,高度可调节。辅助排障器的排障橡胶距离轨面20 mm,主要功能是排除轨面上的小型障碍物,排障橡胶高度可调节。

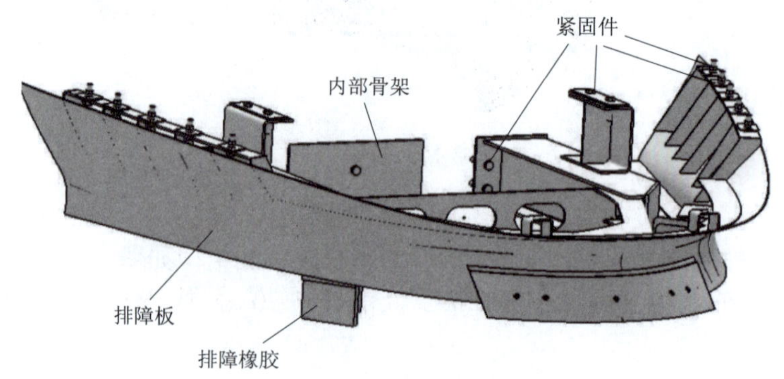

图 2-14　前头排障装置组成

前头排障装置安装过程中先安装内部骨架、主排障板，最后安装前端排障板与排障橡胶。

内部骨架上焊接有左右 2 个安装座，后方设置 5 个与车体刚性墙连接的固定点，在车体吸能元件下方也焊接有 2 个安装座，刚性墙前方设置 5 个眼孔，安装座眼孔分别与吸能元件上眼孔及刚性墙上眼孔对应，通过螺栓把内部骨架与吸能元件、刚性墙分别紧固连接，如图 2-15 所示。

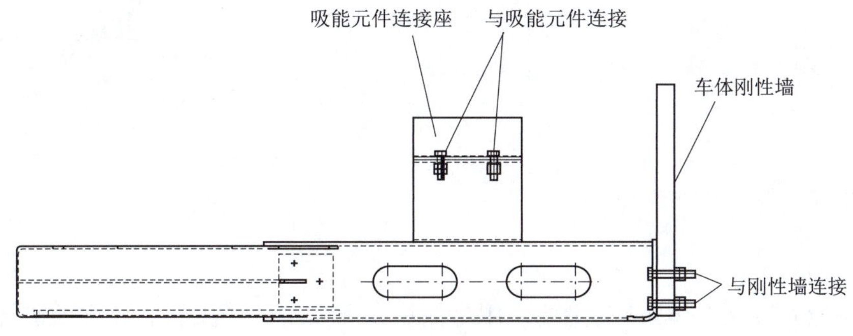

图 2-15 内部骨架安装

在车体主排障设置刚性连接板，连接板上设置 5 个与司机室筋板相连的安装眼孔，同样在司机室筋板相对应位置开有 5 个连接眼孔，安装时举起主排障使之紧固相连，紧固后主排障外形与司机室外形弧度相匹配，如图 2-16 所示。

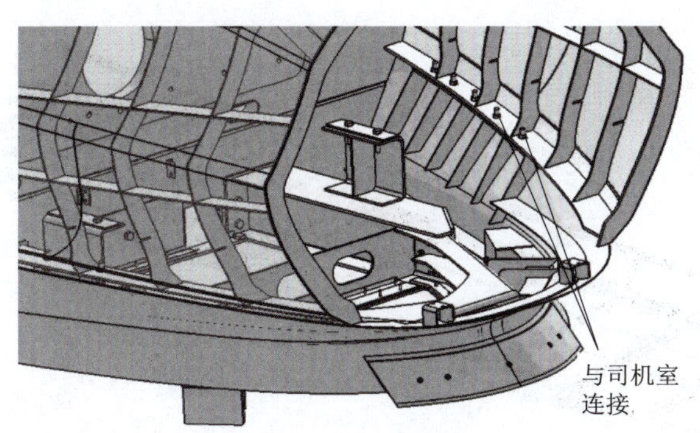

图 2-16 主排障安装

待整车落成后，空车状态下安装辅助排障装置的排障橡胶与前端排障板，安装排障橡胶时要求排障橡胶下平面调整到距离轨道高度(20 ±3)mm，螺栓扭矩 60 N · m；安装完成后涂抹防松标记、绑紧防松铁丝，如图 2-17 所示。

安装前端排障板时将前端排障板调整到距离轨道高度 145^{+10}_{0} mm 位置，拧紧螺母，涂抹防松标记，如图 2-18 所示。

当在辅助排障器表面状态磨损严重或者距离轨面高度尺寸调整后不能满足 20 ~ 28 mm 之内进行更换，更换时在地沟内拆下辅助排障器紧固螺栓更换排障橡胶，安装紧固螺栓，绑好防松铁丝，涂抹防松标记。要求辅助排障器距离轨面(20 ±3)mm，螺栓扭矩 60 N · m。当检查前端排障板下平面距离轨面 145^{+10}_{0} mm，若不在此范围进行调节，调节时在地沟内拆下前端排障板调节螺母，高度调节在 145^{+10}_{0} mm 范围内后拧紧紧固螺母涂抹防松标记。

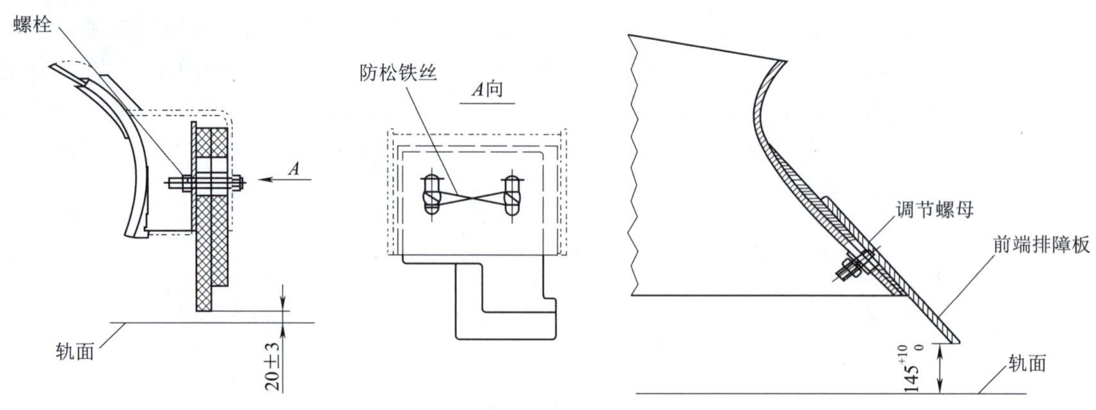

图 2-17　排障橡胶安装(单位:mm)

图 2-18　前端排障板安装(单位:mm)

10)车下设备舱

车下设备舱安装在车体下部,主要作用是保护车下设备免受飞石和冰雪的破坏,为车下设备提供良好的工作环境。

车下设备舱如图 2-19 所示,分为端部模块、中部模块、端板和防护板四大部分,其中端部模块位于枕外,中部模块位于枕内,防护板位于转向架区域车体地板下方,端板位于转向架前后部的端部托架上。车下设备舱采用平滑结构,断面外形与车体统一,能够优化转向架区域和车下空气流场,降低列车运行阻力及气动噪声。

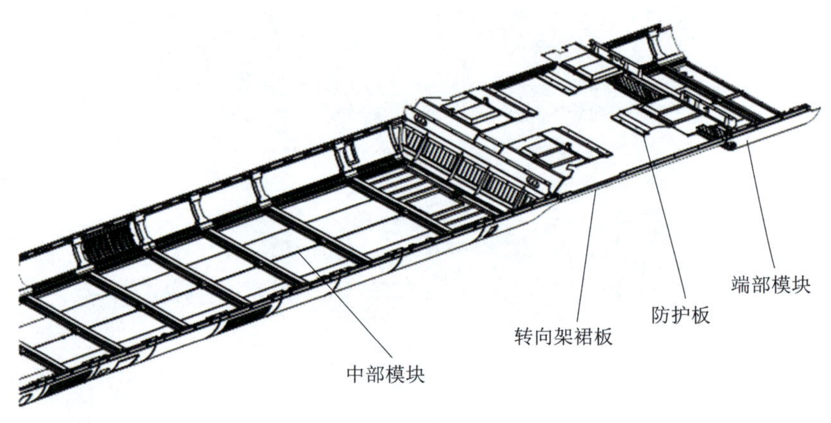

图 2-19　车下设备舱结构

车下设备舱端部模块和中部模块采用模块化结构,中部模块如图 2-20 所示,包括骨架(端部骨架、下边梁、弯梁、横梁、裙板锁扣梁)、裙板和底板,通过骨架连接成整体模块结构,实现车下预组、整体安装。其中,中部设备舱模块由 3 个独立模块组成,可根据需要单独拆装。

设备舱骨架、裙板、底板为中空挤压铝型材结构,端板和防护板为不锈钢板结构。

底板为抽拉式结构,如图 2-21 所示,采用楔形块压紧,螺栓固定,固定螺栓捆绑防松铁丝;并且在设备舱两侧下边梁上设置防脱销,防止底板在紧固件安装失效情况下底板脱出,如图 2-22所示。

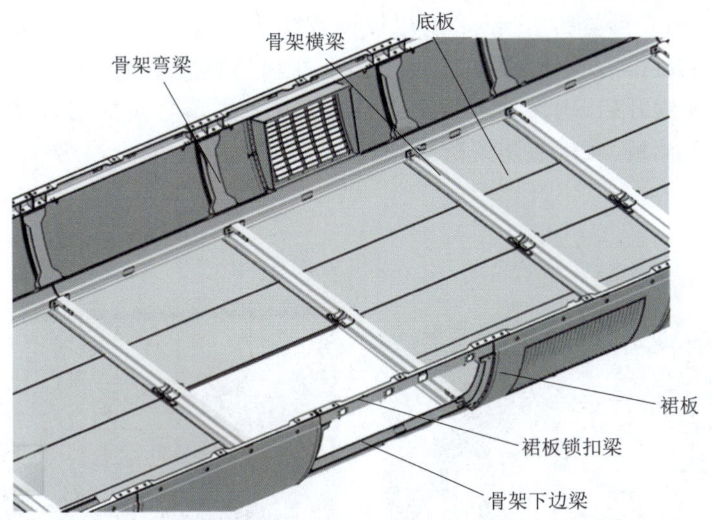

图 2-20 车下设备舱中部模块结构

图 2-21 抽拉式底板结构

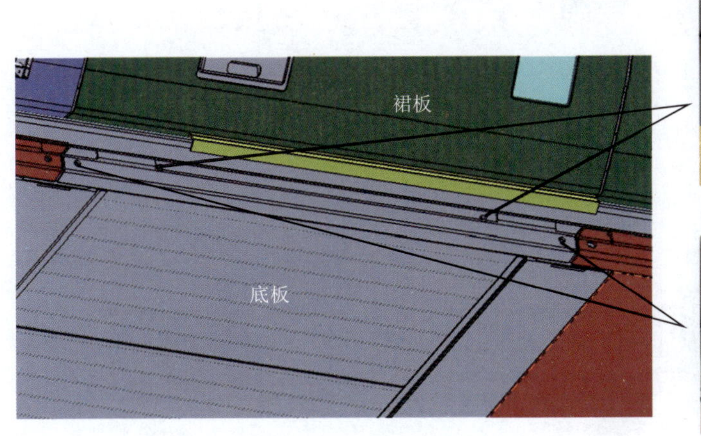

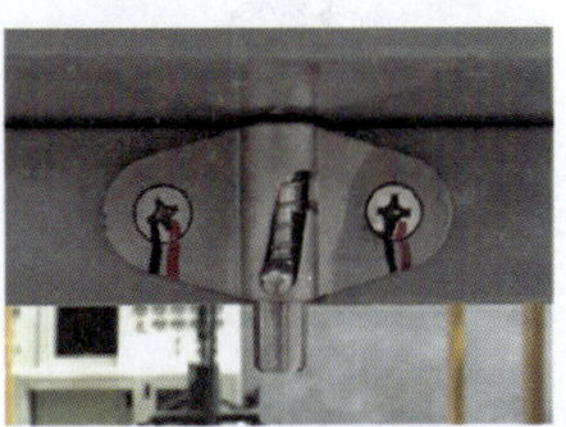

防脱销

安装螺栓

图 2-22 车下设备舱底板结构

裙板为下部采用C形挂钩、上部采用裙板锁或螺栓固定的安装结构,如图2-23所示。根据功能需要,裙板上设排污口及注水口盖板、滤网、排风格栅等结构;排污口及注水口盖板采用内置滑道式结构,向内开启,确保其不会异常向外打开及脱落。裙板安装螺栓、裙板锁均有防松标识或防松功能,裙板、底板有防脱落结构。设备舱裙板锁、安全吊带、裙板滤网、裙板密封条采用统型结构。

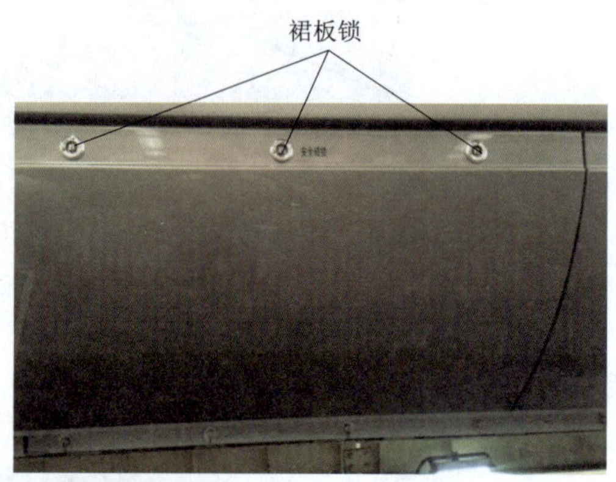

图2-23　车下设备舱裙板

车下设备舱结构强度满足±2.5 kPa气动载荷要求,振动冲击强度满足IEC 61373:2010《铁路应用　机车车辆设备　冲击和振动试验》中1类A级车体要求。

车下设备舱按照"骨架→底板→裙板"的顺序安装。设备舱模块与车体采用螺栓连接。其中,两侧与车体边梁滑槽使用M16方头特殊螺栓,两端与车体横梁采用M12六角头螺栓,如图2-24、图2-25和图2-26所示。

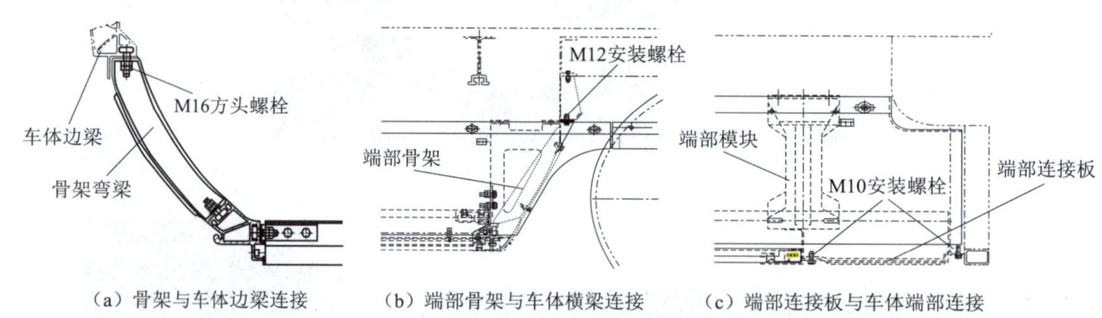

(a)骨架与车体边梁连接　(b)端部骨架与车体横梁连接　(c)端部连接板与车体端部连接

图2-24　车下设备舱骨架与车体连接关系

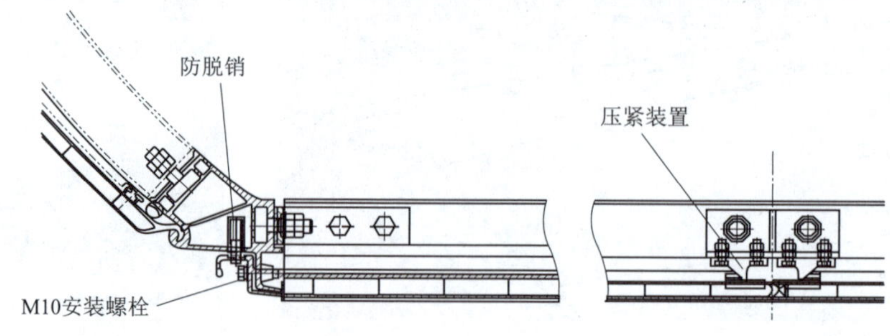

(a)底板与骨架相对关系

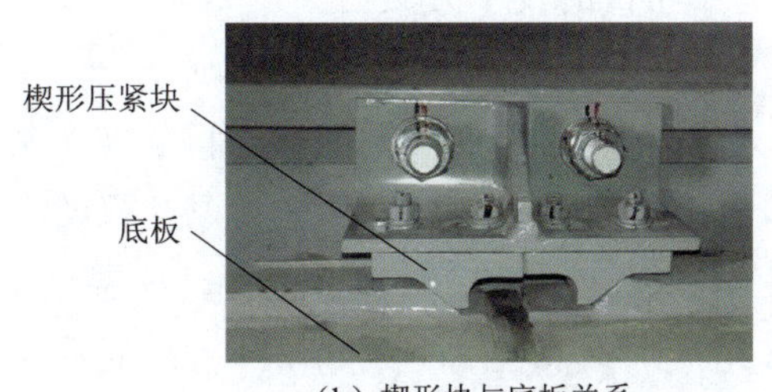

(b)楔形块与底板关系

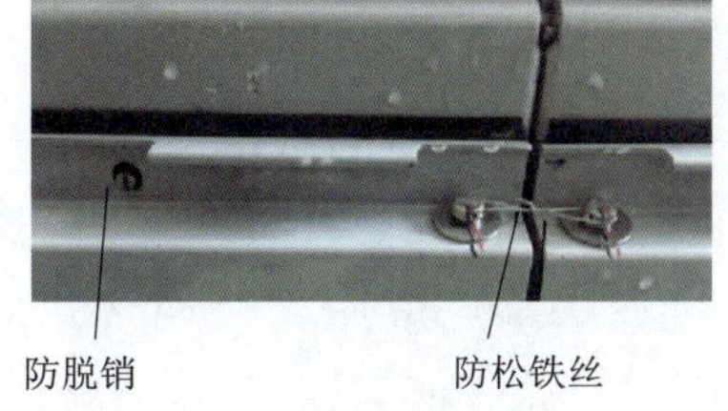

(c)防松铁丝及防脱销示意

图 2-25 底板与骨架连接关系

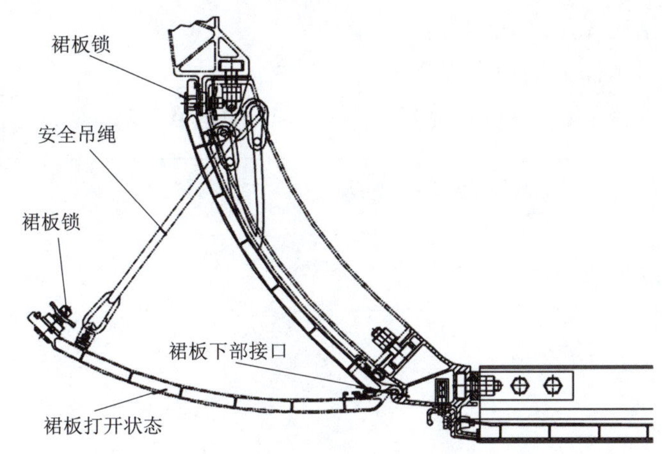

图 2-26 裙板与骨架连接关系

思政小课堂

时速 350 km“复兴号”中国标准动车组车体研制项目是基于其顶层指标要求,以安全性、舒适性、节能性和环保性为设计原则,遵循科学严谨的研发程序,完成动车组车体设计研制,主要技术内容如下:

1. 头型及车体气动减阻设计:全新设计低阻力流线型的车头;优化车顶设备如空调机组、高压箱安装结构,实现车体平顺化设计,实现进一步减阻降噪。

2. 被动安全防护系统:首次引入被动安全设计理念,经首次 37.7 km/h 列车级对撞试验证明耐撞性设计完全满足 EN 15227 标准要求。

3. 车体结构与内饰轻量化设计:采用大断面、超薄、通长中空铝合金型材提高车体承载能力。通过玻纤复合材、纸蜂窝复合材等新材料的应用,实现内饰结构轻量化。

4. 车下设备舱与内饰模块化设计:车下设备舱、盥洗室、座椅、行李架等进行模块化设计。保证了结构可靠及检修维护性。

5. 车内噪声控制及车体隔声设计:采用新型材料和降噪结构,并在车体隔声薄弱区域设置复合结构隔声罩及涂刷减振降噪材料,有效降低轮轨噪声的传递,提高旅客乘坐舒适性。

6. 客室舒适性设计:通过人机分析、照明分析、色彩分析等方法,对客室结构进行创新设计,进而营造出舒适的乘坐环境。

时速350 km“复兴号”中国标准动车组车体项目的技术方案已经于2015年6月全部应用落地。

该项目授权专利62件,其中发明35件。获2019年度中国铁道学会科学技术奖特等奖。

通过车体研制项目的实施,搭建了一个环保、节能、高效完全自主知识产权的全新车体技术平台,项目成果推广应用于时速250 km复兴号动车组、时速350 km双层动车组、时速400 km动车组、京张智能高铁、京雄智能动车组等后续新型高速列车的研发,提升了我国高速轨道交通领域动车组车体设计和创新能力。

四、任务实施

CR400AF复兴号动车组车体结构

第一步:扫描二维码完成线上学习。

第二步:学习教材本任务知识点1、2、3。

第三步:结合线上线下教学资料,完成作业单2-1、作业单2-2。

作业单2-1　动车组车体结构认知
班级:　　　　姓名:　　　　学号:　　　　时间:
一、名词解释。
1. 车辆定距: 2. 固定轴距:
二、看图填空。
动车组车体一般分为________车体和________车体,右图为________车体结构,包括1________、2________、3________、4________和5________等部分组成
三、写出下图CRH2型动车组车体底架结构组成。

续上表

序号	名称	构成及作用
1		
2		
3		
4		
5		
6		
四、简述 CRH2 型动车组车体结构的基本组成及结构特点。		
五、比较 CRH2、CRH380A、CR400AF 型动车组车体结构有何异同。		

作业单 2-2　动车组车体技术

班级： 姓名： 学号： 时间：
一、名词解释。
1. 轴重： 2. 堵塞系数： 3. 长细比：

续上表

二、哪种阻力是动车组高速运行时的主要阻力,主要的阻力由哪几部分组成?
三、动车组在交会时影响压力波的大小主要有哪些因素?
四、高速动车组为何要进行轻量化设计? 车体结构轻量化应采取哪些措施?
五、请写出列车空气学的力和力矩。
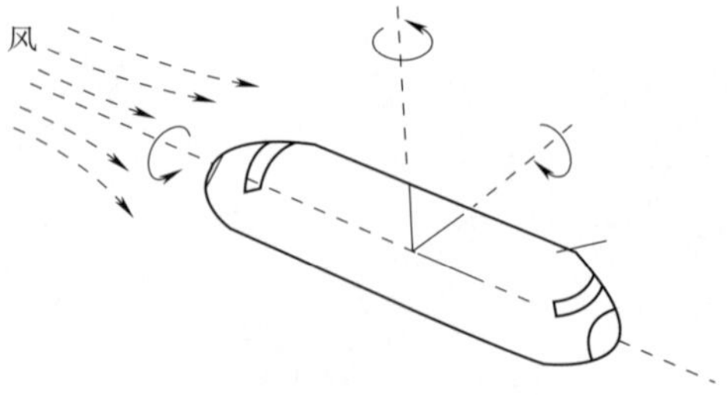 风

第四步:结合知识点的学习,完成下列实训项目,并完成实训单。

实训 1　动车组车体结构认知

1. 准备工作

1)确认工作服、防护鞋、安全帽等劳保用品按规定穿戴。

2)确认动车组处于停放状态并按规定设置安全防护。

2. 动车组车体结构认知

1)判断动车组车型。

2)对动车组车体结构组成及各部分名称进行认知讲解。

3)填写动车组车体结构认知实训单 2-1。

实训单 2-1　动车组车体结构认知

<table>
<tr><td colspan="2">实训项目</td><td colspan="4"></td></tr>
<tr><td colspan="2">小组编号</td><td></td><td>实训场地</td><td>姓名</td><td></td></tr>
<tr><td colspan="2">准备工作</td><td colspan="4"></td></tr>
<tr><td>序号</td><td colspan="3">实训内容</td><td>实训结论</td><td>备注</td></tr>
<tr><td>1</td><td colspan="3">判断动车组车型</td><td></td><td></td></tr>
<tr><td>2</td><td colspan="3">指出车体结构各组成部分</td><td></td><td></td></tr>
<tr><td>3</td><td colspan="3">说出车体结构各部件名称</td><td></td><td></td></tr>
</table>

实训 2　动车组头罩开闭机构检查及润滑

1. 准备工作

1)按小组进行角色分配。2 人一组,分别为 1、2 号人员,1 号为组长,全班分成若干个工作小组。

2)1 号确认受电弓已降下,接触网已断电,接地杆已挂起,动车组放电已结束,停放制动已施加,防护号志已设置。

3)2 号确认作业工具(毛刷,白棉布)及材料(通用锂基润滑脂)齐全、状态良好,校验不过期。

4)1 号报告工长确认完毕,经其同意后开始作业。

注意事项:确认车组降弓断电,放电结束,防止触电;确认车组施加停放制动,防止溜车。

2. 动车组头罩开闭机构检查及润滑操作

1)打开头罩

(1)操作打开头罩

2 号进入司机室,闭合联解控制的空气开关,按下“连挂”按钮,1 号车下确认头罩打开动作良好并做好防护。2 号待头罩完全打开后,断开联解控制的空气开关。

(2)关闭头罩截断塞门

注意事项:确认风管阀门关闭到位。

2 号进入司机室前舱,关闭头罩开闭机构供风管路“头罩开关”“头罩锁闭”截断塞门(垂直位)。

2)头罩开闭机构检查及润滑

坠落风险:应处于安全区域作业,做好防护工作。

(1)1 号检查头罩开闭机构机械部分各部螺栓紧固情况,确认状态良好。

(2)2 号使用白布,清洁头罩开闭机构各部,确保无异物。

(3)1 号使用通用锂基润滑脂(ZL-3),对头罩开闭机构的滑动部位、转动部位进行润滑。

(4)2 号对开闭机构进行状态确认。

3)头罩关闭及其功能检查

(1)2 号进入司机室前舱,恢复头罩开闭机构供风管路截断塞门。

(2)2 号将司机室 NFB(断路器)“联解限位”断开、“联解控制”闭合,将分并配电盘“闭锁解除”强制合、“罩关”强制合,1 号车下做好防护,确认头罩关闭动作良好。

(3)2 号复位“联解限位”“联解控制”“闭锁解除”“罩关”开关。

4)换端检查

换端操作,重复步骤 1 ~ 3 项内容。

5)完工确认

(1)1、2 号共同清点工具材料,做到工完料尽场地清。

(2)1 号汇报工长,作业完毕。

6)填写动车组头罩开闭机构检查及润滑实训单 2-2。

实训单 2-2　动车组头罩开闭机构检查及润滑

<table>
<tr><td colspan="2">实训项目</td><td colspan="5"></td></tr>
<tr><td colspan="2">小组编号</td><td></td><td>实训场地</td><td></td><td>姓名</td><td></td></tr>
<tr><td colspan="2">准备工作</td><td colspan="5"></td></tr>
<tr><td colspan="2">实训工具</td><td colspan="5"></td></tr>
<tr><td colspan="2">实训耗材</td><td colspan="5"></td></tr>
<tr><td>序号</td><td colspan="2">实训内容</td><td>作业风险确认</td><td>实训结果</td><td colspan="2">备注</td></tr>
<tr><td>1</td><td colspan="2">打开头罩</td><td></td><td></td><td colspan="2"></td></tr>
<tr><td>2</td><td colspan="2">头罩开闭机构检查及润滑</td><td></td><td></td><td colspan="2"></td></tr>
<tr><td>3</td><td colspan="2">头罩关闭及其功能检查</td><td></td><td></td><td colspan="2"></td></tr>
<tr><td>4</td><td colspan="2">完工确认</td><td></td><td></td><td colspan="2"></td></tr>
</table>

第五步:小组评价与自我评价

结合实训完成情况,完成评价单 2-1。

评价单 2-1　小组评价与自我评价

<table>
<tr><td colspan="2">实训项目</td><td colspan="4"></td></tr>
<tr><td colspan="2">小组编号</td><td>实训场地</td><td></td><td>实训者</td><td></td></tr>
<tr><td>序号</td><td>评价项目</td><td>分值</td><td colspan="2">实训要求</td><td>自我评价</td></tr>
<tr><td>1</td><td>任务完成情况</td><td>50</td><td colspan="2">能正确使用工具,按要求完成实训任务(漏检、错检一项扣 5 分)</td><td></td></tr>
</table>

续上表

序号	评价项目	分值	实训要求	自我评价
2	实训记录	20	记录规范、完整,计算准确(记录不全、错误一项扣5分)	
3	实训纪律	15	遵守实训课堂纪律,无事故,实训工具未损坏	
4	团队合作	15	服从组长工作安排,能配合其他成员工作	
实训总结与反思: 小组其他成员评价得分:______、______、______、______、______ 组长评价得分:______				

第六步:教师评价

结合实训完成情况,由教师填写评价单2-2。

评价单2-2 教师评价

实训项目				
小组编号		实训场地		实训者	
序号	评价项目	分值	实训要求	考核评价
1	操作程序	30	能正确使用工具,按要求完成实训任务	
2	操作速度	10	按时完成实训操作	
3	实训记录	10	实训记录单整洁,无转抄、涂改、抄袭等	
4	实训结果	30	操作及记录规范、完整、正确,达到作业标准要求	
5	安全操作	10	无影响实训事故,实训工具未损坏	
6	团队合作	10	服从组长工作安排,能配合其他成员工作	
需改进的问题: 指导教师: 评价时间:				

五、拓展知识点

序号	名称	对应考核	相关知识点二维码
知识点 2-1	CRH2 型动车组车体结构组成及特点	作业单 2-1	
知识点 2-2	CRH380A 型动车组车体结构	作业单 2-1	
知识点 2-3	CR400BF 型复兴号中国标准动车组车体结构	作业单 2-2	
知识点 2-4	流线型车体结构	作业单 2-2	
知识点 2-5	动车组车体轻量化	作业单 2-2	
知识点 2-6	车体的密封及隔声技术	作业单 2-2	
知识点 2-7	防火安全技术	作业单 2-2	

任务二　动车组车体侧门应急故障处理

一、学习目标

【知识目标】

1. 了解动车组车体侧门功能。
2. 掌握动车组车体侧门结构组成。
3. 了解动车组车体侧门工作及操控原理。

【能力目标】

1. 能正确认知动车组车体侧门结构组成。
2. 能熟练完成动车组车体侧门应急故障处理。

【素养目标】

1. 培养良好的学习习惯和行为习惯。
2. 培养学生遵章守纪的职业素养。
3. 培养学生的创新意识和奋斗精神。

二、任务导入

动车组车体侧门是动车组必备的基础装置。塞拉门是高速动车组普遍采用的一种车门系统。这种侧门不仅能够形成动车组良好的空气动力学外形,有助于降低列车高速运行时受到的空气阻力;也有利于提高车体的气密性和可靠性,有助于减少列车运行中车外气压波动对车内的影响;同时也是旅客上下列车的乘降通道,更是列车发生火灾等灾害时的主要逃生通道。因此,动车组车体侧门的结构和质量状况,直接影响着动车组的运行状态以及旅客的乘车安全和舒适性。

那么动车组车体侧门的结构是由哪些部分组成?这种侧门有哪些技术优势?动车组运行中如果遇到侧门无法正常动作等故障应该如何处理?通过相关知识点和微课资源的学习,掌握动车组车体侧门结构及应急故障处理,并完成后续学习。

三、相关知识点

知识点1　CR400AF型动车组塞拉门

塞拉门是旅客上下车的通道,其中头车的塞拉门还是司机上下车的通道,司机通过头车塞拉门登车后,通过司机室后端门进入司机室。

1. CR400AF型动车组塞拉门整体布局

中国标准动车组为8编组车辆,车门设置在每辆车的四角,1、5、8车设置2套车门,其余车辆均设置4套车门,一列车共26套车门。其中4号车近二位端2套车门采用宽门(净开度900 mm),其余24套门采用窄门(净开度800 mm)。1、8车设置有可在车内和车外操作的隔离锁,其他车门在正常情况下只从内部操作隔离锁。车门在CR400AF型动车组上的布置如图2-27所示。

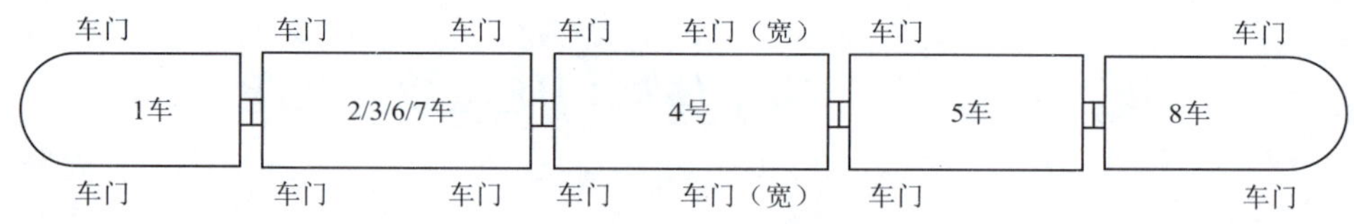

图 2-27　CR400AF 型动车组塞拉门布置图

2. CR400AF 型动车组塞拉门结构组成

塞拉门系统采用电控电动多点锁闭式塞拉门，主要由密封门框、门扇、侧立集成组件、承载驱动机构、内部操作装置、外部操作装置等组成，如图 2-28 所示。

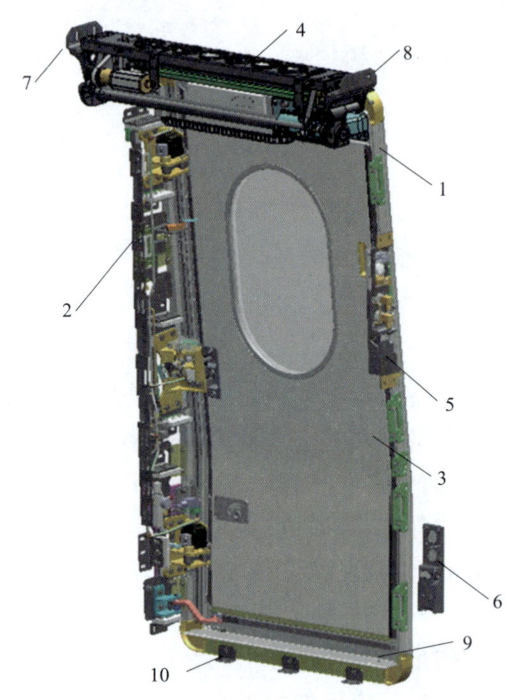

1—密封门框；2—侧立集成组件；3—门扇；4—承载驱动结构；
5—内部操作装置；6—外部操作装置；7—机构安装板一；8—机构安装板二；
9—门口踏板；10—下压条安装支架。

图 2-28　CR400AF 型动车组塞拉门组成结构

1）门框

塞拉门采用整体密封门框（图 2-29），以保证密封和增加门扇的约束点。相对于散装门框，整体密封门框安装快捷、简单，调试容易。

2）门扇

塞拉门门扇为气密式移动门，主要由铝合金框架、内外蒙板、内部复合材料填充、玻璃、密封胶条等组成，如图 2-29 所示。

（1）门扇：为弧形门以适应鼓形车体的外形。由铝型材、铝板及铸铝件焊接成铝框架，内、外面覆盖铝板，其间注入发泡剂，以提高隔声隔热性能。门扇四角为圆弧形。

（2）窗户：由多层平板玻璃构成，瞭望区的颜色同客室侧窗。

(3)隔离锁:集成在门板内。可以通过方形钥匙从内部和外部手动操作进行门的机械隔离,并通过隔离锁锁舌触动设备架上的限位开关,实现电气隔离。

(4)扣手:内外部各设有一个扣手,集成在门板上。

(5)胶条:门扇周边的密封胶条为双层密封,分为内层胶条和外层胶条,外层胶条的前端为护指胶条,胶条内部装有防挤压开关。

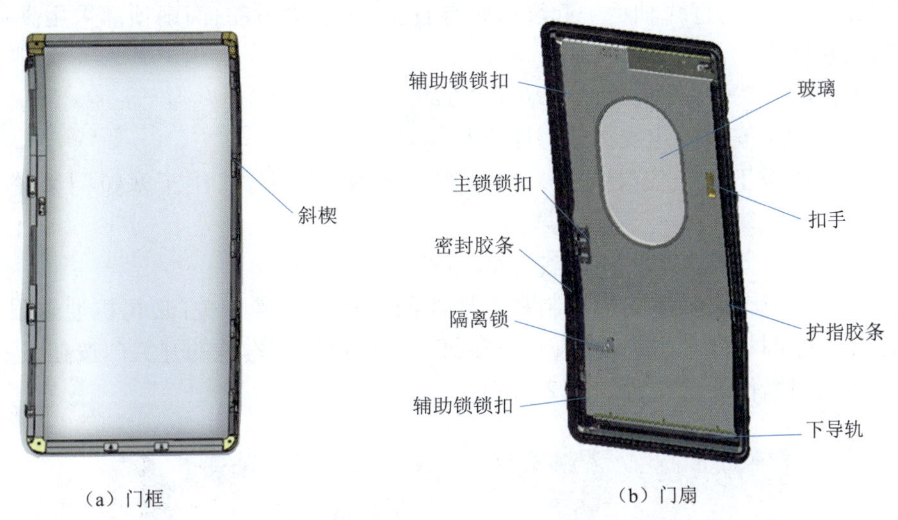

图 2-29　塞拉门门框、门扇组成

3)侧立集成组件

侧立集成组件由一个主锁和两个辅助锁闭装置组成,如图 2-30 所示。主锁保障基本安全,辅助锁闭装置保障门关闭后的密封性能,增加门系统刚性,形成多重锁闭,保证塞拉门在车辆高速运行时的安全。

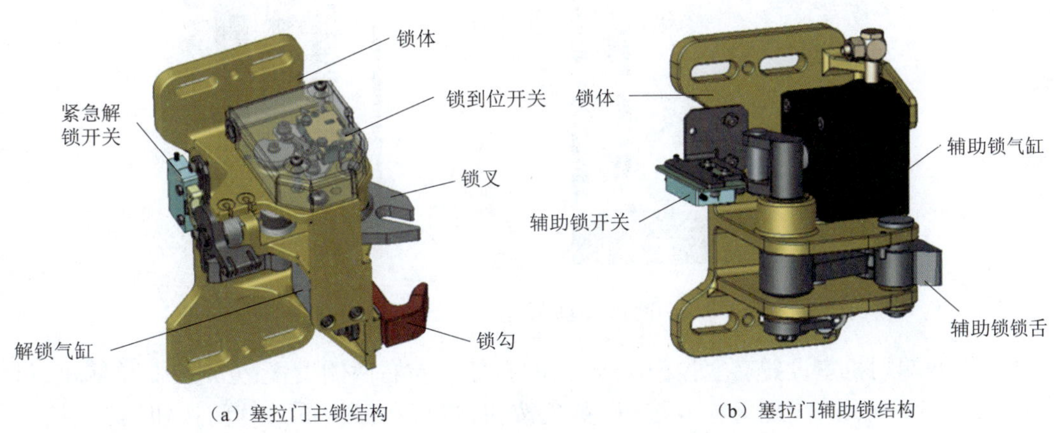

图 2-30　塞拉门主锁、辅助锁结构

4)承载驱动机构

承载驱动机构主要由驱动部件、携门架、长导柱、短导柱及直线轴承、门控系统等组成。承载驱动机构安装在车体开口正上方,门扇安装在携门架上,携门架沿直线导轨进行 X 向运动,直线导轨沿短导柱进行 Y 向运动。从而使门板既有沿车长方向的直线运动,又有沿车宽方向的摆塞运动。

(1)驱动机构采用直流电机驱动,可以精确控制开关门时间和速度,同时在行程内开关速度可实现多段可调;无刷直流电机具有全数字闭环控制;高可靠性,可实现大于150万次开关门;免维护,全寿命成本低等特点。

(2)采用大导程滑动丝杆,通过丝杆的旋转带动丝杆螺母套,再经过摇臂带动直线轴承座运动;携门架内嵌轴承和直线轴承一起套在长导柱上,可自由滑动;门扇顶部采用高强度螺栓,固定在携门架悬臂上。

5)内、外部操作装置是车内外的手动操作面板。

6)机构支架用于安装固定支撑承载驱动机构。

7)门口踏板以及下压条安装支架是门框架与地板接连部分,用于塞拉门系统与地板的过渡。

3. CR400AF型动车组塞拉门系统工作原理

塞拉门在动车组车上采用集中控制和本地控制两种方式来开关门,司机通过设置在驾驶台上的集控开关控制整列车门的动作;同时在每个门口设置有本地的开关门按钮,进行本地开关门控制。塞拉门操作装置布置如图2-31所示。

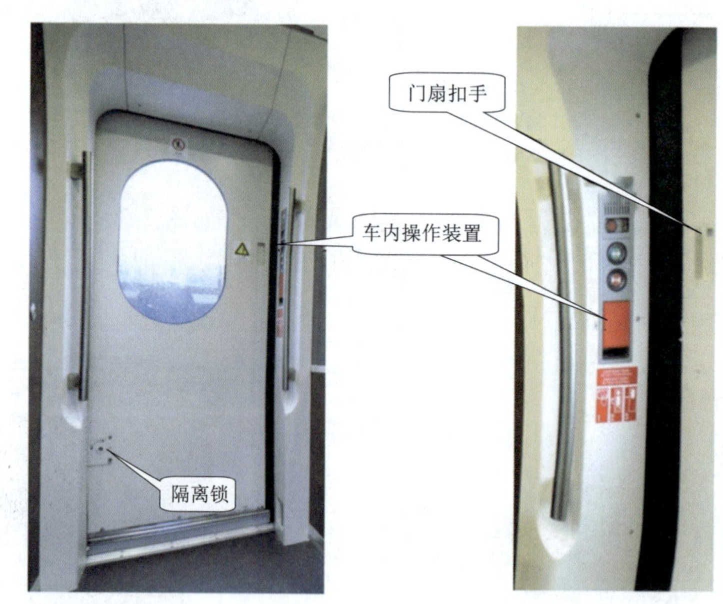

图2-31 CR400AF型动车组塞拉门操作装置布置图

动车组两端司机室设置有塞拉门集控按钮,按钮分左右两侧设置,分别控制单侧车门集中开关;每侧有3个按钮,分别为释放按钮(黄色按钮,带灯和保护罩)、开门按钮(红色按钮,带保护罩)和关门按钮(绿色按钮),按钮均为自复位式,释放按钮带灯用于显示当前的车门释放状态,释放有效时,该灯点亮。

塞拉门为电控、电动单扇门,电控气动压紧密封。门扇的打开和关闭过程由110 V电压供电的驱动电机提供动力进行驱动。由门控器DCU内部软件控制电机两端电压正负极性来控制电机的正反转,从而带动门扇的打开和关闭。

CR400AF型动车组塞拉门系统采用主、副门控器进行网络控制，车辆与主门控器采用MVB连接进行列车级网络通信，同一辆车副门控器与主门控器采用CAN线连接进行车辆级网络通信，动车组主、副门控器布置如图2-32所示。关键信号指令(关门指令、开门指令、开门允许指令、速度信号、安全回路)采用硬线传输。

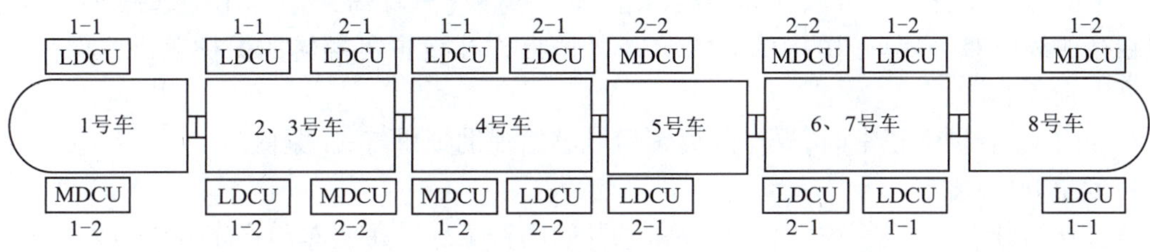

MDCU—主门；LDCU—副门。

图2-32 CR400AF型动车组主、副车门布置图

4. CR400AF型动车组塞拉门功能

塞拉门的主要功能有：开关门功能、故障隔离功能、紧急开门功能、障碍检测功能、牵引互锁功能、5 km/h自动关门锁闭功能、网络监控与故障诊断功能、整列锁车功能等。

1)开、关门及警示功能

(1)侧门通过设置在司机室的开关进行集中控制，也可通过每扇门在车内设置的开关按钮或车外开门按钮进行本地控制。

操作开门时，首先操作释放指令，各车门本地开门按钮指示灯亮，可单独操作按钮开门，司机也可集中开启整侧全部车门。

操作关门时，司机直接操作关门按钮，自动切断释放指令，各车门本地按钮开关功能切除，全列车门自动关闭。

(2)侧门在自动开、关门时，在完全开启和关闭位置具有保持功能。

(3)自动开、关门过程中有声音提示。

每套车门设置有蜂鸣器，蜂鸣器声音通过不同的频率区分开门和关门

开门时：发出开门指令，蜂鸣器发声，1 s后开始开门，然后继续响4 s，频率2 Hz；

关门时：发出关门指令，蜂鸣器发声，1 s后开始关门，然后继续响4 s，频率4 Hz；

当启动紧急开门装置时，蜂鸣器持续长鸣，频率为5 Hz，可通过操作关门按钮或手动关闭车门解除紧急开门状态，蜂鸣器停止发声。

(4)开、关门的灯光提示

开门时：收到释放指令，开门按钮指示灯亮，关门按钮指示灯灭；车门开启过程中，开门按钮指示灯灭，关门按钮指示灯常亮；车门开到位后，开门按钮指示灯灭，关门按钮指示灯亮。

集控关门时：收到关门指令，车门开始关闭，关门按钮指示灯灭，开门按钮指示灯灭；关门到位后，开门按钮指示灯灭，关门按钮指示灯灭。

本地关门时：操作关门按钮，车门开始关闭，关门按钮指示灯灭，开门按钮指示灯亮；关门到位后，开门按钮指示灯亮，关门按钮指示灯灭。

2)故障隔离功能

在车门发生故障时，可将车门机械锁闭，同时退出使用状态，并能将车门状态反馈给车辆

监控系统。

每套车门均能从车内用四角钥匙进行隔离操作,隔离锁使用专用钥匙操作。除两个头车外,其他车车外隔离锁用密封盖盖住,不能操作。仅在特殊情况下,破坏性损坏密封盖后,可用四角钥匙操作。

头车的侧门设置一个可从外部开启、锁闭的隔离锁(车外需采用专用钥匙操作),满足动车组在存放线时对全列车门的锁闭功能。车外侧操作孔设置可翻转的保护盖进行保护,防止污物进入到锁芯。

在侧门供电、供气正常时,操作隔离锁后能够给辅助锁供气,压紧侧门。

3)紧急开门功能

紧急开门分为车内紧急开门和车外紧急开门两种工况。每套车门在车内门口处设置有内部紧急解锁装置,在车外侧墙上设置车外紧急解锁装置。紧急情况下,通过操作紧急解锁装置,可打开车门,并传递状态信息给列车监控系统。紧急开门时需操作紧急把手并保持住,再拉动门扇,使门脱离解锁位置(仅拉动把手车门可能无法脱离解锁位置),然后可把车门打开。

在手动打开已解锁的门时,操作人员可以施加不超过 250 N 的力,在开门方向使门摆出,从车内或车外施加不超过 150 N 的力,便可拉动车门。

紧急解锁后,蜂鸣器鸣响,其状态信息可传递给列车监控系统,能在司机室显示屏上显示启动了紧急解锁装置的车门。紧急操作装置复位后,响声停止。紧急装置操作后,其拉手能自动复位。

为保证安全,当车速大于 10 km/h 时,操作车内、车外紧急操作装置不能打开车门。在车速小于 5 km/h 且小于 10 km/h 时,保持紧急解锁把手处于拉起状态,可手动打开车门。当速度小于 5 km/h 时,车内和车外紧急装置复位后,车门能自动关闭。相关情况如下:

(1)车内紧急把手复位后,车门自动关闭,但请求开关复位前,蜂鸣器应鸣响,监视屏上仍旧是车门紧急开门状态,只有车门关闭到位且请求开关复位后,紧急开门状态解除,车门恢复正常。

(2)车外紧急把手复位后,车门自动关闭,关闭完成后车门为正常工作状态。

(3)此过程中,本地开、关门按钮均无效,指示灯不亮。

在动车组有电时,操作车内紧急请求按钮或开关后,蜂鸣器鸣响,司机屏报紧急操作故障,将开关复位后,相关情况如下:

(1)此时如没有拉动把手开门,紧急按钮或开关复位后蜂鸣器停止鸣响,司机屏紧急开门故障消失,车门保持正常状态。

(2)此时如拉动把手解锁车门,紧解锁急开关被触发:

如果主锁未解锁或者解锁后门扇位置未超出 98% 位置,紧急按钮或开关复位后,蜂鸣器停响,车门应处于锁闭状态或自动执行锁闭压紧,然后操作一下关门按钮,车门恢复正常,司机屏故障消除。

如果车门解锁门扇位置超过了 98% 位置,车门处于自由拉动状态,开关门按钮灯都不亮,紧急按钮或开关复位后,蜂鸣器停响,但司机屏需继续保持故障状态。操作关门按钮关门到位后,司机屏紧急开门故障消失;或者手动关闭到位,辅助锁自动压紧上锁后,操作一下关门按钮,司机屏紧急开门故障消失。

4）障碍检测功能

车门设有障碍返回功能，在关门过程中遇到障碍物，障碍返回功能激活，车门应能停止关闭并打开。车门重新关闭时必须运动平稳，不能产生冲击。车门系统采取敏感边缘检测、电机电流检测和车门的时间位移检测三种方式来判断障碍物的存在。当车门锁闭到位后，防挤压检测自动停用。

当检测到障碍物时，车门停止关闭，重新打开到开门位置，延时 1 s 后，车门将自动重新关闭，这样的循环将被重复执行。车门返回次数达到 3 次后，车门全部打开，监控系统报车门故障。操作关门开关并关闭到位后，可解除故障状态。门循环开关时伴声音提示，循环状态可在司机室监控显示器上单独显示。在关闭循环结束时，安全装置都应启动。车门防挤压功能、关门冲击力参数符合《铁路设施　铁路车辆的车体侧门系统》（EN14752—2005）中的相关规定，能检测的最小障碍物尺寸为 30 mm×60 mm。关门最大峰值力 $F_p \leqslant 300$ N，第一次关门过程时的有效力 $F_e \leqslant 150$ N，在进一步关门尝试时的平均有效力 $F_E \leqslant 200$ N。

当车门在开门过程中受阻无法打开时，停留在阻力位 3 s 后再次尝试开门，3 次后停留在阻力位等待处理，以保护门系统不受损伤，塞拉门报障碍检测故障。

5）侧门与牵引互锁功能

以动车组 5 km/h 信号作为零速判断的标准。列车运行速度大于 5 km/h 时，动车组整车电路实现门释放信号自动切除（若车门未关闭，塞拉门门控器控制车门自动关闭，此时防挤压功能不起作用）。

列车运速度大于 5 km/h 时，即使操作开门开关车门也不会打开。

6）网络通信及故障诊断功能

动车组通过网络将各车门的状态信息提供给列车监控系统，持续监视各车门的状况，如果门出现紧急问题，会发现并报告。如果侧门出现非正常操作，则显示故障状态，并通过网络向驾驶室内的工作人员和列车值班室内的值班员报告。

7）上电初始化功能

塞拉门在首次上电时，将执行关门动作，关闭到位后，初始化完成，具备运营条件。具体功能如下：

（1）车门没有完全锁闭时，上电后蜂鸣器先鸣响 1～2 s，然后开始执行关闭动作，直到关闭到位，关闭过程中障碍检测功能和正常关门一致。

（2）车门处于锁闭状态时上电，蜂鸣器鸣响 1～2 s，然后辅助锁压紧。

（3）在隔离状态下上电，车门初始化不能全部完成，相关功能如下：

在速度小于 5 km/h 时，车门隔离解除后，辅助锁将会松开，司机屏上显示该车门为打开状态，此时操作集控关门按钮即可恢复正常。

在速度大于 5 km/h 时，车门隔离解除后车门将自动执行关门指令，车门恢复正常。

（4）如果此时隔离开关发生故障，司机监视器上会报出“隔离开关故障”。

四、任务实施

第一步：扫描二维码完成线上学习。

第二步：学习教材本任务知识点 1、2。

第三步：结合线上线下教学资料，完成作业单 2-3。

动车组车门发展

动车组车门结构

作业单 2-3　动车组车体侧门

班级：　　　　姓名：　　　　学号：　　　　时间：

一、CRH380A 和 CR400AF 型动车组分别使用哪种车体侧门?

二、简述 CR400AF 型动车组塞拉门系统工作原理。

三、写出下图 CR400AF 型动车组车体塞拉门结构组成。

序号	名称	作用
1		
2		
3		
4		
5		
6		
7		
8		
9		
10		

四、CR400AF 型动车组塞拉门功能清单。

序号	功能	作用
1	开、关门及警示功能	

第四步：结合知识点的学习，完成下列实训项目，并完成实训单。

实训 1 CR400AF 型动车组塞拉门应急故障处理

1. 准备工作

1）按小组进行角色分配。2 人一组，分别为机械师和司机，机械师为组长，全班分成若干个工作小组。

2）确认工作服、防护鞋、安全帽等劳保用品按规定穿戴。

3）检查工具物料准备齐全。

2. CR400AF 型动车组塞拉门应急故障处理过程

1）当 HMI 屏主菜单页面闪现“故障发生信息”提示，并伴有声音报警时，司机触按左下方【故障详情】键，确认故障情况，并通知随车机械师。

塞拉门途中常见故障及原因见表 2-3。

表 2-3 塞拉门途中常见故障及原因

序号	故障名称	故障原因
1	车速大于 10 km/h 车门未关闭	①机械锁闭装置失效 ②供气压力不足
2	锁到位、关到位开关、辅助锁开关一直激活	①限位开关自身故障 ②接线故障 ③开关位置调整不当
3	内部安全继电器故障	门控器继电器触点卡滞或粘连
4	车门隔离开关故障	①限位开关自身故障 ②接线故障 ③开关位置调整不当
5	未经许可离开关锁到位故障	①辅助锁气压降低，不能压紧 ②主锁机械结构解锁 ③关、锁到位限位开关短路
6	压缩空气供应损失	①车门供气气压降低，管路泄漏 ②压缩空气检测传感器故障
7	在规定的时间内未解锁故障	①锁闭装置卡滞 ②供气压力不足 ③车门驱动装置故障
8	车门辅助锁故障	
9	主锁解锁电磁阀输出口故障	①主锁解锁电磁阀输出口无输出 ②主锁解锁电磁阀输出口一直输出
10	主锁锁闭电磁阀输出口故障	①主锁锁闭电磁阀输出口无输出 ②主锁锁闭电磁阀输出口一直输出

2）机械师根据信息，立即赶往故障车门，若有乘客上下车需要打开车门，通过紧急装置开门。

3）机械师待乘客上下车完毕后，对故障车门进行隔离操作。

4）司机确认状态后，继续行车。

5）填写动车组车体结构认知实训单 2-3。

实训单 2-3　车体侧门应急故障处理认知

实训项目					
小组编号		实训场地		姓名	
准备工作					

序号	实训内容	司机	机械师	备注
1	车门故障信息确认			
2	紧急装置开门			
3	故障车门隔离操作			
4	故障应急处理状态确认			

第五步：小组评价与自我评价。

结合实训完成情况，完成评价单 2-3。

评价单 2-3　小组评价与自我评价

实训项目					
小组编号		实训场地		实训者	
序号	评价项目	分值	实训要求		自我评价
1	任务完成情况	50	能正确使用工具，按要求完成实训任务（漏检、错检一项扣 5 分）		
2	实训记录	20	记录规范、完整，计算准确（记录不全、错误一项扣 5 分）		
3	实训纪律	15	遵守实训课堂纪律，无事故，实训工具未损坏		
4	团队合作	15	服从组长工作安排，能配合其他成员工作		
实训总结与反思： 小组其他成员评价得分：________、________、________、________、________ 组长评价得分：________					

第六步：教师评价

结合实训完成情况，由教师填写评价单 2-4。

评价单 2-4　教师评价

实训项目					
小组编号		实训场地		实训者	
序号	评价项目	分值	实训要求		考核评价
1	操作程序	30	能正确使用工具，按要求完成实训任务		

续上表

序号	评价项目	分值	实训要求	考核评价
2	操作速度	10	按时完成实训操作	
3	实训记录	10	实训记录单整洁，无转抄，涂改，抄袭等	
4	实训结果	30	操作及记录规范、完整、正确，达到作业标准要求	
5	安全操作	10	无损坏实训事故，实训工具未损坏	
6	团队合作	10	服从组长工作安排，能配合其他成员工作	
需改进的问题： 指导教师：　　　　评价时间：				

五、拓展知识点

序号	名称	对应考核	相关知识点二维码
知识点 2-8	CRH380A 型动车组侧拉门	作业单 2-3	
知识点 2-9	CR400AF 型动车组塞拉门的控制和操作	作业单 2-3	

任务三　动车组车内设施检修

一、学习目标

【知识目标】

1. 熟悉动车组车内主要设施及布置。
2. 了解动车组车内主要设施的性能。

【能力目标】

1. 能正确认知动车组车内主要设施。
2. 能完成动车组车内主要设施的基本检修。

【素养目标】

1. 培养良好的学习习惯和行为习惯。
2. 加强学生对新时代“工匠精神”内涵的理解，引导学生树立正确的职业观。

二、任务导入

自从动车组上线运行以来，就以其高颜值、高舒适性、高安全性为大众所推崇。特别是CR400AF型复兴号中国标准动车组，其车厢内不仅设施齐全，还实现了Wi-Fi网络全覆盖，设置不间断的旅客用220 V电源插座；空调系统充分考虑减小车外压力波的影响，通过隧道或交会时减小耳部不适感；列车设有多种照明控制模式，可根据旅客需求提供不同的光线环境。还采取了多种减振降噪措施，改进了洗漱设施，设置有无障碍设施等，能够为旅客提供更良好的乘坐体验，深受广大旅客的喜爱。

那么，动车组车内主要包括哪些设施？这些车内设施在车内各区域如何分布？有哪些功能？我们又该如何做好日常检修维护，确保这些设备设施能够正常为旅客提供服务？通过相关知识点和微课资源的学习，掌握动车组车内主要设施检修的相关知识及技能，并完成后续学习。

三、相关知识点

知识点1　CR400AF型复兴号动车组车内设施

CR400AF型复兴号时速350 km中国标准动车组设置了商务座车、一等座车及二等座车。其中1号车（TC01）为带商务座的一等座车，8号车（TC08）为带商务座的二等座车，4号车（MH04）带无障碍设施的二等座车，5号（MB05）车为带有厨房的二等座车，其余为普通二等座车，如图2-33所示。

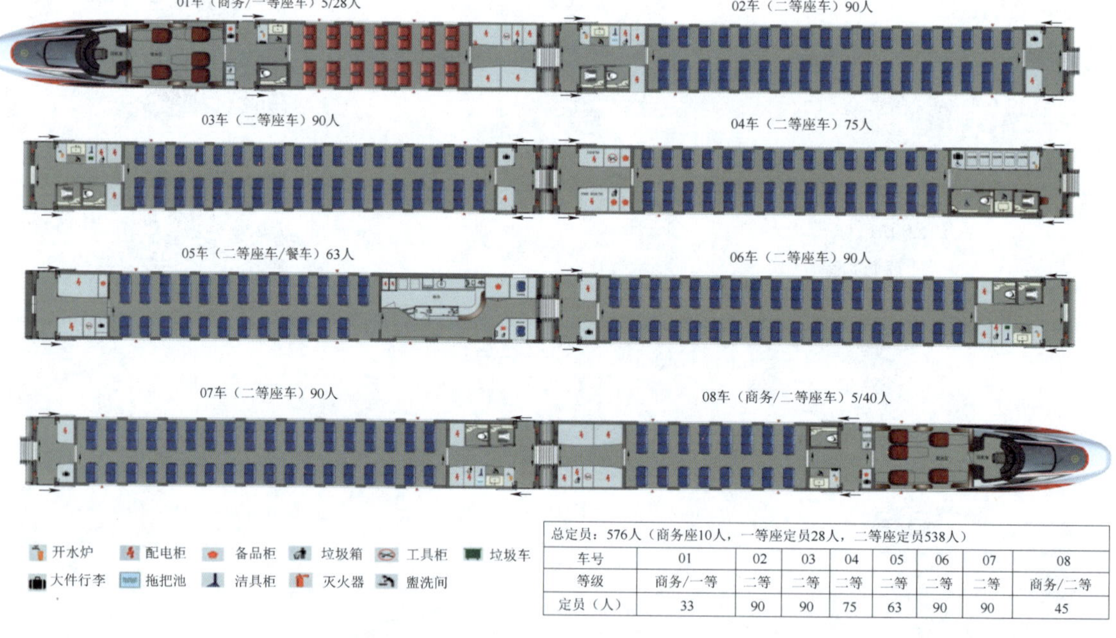

总定员：576人（商务座10人，一等座定员28人，二等座定员538人）								
车号	01	02	03	04	05	06	07	08
等级	商务/一等	二等	二等	二等	二等	二等	二等	商务/二等
定员（人）	33	90	90	75	63	90	90	45

图2-33　CR400AF型复兴号动车组车内设施布置

1. CR400AF型复兴号动车组车内布置

车内设施及配置主要包括司机室座椅、商务座椅、客室座椅、行李架、内部门、厨房设备、办公桌柜、客室照明等设施，各设施分布在车内不同的区域。

1）司机室布置

1号车及8号车端部各设置一个司机室。司机室主要设置了司机室操作台、遮阳帘、司机室座椅、边柜、司机室后端墙及工具箱等。

2)商务区布置

1 号车及 8 号车端部靠近司机室部位各设置一个商务区。商务区(图 2-34)主要设置了 6 个商务区边柜、3 个单人商务座椅、1 个双人商务座椅。商务区设互为对称的带有书报网兜边柜(图 2-35),可放置报刊。

图 2-34 商务区布置

图 2-35 商务区边柜

3)客室布置

1 号车设置了一等客室,布置如图 2-36 所示。2 ~ 8 号车客室为二等客室,其中 4 号车为带无障碍设施的二等客室,二等客室照明布置为两种,3、6、8 号车中顶设置了环形灯带,如图 2-37所示,其余车没有设顶部环形灯带,如图 2-38 所示。

图 2-36 一等客室布置

图 2-37 带环灯二等客室布置

图 2-38 不带环灯二等客室布置

客室主要设施包括商务 1 人座椅、商务 2 人座椅、一等 2 人座椅、二等 2 人座椅、二等 3 人座椅、行李架；侧墙设有衣帽钩、广播系统用扬声器、烟感、温度传感器等设施；车厢内两端内端墙设置信息显示器、车号显示器、禁烟标记、厕所有无人显示灯、紧急警报开关及内端门用光电传感器；车顶设 LED 照明灯带，应急灯安装在 2、3 位角及客室中部。

4）乘务员室布置

乘务员室内设置办公桌和旋转座椅，办公桌设置有 4 个抽屉，最下层抽屉用于存放急救箱；扬声器和应急灯挂于办公桌上方间壁上；上部设有供乘务员操作电气设备柜；控制柜内设乘客信息显示屏、娱乐信息操作屏，如图 2-39 所示。

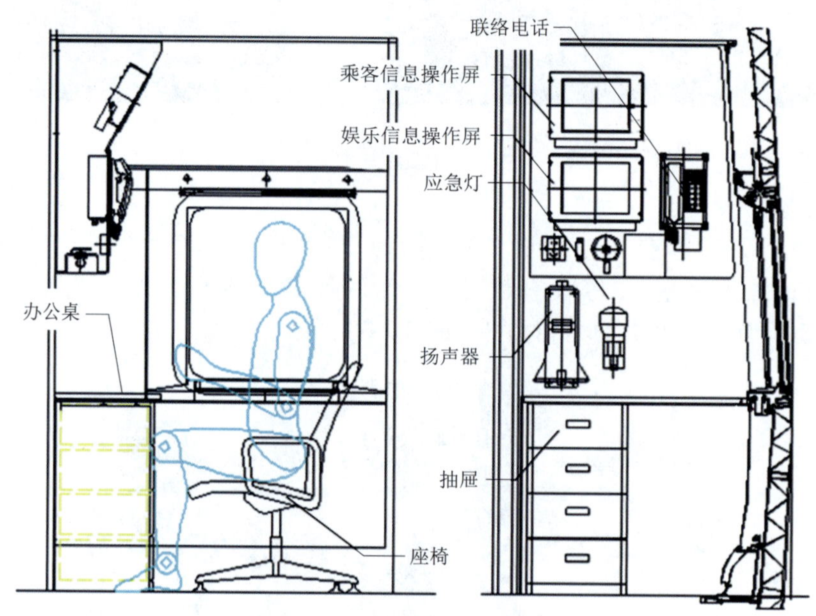

图 2-39　乘务员室布置

5）机械师室布置

机械师室内设置办公桌和旋转座椅，联络电话等。办公桌设置有 4 个抽屉，上部设有供机械师操作的电气设备柜，其内包括视频监控显示屏、网络系统等，如图 2-40 所示。

6）内部门布置

CR400AF 型复兴号动车组内部门主要包含内端电动拉门、司机室后端门、乘务员室拉门、机械师室拉门、厨房门等，各内部门主要布置如图 2-41 所示。

此外，为了方便旅客放置大件行李，CR400AF 型动车组每个车辆端部均设置大件行李存放处，大件行李存放处为开敞式结构，由中部设置的铝框架隔板分为上下两层，如图 2-42 所示。

全列设置 10 个垃圾箱，单个垃圾箱容积不小于 40 L，分别放置于每车端部以及首尾车的服务台下方，垃圾箱室内配置臭氧产生器，利用臭氧的强氧化作用对垃圾进行消毒及消除异味。垃圾箱体为不锈钢焊接结构，附属件包括垃圾袋框（不锈钢）、垃圾袋挂钩（不锈钢）、投放口（不锈钢）、导向件（铝合金），如图 2-43 所示。

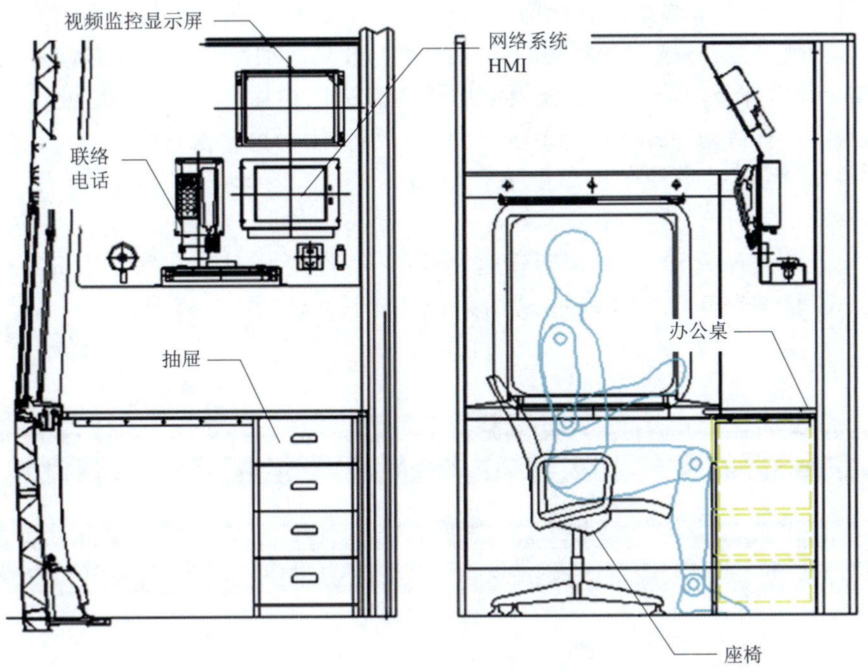

图 2-40 机械师室布置

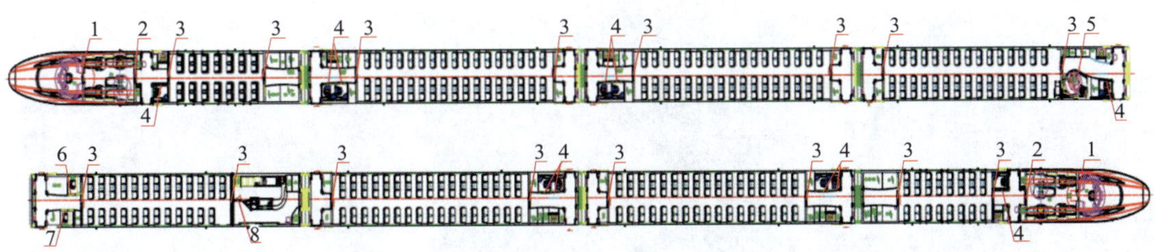

1—司机室后端门;2—商务区内端门;3—一、二位内端门;4—普通厕所拉门;
5—无障碍厕所拉门;6—机械师室拉门;7—乘务员室拉门;8—厨房门。

图 2-41 内部门布置

图 2-42 大件行李室

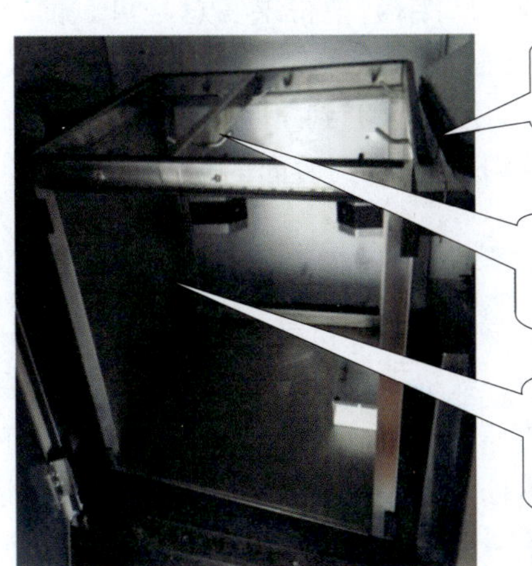

图 2-43 垃圾箱结构

垃圾箱(图 2-43)上部横梁设有挂钩,与垃圾袋配合使用。箱体底盘下安装有 4 个万向脚轮,上沿及四角处粘接防撞橡胶。两侧的导向件为垃圾箱运动的导引。导向件外表面贴有橡胶,阻止箱体与导向件产生碰响。垃圾箱室后端固定有防碰限位部件,使垃圾箱不能向后移动。垃圾投入口具有自动回弹功能,并设有圆形投放口,用于投放饮料瓶。

2. CR400AF 型复兴号动车组车内主要设施

1)客室座椅

头尾车设置商务座椅和 2+2 宽幅软座座椅(一等座椅);其余车客室设 2+3 软座座椅(二等座椅);客室座椅布置如图 2-44 所示,客室座椅样式如图 2-45 所示。

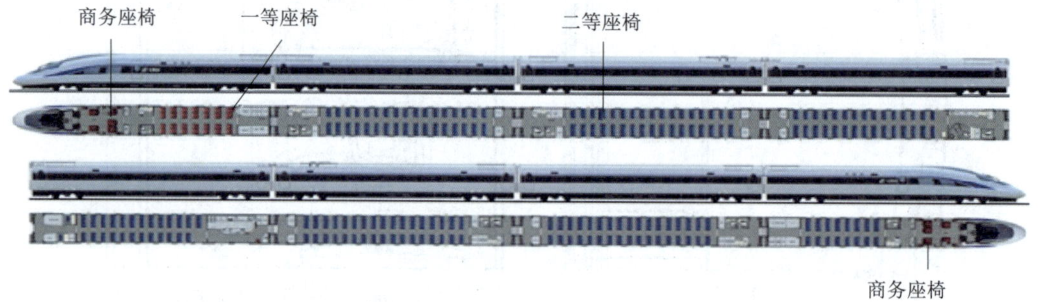

图 2-44　客室座椅布置

图 2-45　商务、一等、二等座椅样式

座椅均采用可旋转 180°的结构,使得乘客总是可以面对行车方向乘坐。商务座椅具备可坐可躺功能,坐躺任意切换座椅的可旋转结构充分体现了人性化设计,提高了乘坐的舒适度。一等座椅靠背可由个人手动控制从 8°到 30°;二等座椅靠背的角度可从 0°到 24.5°自由调节和锁定,而且保证靠背的倾斜不会干扰到后面的活动空间。各座椅都设有供乘客使用的小桌和用于存放杂志的书报网。

(1)商务座椅

商务座椅(图 2-46)分为单人座椅和双人座椅两种;根据人机工程学原理进行设计,具备可座可躺功能,座躺任意切换。软垫采用高档真皮蒙面,具备宽敞、舒适的座位空间。座椅带有宽大的私密罩壳,具备一定的私密空间,受外界影响小,同时配有电视、小桌板、电源插座、阅读灯等配套设备,满足乘客旅途休息、娱乐、就餐及办公等需求,为旅途提供一个温馨、舒适的乘坐环境。

商务座椅主要有坐姿、半躺及平躺三种姿态;可通过控制面板上提前设置好的程序实现一键到位控制;同时,旅客也可以根据自己的喜好,来调节座椅靠背、腿靠及脚踏等部件的角度,达到最佳姿态;具体操作如图 2-47 和图 2-48 所示。

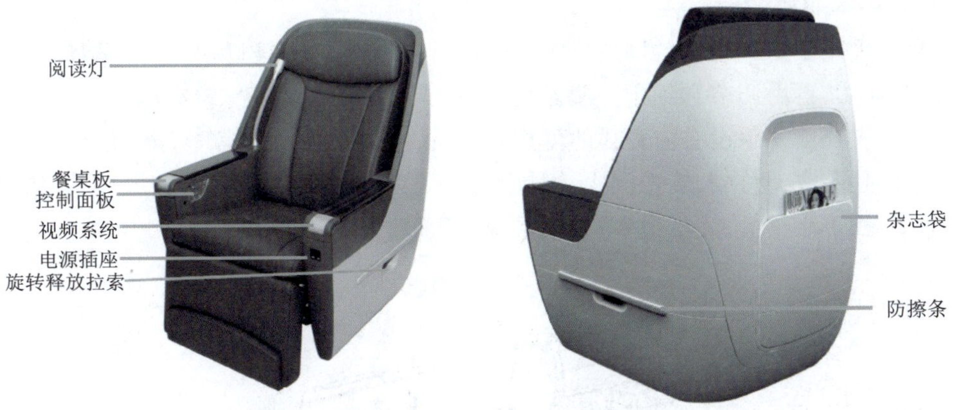

图 2-46　商务座椅结构

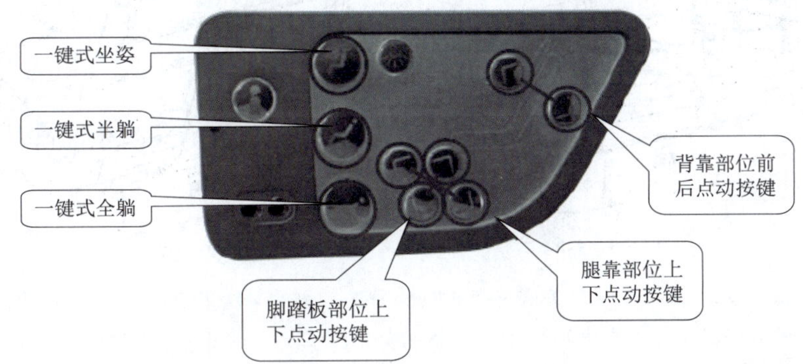

图 2-47　控制面板功能说明

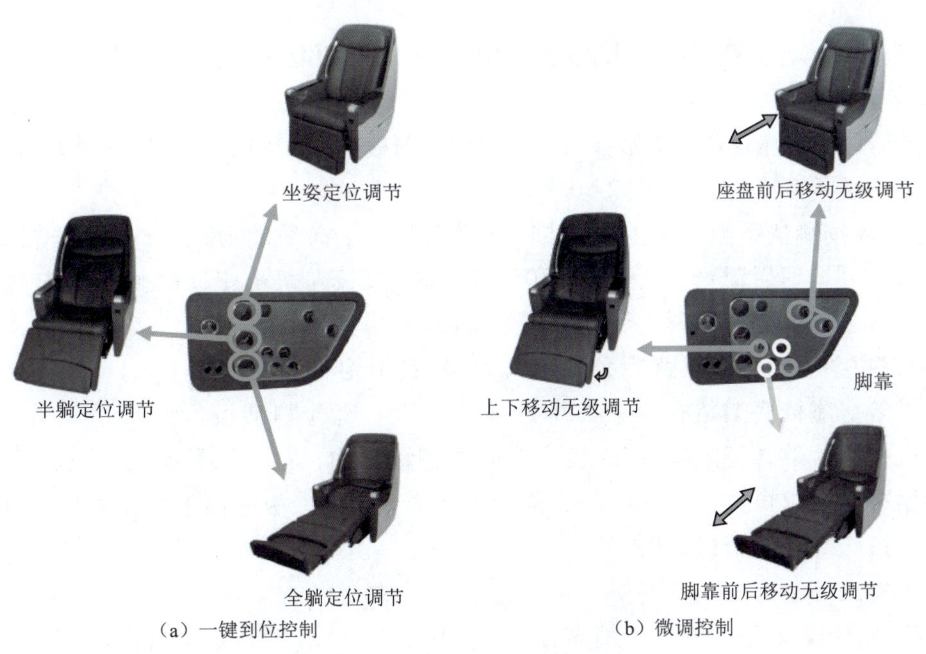

图 2-48　商务座椅坐躺调节功能说明

（2）客室一等座椅

一等座椅采用 2 +2 座椅布置形式，座椅的设计充分考虑了轻量化，座椅靠背可由个人手动控制从 8°到 30°自由调节和锁定。脚踏为背面弹动、双停止位置、转动翻出方式，可适合不同乘客使用。座椅侧扶手设有内置式的可折叠小桌，中间扶手设置了耳机插孔。

一等座椅是由底架总成、旋转机构、侧扶手、中扶手、靠背、靠背倾斜机构、座垫、后脚踏、插座、书报网架、扶手小桌板、旋转把手、音频系统等组成，如图 2-49 所示。

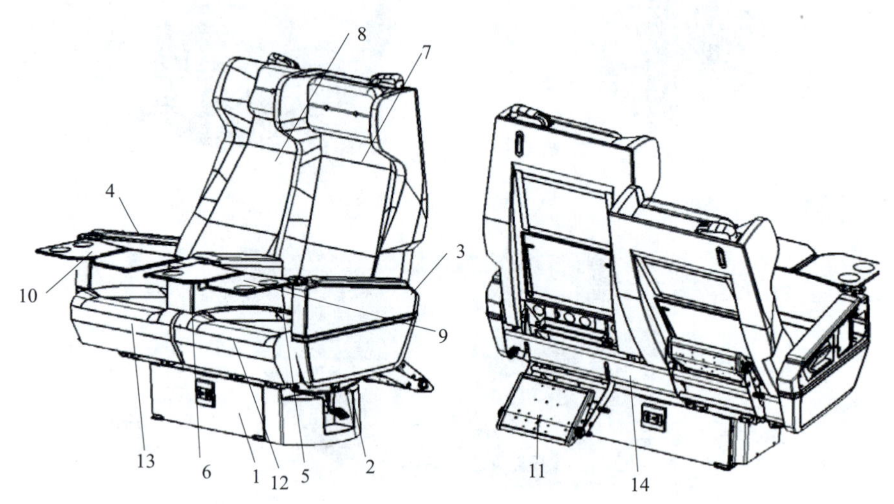

1—底架总成；2—转架总成；3—侧扶手（左）；4—侧扶手（右）；5—倾斜装置；6—中扶手；
7—靠背（左）；8—靠背（右）；9—折叠式小桌板组装（左）；10—折叠式小桌板组装（右）；
11—踏脚板；12—座垫（左）；13—座垫（右）；14—后部罩壳。

图 2-49　一等座椅组成

一等座椅设有小桌板、脚踏、书报网、衣帽钩、插座等功能部件，具有朝向旋转、靠背调节、音频输出等功能。

轻踩侧脚踏板，靠背及后脚踏板会自动复位，握住座椅旋转把手，然后顺时针或逆时针旋转座椅，座椅即可旋转 180°，如图 2-50 所示。

一等座椅按侧扶手侧面上的黑色按钮，给靠背一个向后的力，靠背可以按需要的角度向后倾斜，松开按钮后锁紧，最大可达 30°。座椅小桌板在每个座椅的侧扶手内，翻开侧扶手上盖，即可拿出。座椅靠背后面均设有书报网架，可放置普通 16 K 大小的杂志，方便后排乘客取阅书报杂志。座椅靠背后面设有衣帽钩，衣帽钩可悬挂不大于 5 kg 物体，可用于挂衣服、帽子等。座椅底架装有两个 220 V 五孔插座。座椅脚踏板（图 2-51）为二级翻转结构，脚踏机构整体翻转带限位，脚踏板为自回弹翻转结构；使用时，踩踏踏板，脚踏机构整体放下，根据乘客需求可选择脚踏板是否需要翻转使用（脚踏板的两个面均可以使用）；需要收起踏板时，轻踩回位踏板即可。

（3）客室二等座椅

二等车座椅设置为 2 +3 的座椅布置形式，座椅靠背可由 0°到 24.5°自由调节和锁定。

二等座椅分为二等 2 人座椅（图 2-52）和二等 3 人座椅（图 2-53）两种，均由底架、旋转机构、侧扶手、中扶手、靠背、靠背倾斜机构、座垫、插座、书报网架、靠背小桌板、旋转把手等组成。

二等座椅设有小桌板、书报网、插座等功能部件，具有朝向旋转、靠背调节等功能。

轻踩侧脚踏板，靠背及后脚踏板会自动复位，握住座椅旋转把手，然后顺时针或逆时针旋转座椅，座椅即可旋转 180°（与一等座椅相同）。

二等座椅扣起设置于扶手前端的扣手，给靠背一个向后的力，靠背可以按需要的角度向后倾斜，松开扣手后锁紧，最大可达 24.5°。二等 2 人座椅扣手设置在座椅外侧扶手前端；二等 3 人座椅两侧座椅扣手设置在外侧扶手前端，中间座椅扣手设置在右手侧扶手前端。

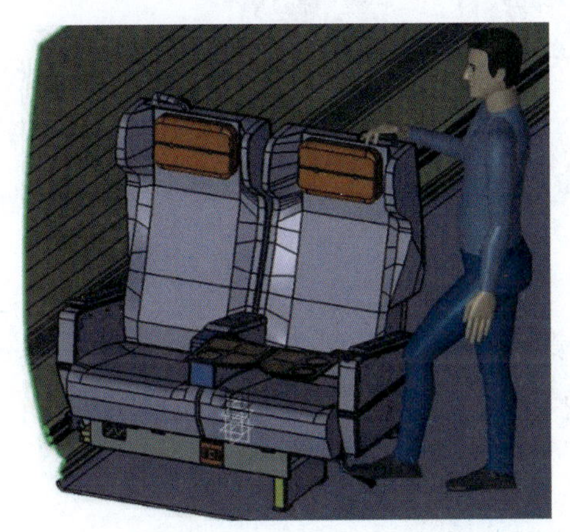

图 2-50　座椅朝向旋转

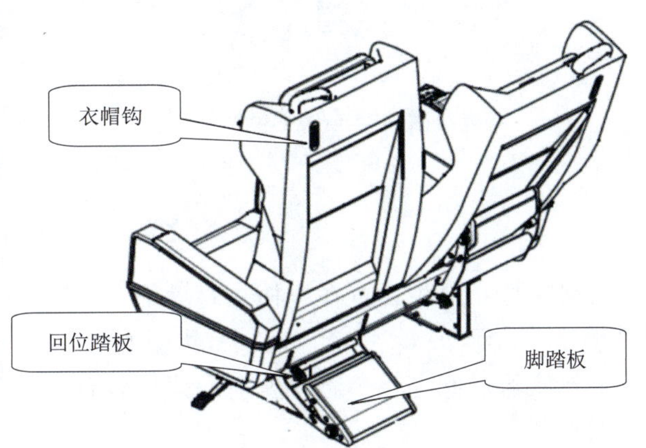

图 2-51　座椅脚踏板操作

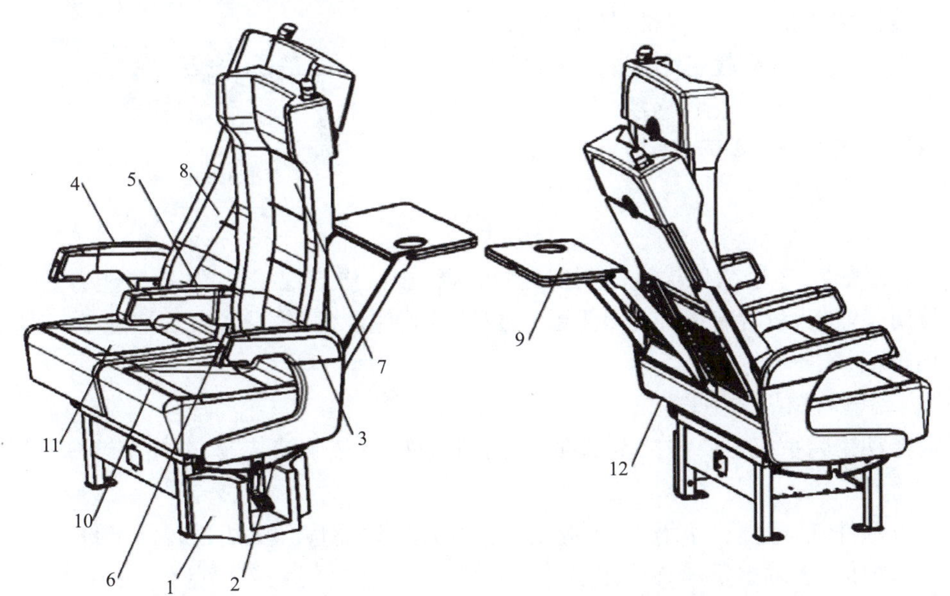

1—底架总成；2—转架总成；3—侧扶手（左）；4—侧扶手（右）；5—中扶手；
6—倾斜装置；7—靠背（左）；8—靠背（右）；9—靠背桌板；10—座垫（左）；
11—座垫（右）；12—后部罩壳。

图 2-52　二等 2 人座椅组成

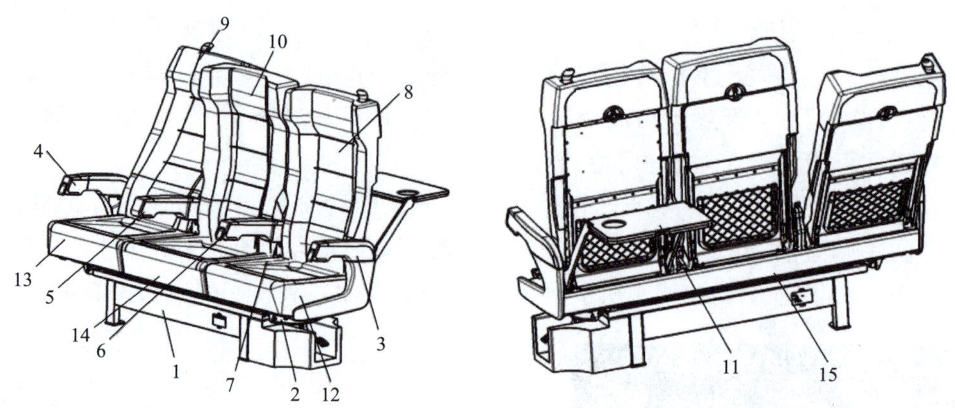

1—底架总成;2—转架总成;3—侧扶手(左);4—侧扶手(右);5—扶手(中);6—中扶手带扣手;
7—倾斜装置;8—靠背(左);9—靠背(右);10—靠背(中);11—小桌板;12—座垫(左);
13—座垫(右);14—座垫(中);15—后罩壳。

图 2-53　二等 3 人座椅组成

二等座椅小桌板设置在座椅靠背后部,为翻转式桌板,旋开固定卡,即可放下小桌板,小桌板可承载不大于 20 kg 物体。座椅靠背后面均设有书报网架,可放置普通 16 K 大小的杂志,方便后排乘客取阅书报杂志。座椅底架均装有两个功率 100 W 的 220 V 五孔插座。

2)行李架

行李架结构如图 2-54 所示。行李架部件主要由前后型材、托架、隔板、回风口型材以及下挡板组成,其中前后型材、托架、隔板组成行李架组成作为承载行李用;回风口型材载有风道回风口、灯带、烟感器、座位显示号等;下挡板内部集成阅读灯、扬声器、紧急控制按钮等功能电器。

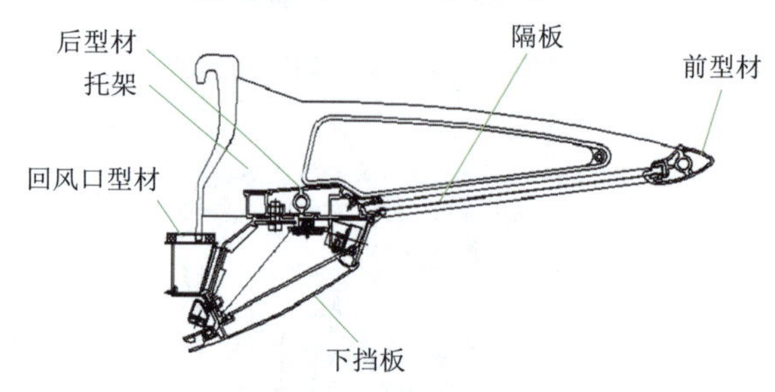

图 2-54　行李架结构

3)厨房设施

5 号车为餐车,车辆二位端设有厨房,餐饮区设施按供应快餐设置,供餐能力满足 1.5 h 内 50% 定员用餐需求;设置有操作台、吧台、储藏柜及其他设备,各设备布置如图 2-55 所示。

4)内部门

(1)内端电动拉门

内端电动拉门系统主要包括基础部件、门扇组件、承载驱动装置、电控系统等,具体机构如图 2-56 所示。

①基础部件:前门框压条组件、下导轨、前门框胶条、感应开关组件等零部件。

②门扇组件:承载小车、门窗、扣手、门前胶条、下滑块、门锁等零部件;其中承载小车包括携门架组件、压紧块组件、承载轮组件、防跳轮组件等零部件。

③承载驱动装置:上导轨组件、门控器组件、开关组件、传动机构、缓冲头组件、隔离锁组件等零部件。其中传动机构包括从动带轮、齿形皮带、支架、电机、皮带夹紧机构等零部件。

④电控系统:包括电子门控器(门控器)、红外传感器、手动电动切换开关、关到位隔离开关、电机等。

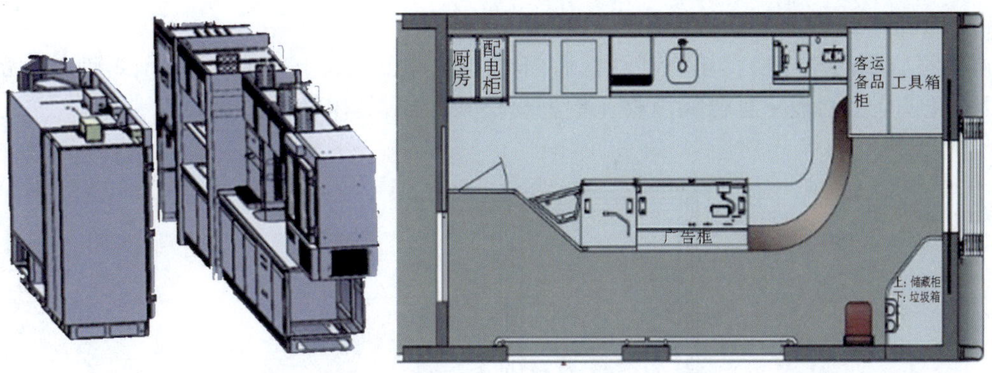

图 2-55　厨房设施布局

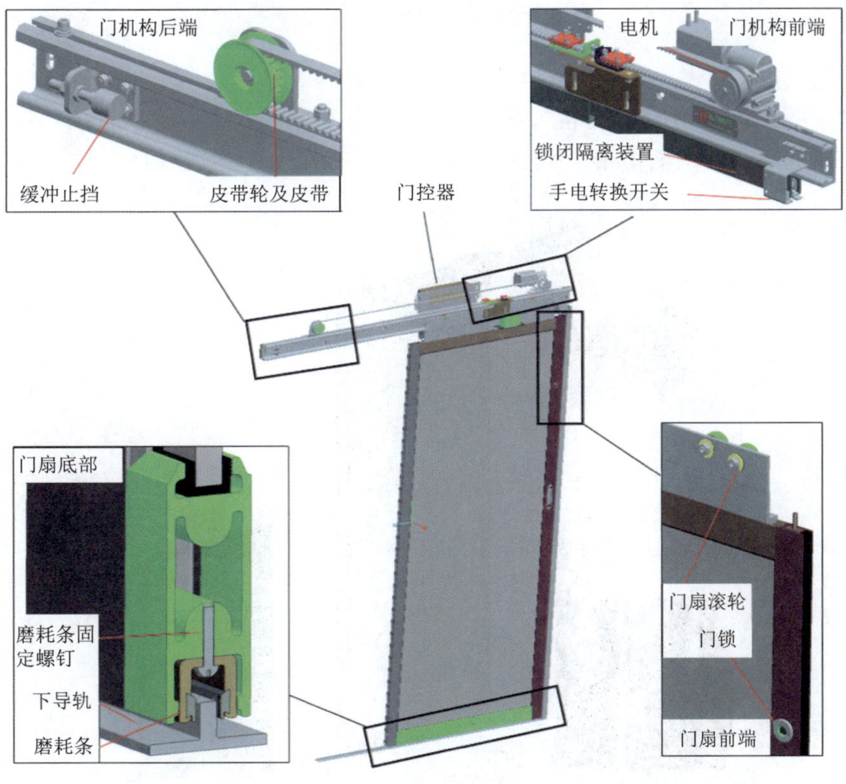

图 2-56　内端电动拉门

（2）司机室后端门

司机室后端门系统由门扇、前门框、后门框、上门框压条、下门槛、门止挡组件共六部分组成，门板组成是由铝板＋复合隔声材＋铝型材框架构成，具体结构如图2-57所示。

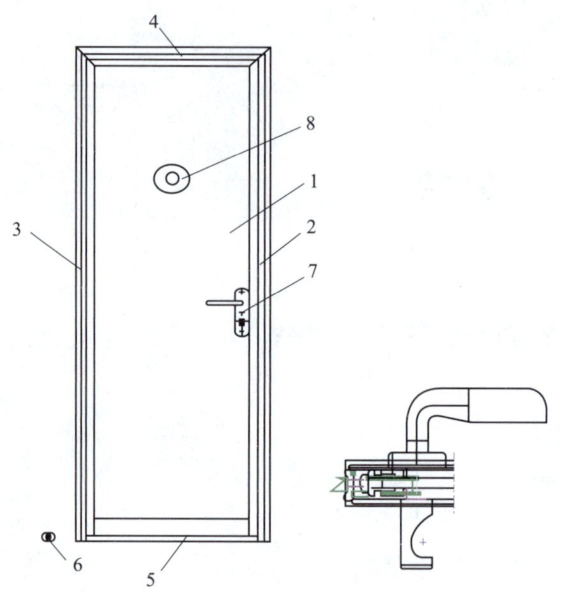

1—门扇；2—前门框；3—后门框；4—上门框压条；5—下门槛；6—门止挡组件；7—门锁；8—观察窗。

图2-57　司机室后端门

（3）小间拉门

小间拉门主要包括厕所拉门、机械师室拉门、乘务员室拉门等，各小间拉门净通过尺寸为1 900 mm×500 mm，具体结构如图2-58所示。

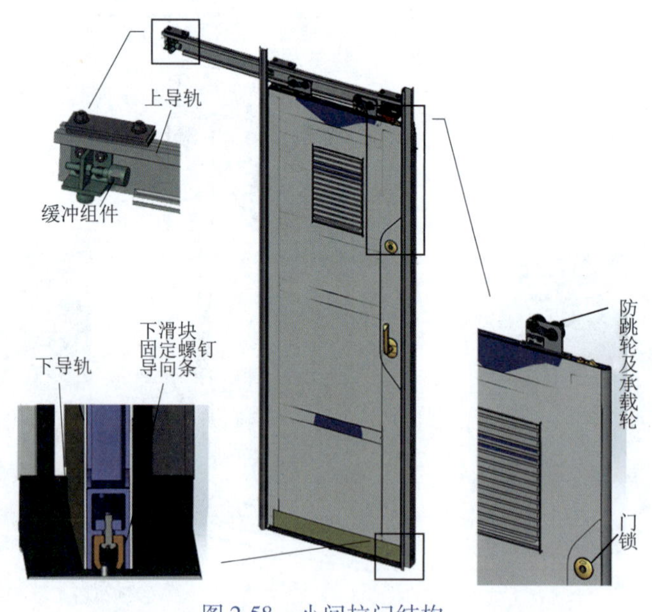

图2-58　小间拉门结构

小间拉门系统主要包括基础部件、门扇组件、承载驱动装置等：

①基础部件：前门框压条组件、护指胶条、前门框胶条组件、下导轨等零部件。

②门扇组件：承载小车、门窗、门前胶条、下滑块、门锁等零部件；其中承载小车包括携门架组件、压紧块组件、承载轮组件、防跳轮组件等零部件。

③驱动装置：包括上导轨组件、传动机构、缓冲头组件。其中传动机构包括从动带轮、齿形皮带、支架、皮带夹紧机构等零部件。

(4)残疾人卫生间门

残疾人卫生间拉门由基础部件、门扇组件、承载驱动装置以及电控系统等四部分组成，具体结构如图 2-59 所示。

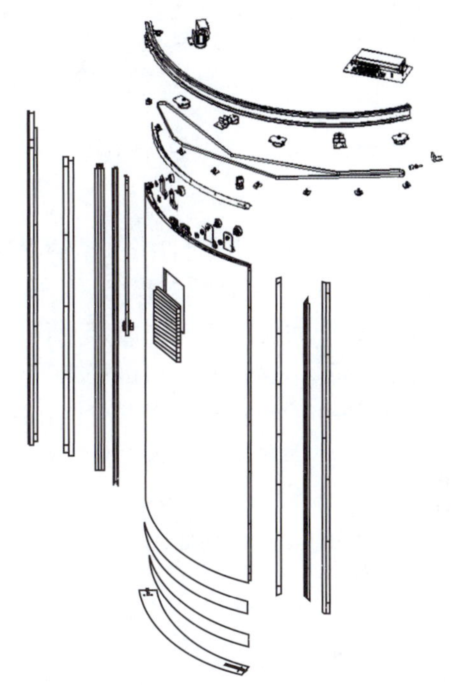

图 2-59 残疾人厕所门

知识点 2 CR400AF 型动车组复兴号司机室设施

司机室布置在动车组(8 辆编组)两端的头车上，是司机对动车组的主要操纵平台。列车在运行过程中，司机根据线路信号状态和周边情况，通过对司机室内相关设备的相应操作，完成动车组牵引、制动控制，同时控制全列动车组的空调、车门和广播等设备。CR400AF 型复兴号动车组司机室设计为单人驾驶模式，司机操纵台在中央。司机室剖面布置图如图 2-60 所示。

1. 司机室设备布置

司机室安装设备较多、设备结构复杂。为了有效利用空间，合理布置设备，方便司机操作，司机室被划分为设备舱区、操控区、电气柜区三个区域，如图 2-61 所示。

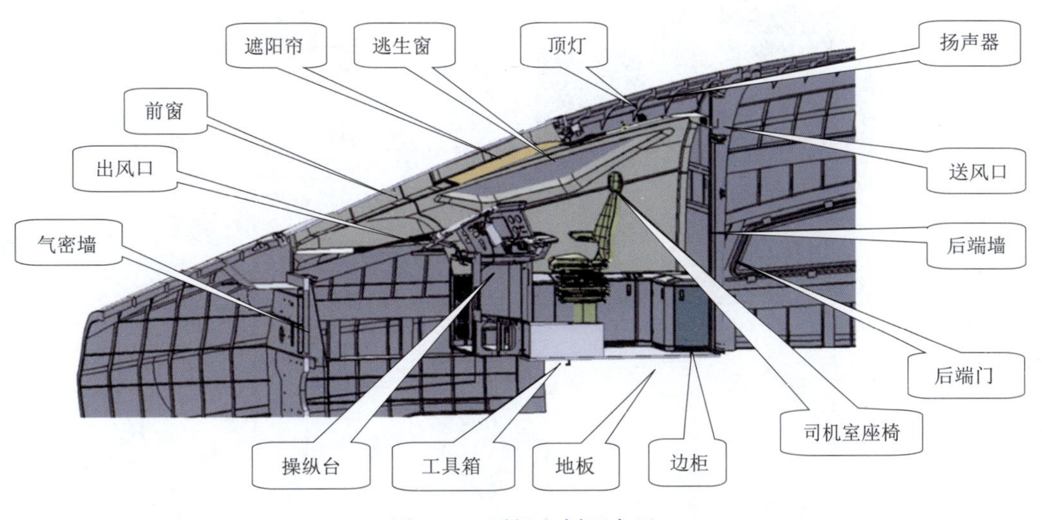

图 2-60 司机室剖面布置

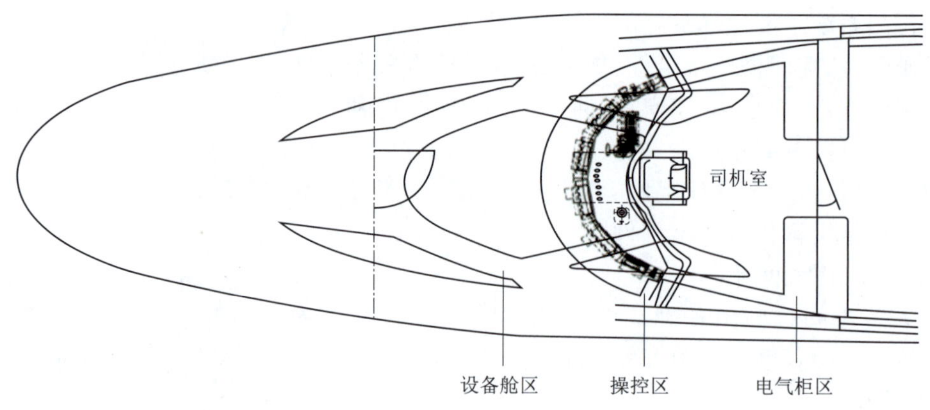

图 2-61　司机室区域划分

为了拓展可利用空间,将气密墙至操纵台的空间设计为设备舱,安装布置了一些不常操作的设备,如司机室空调相关设备、气压开关管路等。

司机操纵台位于司机正前方,前窗玻璃的下方。左右对称布置矮边柜,在右柜司机方便操作部位设置第二操作区。司机室内行车过程中需要操作的设备全部布置在操纵台区域,非行车时司机操作的设备布置在第二操作区。

为了使整个司机室显得更加宽敞明亮,司机室电气柜全部采用矮柜结构,分布在操纵台的左右两侧。

司机室的设备布局如图 2-62 所示。

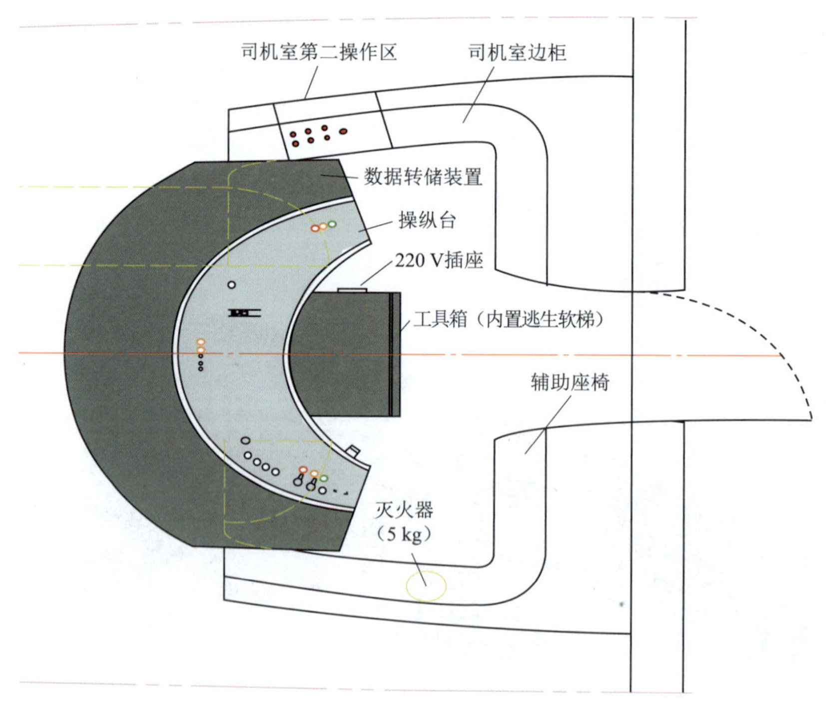

图 2-62　司机室设备布置示意

2. 司机室主要设备

1）操纵台

操纵台位于司机正前方，前窗玻璃的下方，由仪表盘、台面、下部中间台体、下部左台体、下部右台体组成。在操纵台上设置有通常需要或行驶期间需要使用的控制和指示元件。操纵台骨架上安装有司机控制器等，操纵台前面的仪表盘上安装有 ATP 显示器、TCMS 显示器、CIR 显示器、TCAS 显示器等显示设备。司机室操纵台如图 2-63 所示。

图 2-63　司机室操纵台

2）司机座椅

CR400AF 型动车组司机室采用新型 TZY1 系列司机座椅。该系列司机座椅（图 2-64），具有结构紧凑，功能齐全，减振效果好、调节灵活、使用方便、坐靠舒适、经久耐用。

TZY1 系列司机座椅美观大方、实用。座椅前后调节带双联锁装置，锁定更为稳定可靠，部件使用寿命比其他同类产品单锁装置延长一倍。座椅升降采用结构牢固稳定的人字架升降机构，能进行较大范围的升降。座椅靠背及坐垫均采用进口冷发泡工艺生产，其各项指标优异。座椅使用材料均通过了严格防火阻燃检验。

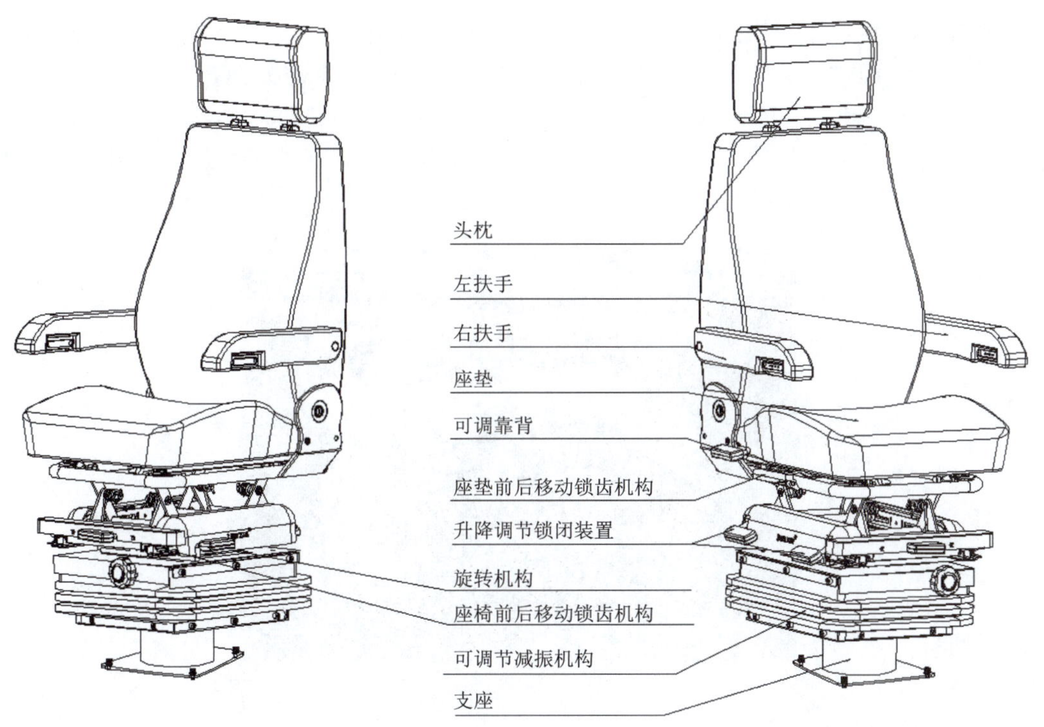

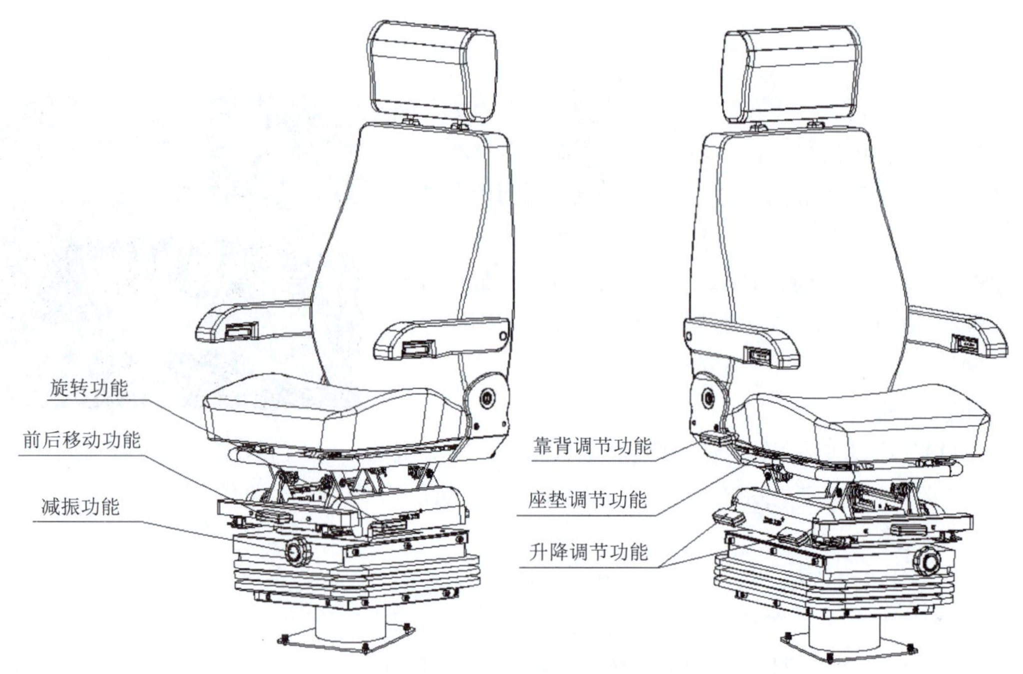

图 2-64　司机座椅结构及功能示意

3）电气柜

司机室电气柜位于司机的左右两侧，驾驶列车所需的电子和电气、空气和机械的设备设于电气柜中。设备组件按功能分组安装。我们将电气柜划分为 4 部分：右前电气柜（图 2-65）、右后电气柜（图 2-66）、左前电气柜（图 2-67）、左后电气柜（图 2-68）。

右前电气柜主要布置了司机室转换开关盘 1、里程计、TCMS 数字量输入输出模块、TCMS 数字量输入模块、TB 端子排、连接器等电气元件。

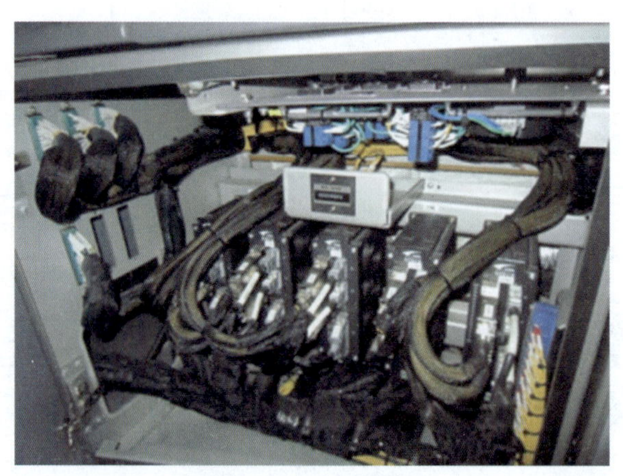

图 2-65　右前电气柜

右后电气柜主要布置了司机室配电盘 1、司机室转换开关盘 2、接线端子排、司机室配电盘 2、连接器、司机室端子排盘等部件。

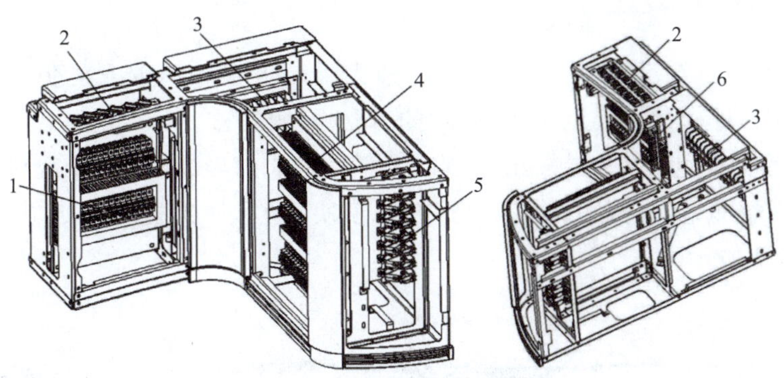

1—司机室配电盘 1;2—司机室转换开关盘 2;3—接线端子排;4—司机室配电盘 2;5—连接器;6—司机室端子排盘。

图 2-66 右后电气柜

左前电气柜主要布置了刮雨器水箱、刮雨器水泵等部件。

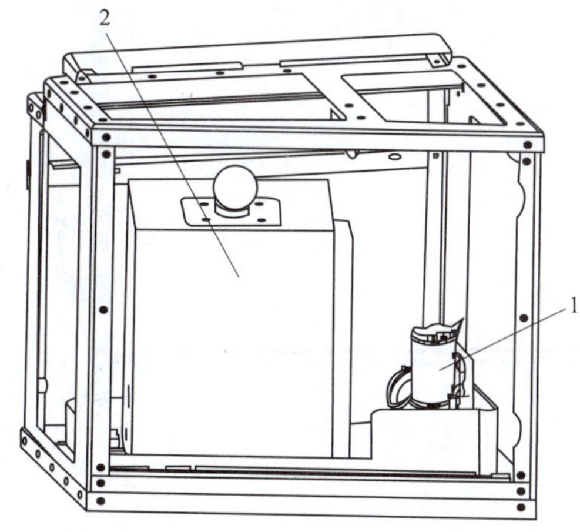

1—刮雨器水箱;2—刮雨器水泵。

图 2-67 左前电气柜

左后电气柜主要布置了司机室配电盘 3、司机室辅助座椅、TCMS 数字量输入模块(DC 24 V)、连接器、灭火器、司机室电暖气、TB 端子排等部件。

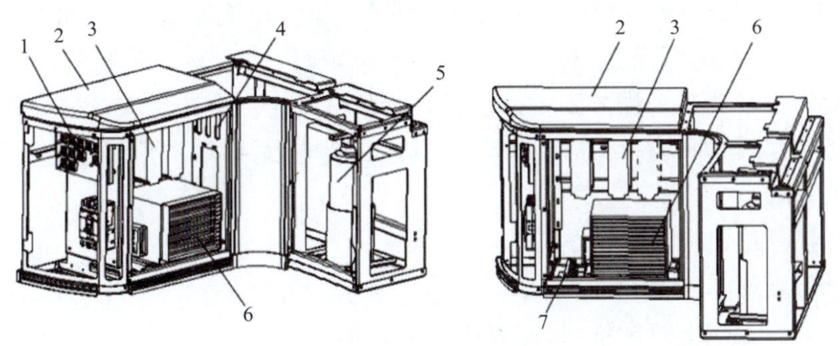

1—司机室配电盘 3;2—司机室辅助座椅;3—TCMS 数字量输入模块(DC 24 V);
4—连接器;5—灭火器;6—司机室电暖气;7—TB 端子排。

图 2-68 左后电气柜

4)遮阳帘

司机室遮阳帘设置于司机室前窗上部,能最大限度地保护司乘人员免于太阳强光照射。帘布通过滑轨可调节停留位置,满足车辆运行时司机视野需求。

司机室遮阳帘系统包括:左导轨组成,右导轨组成,前部导轨组成,卷帘组成(包含内部弹簧),驱动单元,钢丝绳组成,线束组成(电路控制模块)及车体连接支架组成。司机室电动遮阳帘结构如图2-69所示。

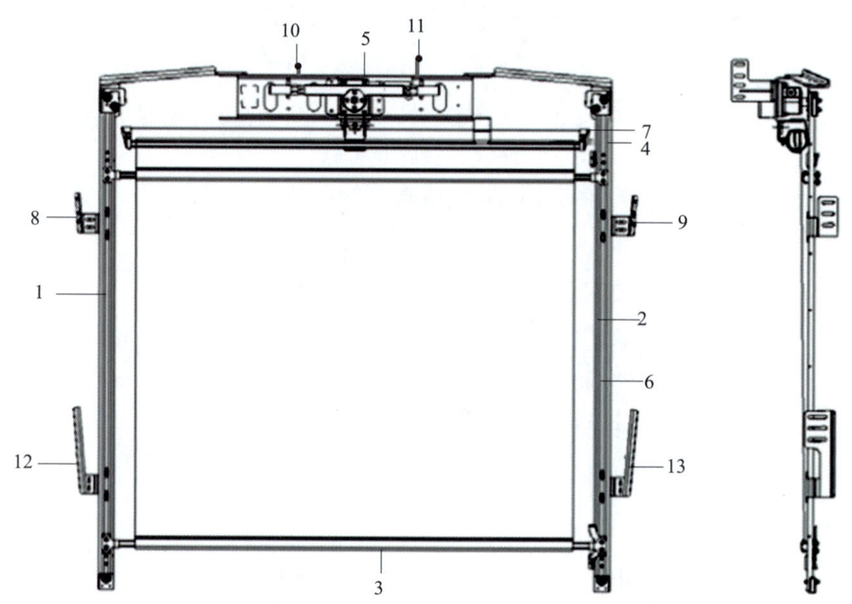

1—左滑轮组成;2—右滑轮组成;3—前部导轨组成;4—卷帘组成;5—驱动单元
6—钢丝绳组成;7—线束组成;8—骨架上连接件-R;9—骨架上连接件-L;10—骨架连接件-R
11—骨架连接件-L;12—骨架下连接件-R;13—骨架上连接件-L。

图2-69　司机室电动遮阳帘结构

左/右导轨组成主要材质为6063-T6。卷帘组成(包含内部弹簧)主要材质为6063-T5,304不锈钢及涤纶织物。

司机室遮阳帘控制转动开关设置在司机操纵台左侧,开关即按即走,可提供持续升降动作,松开即停,行程范围内可任意位置定位;使用遮阳帘时,向右转动时遮阳帘上升,向左转动时遮阳帘下降,转动开关自动恢复到中部位置时遮阳帘停止。帘布最大行程为970 mm。

司机室遮阳帘导轨两端有可靠的上下限位功能;断电后,可用六角钥匙进行手动操作。

四、任务实施

第一步:扫描二维码完成线上学习。

第二步:学习教材本任务知识点1、2。

第三步:结合线上线下教学资料,完成作业单2-4。

复兴号动车组
车内设施

作业单 2-4　动车组车内设施检修			
班级：	姓名：	学号：	时间：
一、简述 CR400AF 型动车组车内主要设施在各区域的布置。			
二、CR400AF 型动车组有哪些座椅，分别有何功能，如何分布？			
三、CR400AF 型动车组有哪些内部门，如何分布？			
四、简述 CR400AF 型动车组车外设备布置规律。			

第四步：结合知识点的学习，完成下列实训项目，并完成实训单。

实训 1　CR400AF 型动车组一、二等座椅检查

1. 工前准备

1）确认作业任务（1、2 号）

（1）确认工作服、防护鞋、安全帽等劳保用品按规定穿戴。

（2）确认作业内容、作业流程、质量标准及注意事项。

2）确认动车组状态（1、2 号）

（1）确认车组号及股道与作业计划单相同。

（2）确认车组当前作业条件情况，确认接触网有电无电、车组有无激活蓄电池情况，非功

能性测试的相关无电作业前先切断座椅电源。

3)检查工具、材料(2号)

(1)确认作业工具、材料状态良好齐全,见表2-4。

(2)检查工具性能状态良好。

表2-4 工具、物料清单

序号	物料名称	单位	数量	备注
1	通用手电筒	把	2	工具
2	凡士林	罐	1	物料
3	石蜡	块	若干	物料
4	毛刷	把	2	物料
5	无纺布	块	若干	物料
6	通用清洁剂	瓶	2	物料

2. 动车组一、二等座椅检查操作

1)检查一等座椅(1、2号)

(1)检查一等座椅座牌号状态良好,指示正确。

(2)检查一等座座椅外观状态良好,确认坐垫、靠背无破损,坐垫无塌陷、座椅外套无污损,扶手盖板无污损、无划伤、无裂纹。

(3)从一等座座椅扶手翻出小桌板,如图2-70所示。检查确认小桌板能够正常翻出,桌板外观状态良好,各紧固件无松动,桌板止挡作用良好。

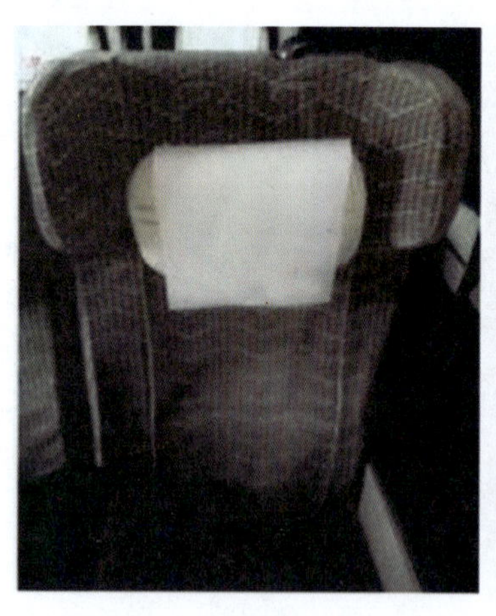

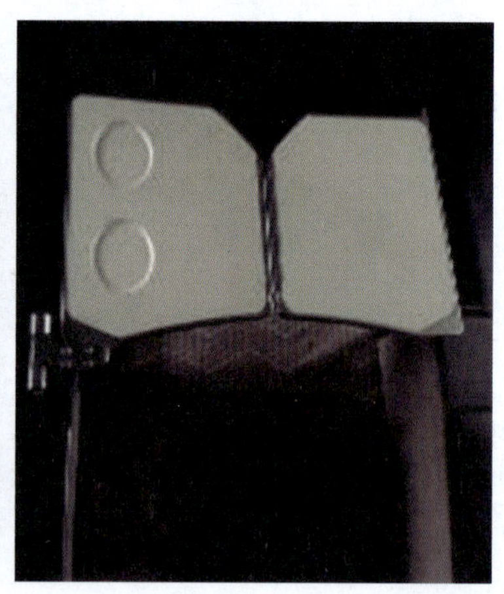

图2-70 一等座椅及小桌板

(4)操作一等座座椅靠背的调整按钮,如图2-71所示。确认靠背可正常调节。踩下一等座座椅侧面旋转踏板,确认靠背及座椅后部脚踏正常恢复原位;旋转座椅,确认座椅转动灵活、无卡滞、无异响,转向到位后定位固定。

图 2-71 一等座椅靠背调节按钮

(5)检查座椅后部脚踏,如图 2-72 所示。脚踏无破损、变形;座椅脚踏可正常放下及定位,且展开无异常;踩下脚踏复位踏板后,脚踏可正常复位到原位置。

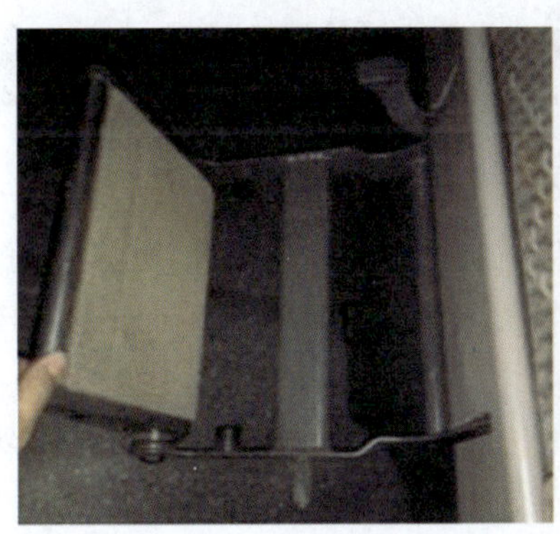

图 2-72 一等座椅后部脚踏

(6)检查发现座椅转动不灵活或出现卡滞时,须在底架滑条上(图 2-73)涂打石蜡(牌号 SL001),减少摩擦力;同时在靠背后部脚踏及旋转脚踏位置,也应适当涂抹凡士林进行润滑。

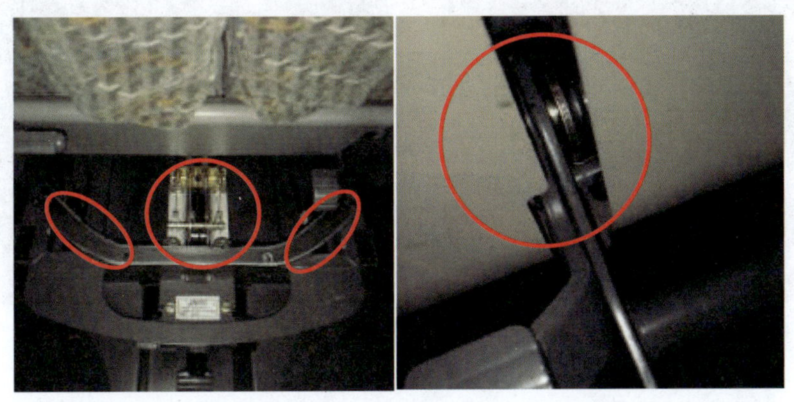

图 2-73 一等座椅底架滑条、旋转脚踏及后部脚踏转动部位

2)检查二等座椅(1、2 号)

(1)检查二等座椅座牌号状态良好,指示正确。

（2）检查二等座椅外观状态良好，确认坐垫、靠背无破损，坐垫无塌陷，坐垫无混装、放置正确、良好；座椅扶手板无污损、无划伤、无裂纹，中间扶手转动正常无卡滞。

（3）检查座椅靠背后的小桌板，如图 2-74 所示。确认小桌板无破损、无裂纹，支架无断裂，安装支撑稳固；对二等座椅端墙小桌板进行检查，确认小桌板无破损、无裂纹，安装支撑稳固。

图 2-74　二等座椅小桌板

（4）操作二等座椅靠背的调整开关（位于座椅扶手上），如图 2-75 所示。确认靠背可正常调节，踩下座椅侧面旋转踏板，确认靠背可正常恢复原位；旋转座椅，确认座椅转动灵活、无卡滞、无异响，旋转到位后定位固定。

（5）检查发现座椅转动不灵活或出现卡滞时，须在底架滑条上（图 2-76）涂打石蜡（牌号 SL001），减少摩擦力；同时在靠背后部脚踏及旋转脚踏位置，也应适当涂抹凡士林进行润滑。

图 2-75　二等座椅靠背调节

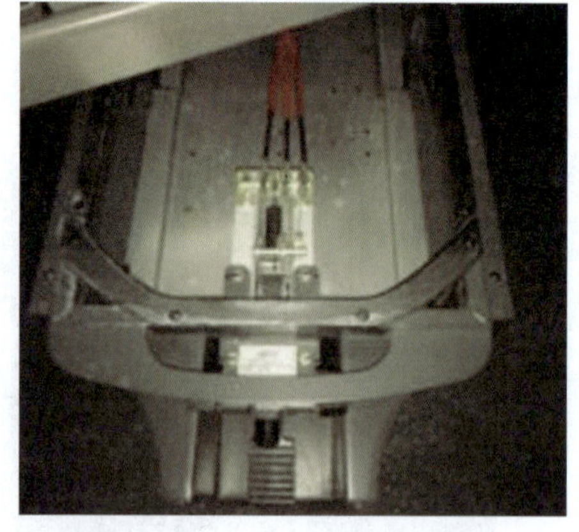

图 2-76　二等座椅底架滑条

3）完工确认（2 号）

（1）作业完毕后，做到工完料净场地清。

（2）如实填写检修记录并及时在管理信息系统中回填。

4）填写动车组一、二等座椅检查实训单2-4。

实训单2-4　动车组一、二等座椅检查

实训项目					
小组编号		实训场地		姓名	
准备工作					
实训工具					
实训耗材					
序号	实训内容	一等座椅	二等座椅	备注	
1	外观检查				
2	小桌板检查				
3	座椅靠背调整				
4	座椅后部脚踏检查				
5	座椅转动				
6	完工确认				

实训2　CR400AF型动车组内装检查

1. 工前准备

1）确认作业任务

（1）确认工作服、防护鞋、安全帽等劳保用品按规定穿戴。

（2）确认作业内容、作业流程、质量标准及注意事项。

2）确认动车组状态

确认车组号及股道与作业计划单相同。

3）检查工具材料

（1）按工具清单和物料清单清点物品，见表2-5。

（2）检查工具性能状态良好。

表2-5　工具清单

序号	名　称	规格型号	单位	数量
1	手电筒	通用	把	1
2	四角钥匙	通用	把	1

2. CR400AF型动车组内装检查操作

1）卷帘检查

（1）手拉窗帘下导杆中部落下卷帘，确认卷帘布无损伤，无脏污，无明显褶皱，如图2-77所示。

（2）检查卷帘能否拉到滑道上部定位点，能否在滑道长度范围内任意高度定位，能否拉到滑道底部，确保上部定位功能正常。

（3）检查卷帘拉动过程中滑动自如，无卡滞现象。

图 2-77　卷帘外观及功能状态检查

2)司机室门检查

检查司机室门,确认门锁功能正常、紧固螺栓无松动、无缺失。检查司机室门周边胶条,确认胶条无破损,如图 2-78 所示。

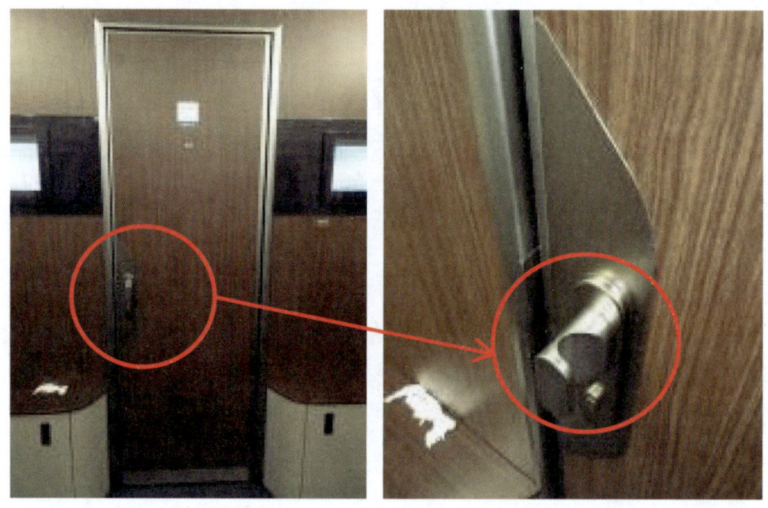

图 2-78　司机室门检查

3)其他内装部件检查

检查各车厢内各内装门、箱柜等的铰链、锁、折页、限位机构、螺钉接头、助开器等部件的功能情况。

4)完工清理及确认

(1)作业完毕后,做到工完料净场地清。

(2)如实填写检修记录。

5)填写 CR400AF 型动车组内装检查实训单 2-5。

实训单 2-5　CR400AF 型动车组内装检查

实训项目					
小组编号		实训场地		姓名	
准备工作					
实训工具					

续上表

序号	实训内容	检查结果	备注
1	卷帘检查		
2	司机室门检查		
3	各内装门、箱柜的铰链		
4	各内装门、箱柜的锁		
5	各内装门、箱柜的折页		
6	各内装门、箱柜的限位机构		
7	各内装门、箱柜的螺钉接头		
8	各内装门、箱柜的助开器		

第五步：小组评价与自我评价。

结合实训完成情况，完成评价单 2-5。

评价单 2-5　小组评价与自我评价

<table>
<tr><td colspan="2">实训项目</td><td colspan="4"></td></tr>
<tr><td colspan="2">小组编号</td><td>实训场地</td><td></td><td>实训者</td><td></td></tr>
<tr><td>序号</td><td>评价项目</td><td>分值</td><td colspan="2">实训要求</td><td>自我评价</td></tr>
<tr><td>1</td><td>任务完成情况</td><td>50</td><td colspan="2">能正确使用工具，按要求完成实训任务（漏检、错检一项扣 5 分）</td><td></td></tr>
<tr><td>2</td><td>实训记录</td><td>20</td><td colspan="2">记录规范、完整，计算准确（记录不全、错误一项扣 5 分）</td><td></td></tr>
<tr><td>3</td><td>实训纪律</td><td>15</td><td colspan="2">遵守实训课堂纪律，无事故，实训工具未损坏</td><td></td></tr>
<tr><td>4</td><td>团队合作</td><td>15</td><td colspan="2">服从组长工作安排，能配合其他成员工作</td><td></td></tr>
<tr><td colspan="6">实训总结与反思：

小组其他成员评价得分：________、________、________、________、________
组长评价得分：________</td></tr>
</table>

第六步：教师评价

结合实训完成情况，由教师填写评价单 2-6。

评价单 2-6　教师评价

实训项目					
小组编号		实训场地		实训者	
序号	评价项目	分值	实训要求		考核评价
1	操作程序	30	能正确使用工具，按要求完成实训任务		
2	操作速度	10	按时完成实训操作		
3	数据记录	10	实训记录单整洁，无转抄，涂改，抄袭等		
4	测量结果	30	记录规范、完整，计算准确（每个测量数据 5 分）		
5	安全操作	10	无损坏实训事故，实训工具未损坏		
6	团队合作	10	服从组长工作安排，能配合其他成员工作		
需改进的问题： 指导教师：　　　　评价时间：					

五、拓展知识点

序号	名称	对应考核	相关知识点二维码
知识点 2-10	CR400AF 型复兴号动车组车外设备布置	作业单 2-4	
知识点 2-11	CR400AF 型动车组一级检修流程		

项目三　动车组转向架检修

我国动车组的飞速发展,无一不与转向架技术的发展进步息息相关。转向架是动车组最重要的组成部件之一,其结构是否合理直接影响动车组的运行品质、动力性能和行车安全。可以毫不夸张地说,转向架技术是轮轨驱动高速铁路得以生存发展的核心技术之一。那么高速转向架包含哪些部件?哪些部件直接影响转向架的运行品质?日常检修中转向架检修项目有哪些?

本项目依据 CRH380A 型和 CR400AF 型《动车组一、二级检修作业指导书》,结合课程目标,通过 5 个任务,轮对轴箱装置检修、弹性悬挂装置检修、驱动及基础制动装置检修、构架及附属装置检修和典型动车组转向架的区分,介绍动车组转向架的作用、基本结构、各部分工作原理及检修作业标准与规范。

任务一　轮对轴箱装置检修

一、任务目标

【知识目标】

1. 了解转向架的定义、作用及分类。
2. 了解轮对的结构组成及工作原理。
3. 掌握轮对检修专用工具的功能。
4. 掌握轮对检修的操作流程。

【能力目标】

1. 能说出转向架的定义与作用。
2. 能写出动车组转向架的基本结构类型。
3. 能说出轮对尺寸人工测量的正确读数。
4. 能正确使用轮对轴箱装置检修专用工具。

【素养目标】

1. 感受学习习惯和行为习惯的重要性。
2. 体会爱岗敬业、忠于职守、团结合作、精益求精等动车检修人的工匠精神。

二、任务导入

转向架是高速列车的关键部件,相当于人的双腿。一台转向架有上千个零部件,装配数据达上万个,装配精度以微米计算。轮对是走行部的关键部位,轮对轴箱装置中的轴承是动车组中工作条件最为恶劣的部件之一,故在转向架的检修流程中,轮对轴箱装置检修工作是重中之重。如果轮对尺寸出现微小差错,轴箱轴承一旦发生热轴等事故,都可能造成列车行车故障,严重的甚至引发列车脱轨等重大安全事故。

那什么是转向架？动车组轮对轴箱装置具备怎样的结构？轮对尺寸人工测量修的检修专用设备有哪些？轮对尺寸人工测量修有哪些检修项目？一般检修项目需要几人共同作业？通过相关知识点和微课资源的学习，完成本任务作业单。

三、相关知识点

知识点 1　轮对轴箱装置

1. 轮对装置

1）轮对的定义与作用

由一根车轴和两个同型号同材质的车轮，经过过盈配组装的整体。轮对结构如图 3-1 所示。

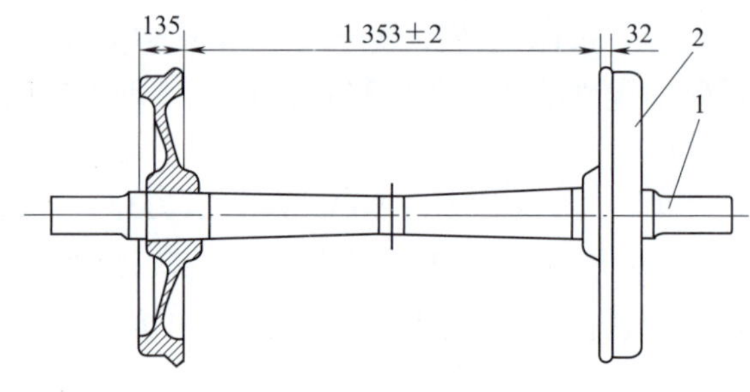

1—车轴；2—车轮。

图 3-1　轮对结构（单位：mm）

轮对组装过程通常采用冷压或热套的工艺，使车轮与车轴牢固地结合在一起，在车辆运行中，车轮和车轴一同回转，不允许有松脱现象。

轮对组成（图 3-2）分为动力轮对（a）和非动力轮对（b）。

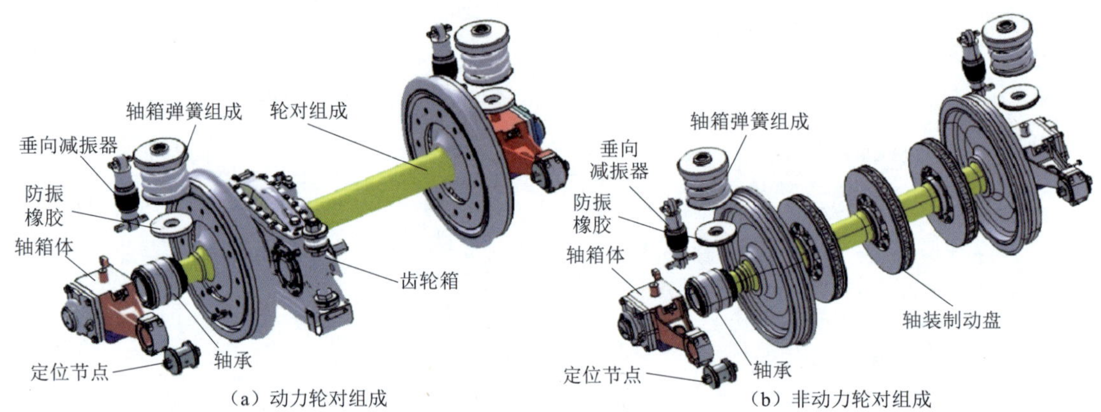

图 3-2　轮对组成

（1）轮对内侧距

轮对的内侧距是保证车辆运行安全的一个重要参数。轮对在钢轨上滚动时，轮对内侧距应保证在最不利的条件下，车轮踏面在钢轨上仍有足够的安全搭接量，不致造成掉道，同时还应保证车辆在线路上运行时轮缘与钢轨之间有一定的游隙。轮缘与钢轨之间的游隙太小，可能会造成轮缘与钢轨的严重磨耗；轮缘与钢轨之间的游隙太大，会使轮对蛇行运动的振幅增大，影响车辆运行品质。

轮对内侧距离有严格的规定，必须保证在（1 353 ±3）mm 的范围内。

（2）轮对的作用及要求

引导车辆沿钢轨运动，同时还承受车辆与钢轨之间的载荷。轮对性能好坏直接影响到车辆的运行品质。

对车辆轮对的要求是：在保证足够强度和一定使用寿命的前提下，使其重量最小，并具有一定弹性,以减少轮轨之间的作用力;应具备运行阻力小,耐磨性好的优点;应能适应车辆直线运行,又能顺利通过曲线,还应具备必要的抵抗脱轨的安全性。

2)车轴

车轴是转向架轮对中重要的部件之一,直接影响列车运行的安全性,也是转向架簧下质量的主要组成部分,特别是对于高速列车,降低列车簧下部分的质量对改善列车运行平稳性和减小轮轨之间动力作用有重要影响。因此,我国高速动车组车轴均采用空心车轴。

(1)车轴的功能:连接车轮和转向架构架;支承车体和转向架;传递牵引力、制动力;承受车体重量。

(2)车轴的组成主要包括轴颈、防尘板座、轮座、轴身、齿轮座、制动盘座。动车车轴结构如图 3-3 所示,拖车车轴结构如图 3-4 所示。

①轴颈:用以安装滚动轴承,承担车辆重量,并传递各方向的静、动载荷。

②防尘板座:是车轴与防尘板配合的部位,是轴颈与轮座的中间过渡部分,以减小应力集中。

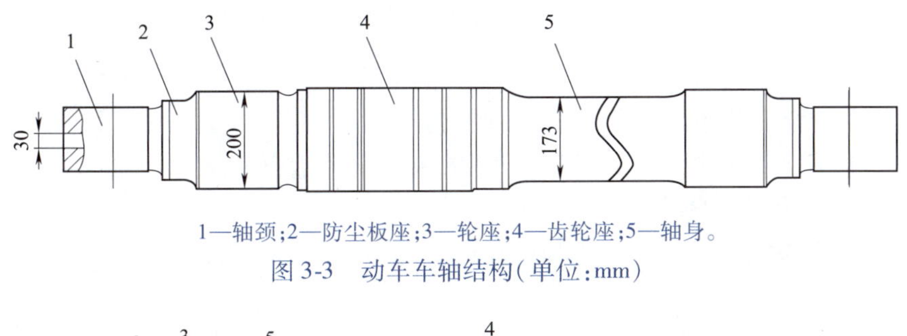

1—轴颈;2—防尘板座;3—轮座;4—齿轮座;5—轴身。

图 3-3 动车车轴结构(单位:mm)

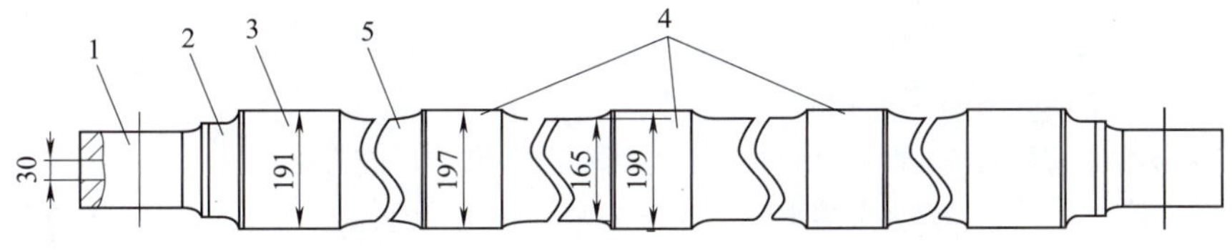

1—轴颈;2—防尘板座;3—轮座;4—制动盘座;5—轴身。

图 3-4 拖车车轴结构(单位:mm)

③轮座:是车轴与车轮配合的部位。为了保证轮轴之间有足够的压紧力,轮座直径比轮毂孔直径要大 0.10 ~ 0.35 mm,同时为了便于轮轴压装,减少应力集中,轮座外侧直径向外逐渐减小,成为锥形,其小端直径比大端直径要小 1.0 mm,锥体长 12 ~ 16 mm。

④轴身:是车轴中央部分,该部分受力较小。

⑤齿轮座:是用于安装齿轮箱的驱动齿轮的安装座,处于动车车轴的车身的一端。

⑥制动盘座:是用于安装制动盘的制动盘座,处于拖车车轴的车身部位,一般有 2 ~ 3 个。

3)车轮

车轮是车辆最终受力零件。它把车辆的载荷传给钢轨,并在钢轨上转动,完成车辆的运行。

(1)车轮分类

①按用途可分为客车车轮、货车车轮、机车车轮、动/拖车车轮。

②按结构可分为轮箍轮和整体轮,其中轮箍轮又可分为铸钢辐板轮心、辗钢辐板轮心及铸

钢辐条轮心车轮；整体轮材质又可分为辗钢轮、铸钢轮等。为降低噪声，减小簧下质量，国外还采用弹性车轮（轮箍与轮毂之间装橡胶元件）、消音车轮等新型车轮。车轮结构分类如图 3-5 所示。

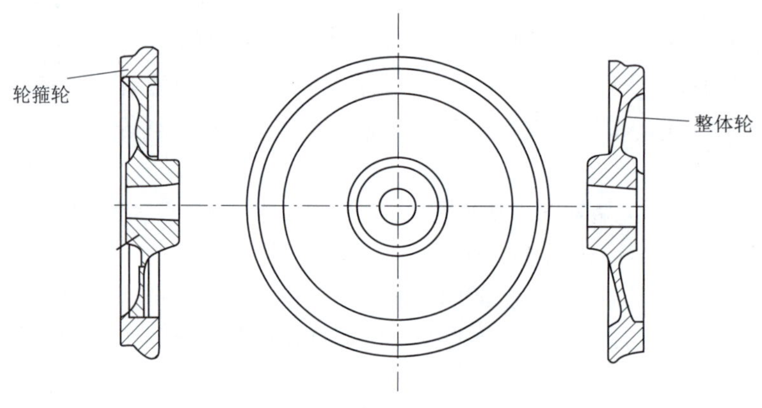

图 3-5　车轮结构分类

（2）车轮组成

动车组车轮通常采用整体车轮（图 3-6），它包括：

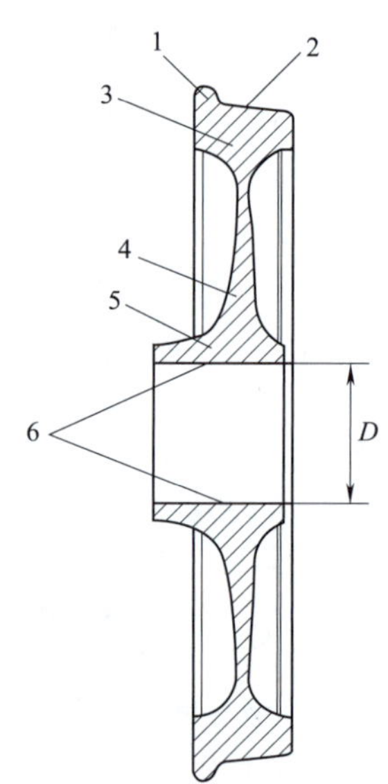

1—轮缘；2—踏面；3—轮辋；4—轮辐板；5—轮毂；6—轮毂孔。
图 3-6　车轮结构分类

①轮缘：车轮踏面内侧突出的圆弧部分，是保持车辆沿钢轨运行，防止轮对脱轨的重要部分。

②踏面：车轮与钢轨相接触面的外圆周面，与轨面在一定的摩擦力下完成滚动运行。

③轮辋：车轮具有完整踏面的径向厚度部分，以保障踏面内具有足够的强度，同时也便于加修踏面。

④轮辐板：是连接轮辋和轮毂的部分。辐板呈曲面状，使车轮具有一定弹性，则力在传递时较为缓和。

⑤轮毂：是轮与轴相互配合的车轮中心圆周部分，固定在车轴轮座上，为车轮整个结构的主干与支承。

⑥轮毂孔：用于安装车轴，该孔与车轴轮座部分直接固结在一起。

（3）车轮踏面

车轮踏面需要做成一定的斜度，其作用是：

①便于通过曲线。车辆在曲线上运行，由于离心力作用，轮对偏向外轨，由于踏面斜度的存在，外轨上滚动的车轮与钢轨接触的

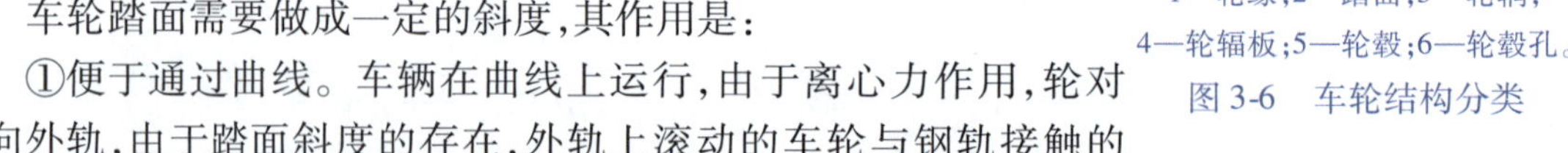

滚动圆部分直径较大，而沿内轨滚动的车轮滚动圆直径较小，这正好和曲线区间线路外轨长，内轨短相钢轨适应，这样可使轮对较顺利通过曲线，减少车轮在钢轨上的滑行。

②在直线上运行时轮对能自动调中。车轮在直线线路上运行时，如果车辆中心线与轨道中心线不一致，轮对在滚动过程中能自动纠正偏离位置。

③使踏面磨耗沿宽度更为均匀。由于踏面与钢轨接触面的滚动直径在不断变化，致使轮轨的接触点也在不断地变换位置，从而使踏面磨耗沿宽度方向比较均匀。

现在车轮踏面形式均为磨耗型踏面,磨耗型踏面是在锥形踏面的基础上,一开始就把车轮踏面做成类似磨耗后的稳定形状,即磨耗型踏面,其外形如图 3-7 所示。在相同的行走公里下,可明显减少踏面的磨耗量,延长了轮对的使用寿命,减少了换轮、选轮的工作。磨耗型踏面可减小轮轨接触应力,提高车辆运行的横向稳定性和抗脱轨安全性。LMA 踏面是我国 CRH1、CRH2 型动车组采用的磨耗型车轮踏面,其外形如图 3-8 所示。

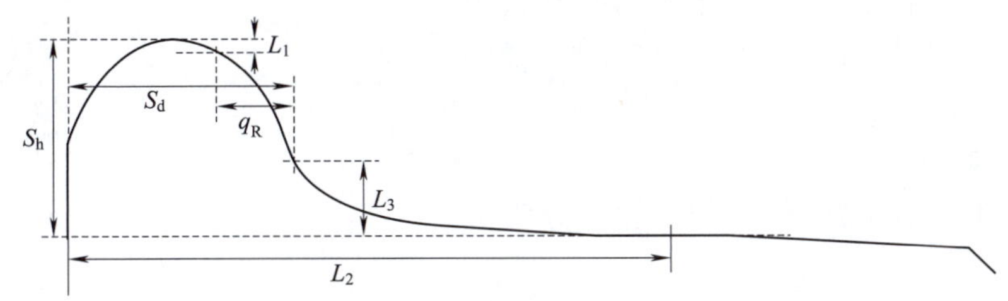

图 3-7　磨耗型踏面外形

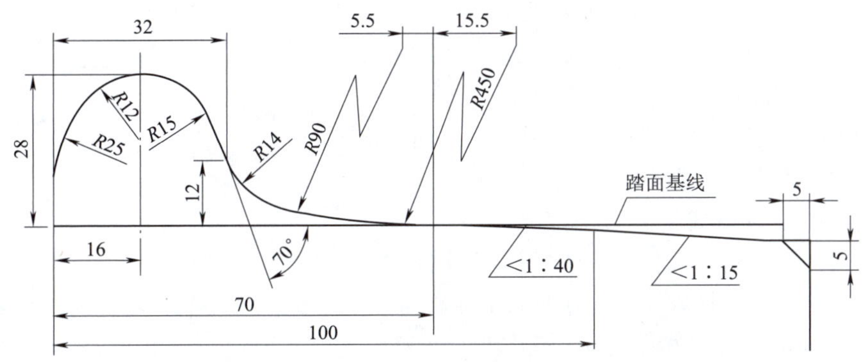

图 3-8　LMA 踏面外形(单位:mm)

(4)轮径

由于车轮踏面有斜度,踏面各处直径不相同,按有关规定,离车轮内侧 70 mm 处所测得的圆的直径作为车轮直径,简称轮径,该圆称为车轮滚动圆(图 3-9)。CRH2 型动车组车轮:860 mm(全磨耗 790 mm);CRH5 型动车组车轮:890 mm(全磨耗 810 mm)。

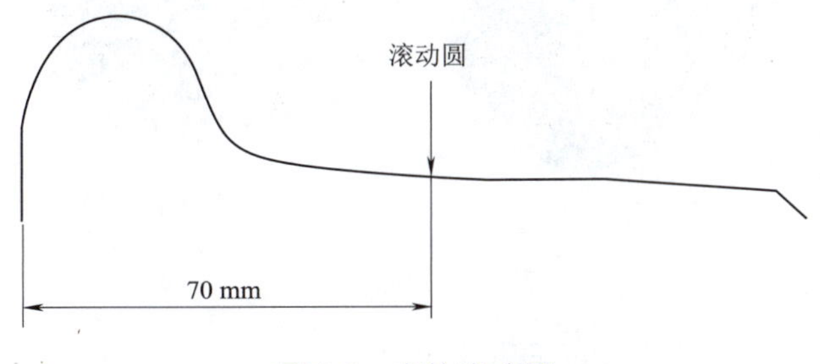

图 3-9　车轮滚动圆

2. 轴箱装置

1)轴箱的作用

轴箱装在车轴两端轴颈上,其作用如下:

(1)将轮对和侧架或构架联系在一起,使轮对沿钢轨的滚动转化为车体沿线路的平动。

(2)承受车辆的重量,传递各方向的作用力;保证良好的润滑性能,减少磨耗,降低运行阻力。

(3)良好的密封性,防止尘土、雨水等物侵入及甩油,从而避免破坏优质的润滑,甚至发生燃轴等事故。

2)轴箱的组成

轴箱装置包括轴箱体、轴箱压盖、轴箱前盖、轴箱后盖、轴承组及橡胶盖等部件。轴箱装置剖面结构如图3-10所示。

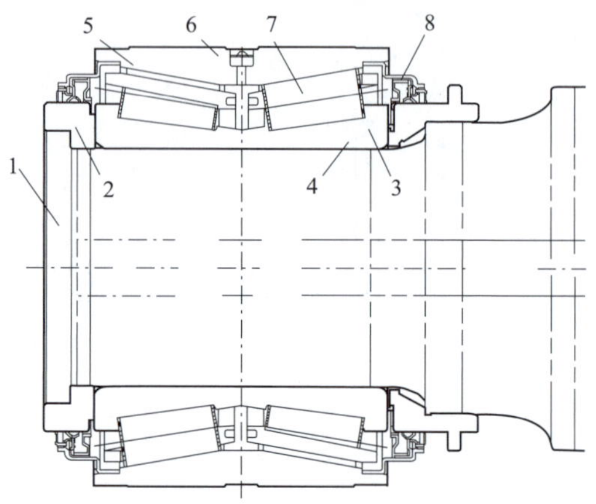

1—轴箱前盖;2—抛油环;3—轴箱后盖;
4—防腐蚀板;5—轴承外圈;6—通气孔;
7—轴承内圈组件;8—油封。

图3-10 轴箱装置剖面结构

3)轴承结构

按照轴与轴座的摩擦方式不同,轴承分为滑动轴承和滚动轴承。

(1)滑动轴承:在滑动摩擦下工作的轴承。轴被轴承支承的部分称为轴颈,与轴颈相配的零件称为轴瓦。在液体润滑条件下,轴颈与轴瓦的滑动表面被润滑油分开而不发生直接接触,滑动轴承应用场合一般在高速轻载工况条件下。

(2)滚动轴承:是将运转的轴与轴座之间的滑动摩擦变为滚动摩擦,从而减少摩擦损失的一种精密的机械元件。滚动轴承一般由内圈、外圈、滚动体和保持架四部分组成,内圈的作用是与轴相配合并与轴一起旋转;外圈作用是与轴承座相配合,起支撑作用;滚动体是借助于保持架均匀地将滚动体分布在内圈和外圈之间,其形状大小和数量直接影响着滚动轴承的使用性能和寿命;保持架能使滚动体均匀分布,引导滚动体旋转起润滑作用。滑动轴承如图3-11(a)所示;滚动轴承如图3-11(b)所示。

(a)滑动轴承

(b)滚动轴承

图3-11 轴承示意

滚动轴承轴箱装置相比于滑动轴承装置具有以下优势:

(1)降低了列车在运行时所受到的运行阻力和起动阻力,从而节约了列车的动力消耗,提高了运行速度以及列车牵引重量。

(2)采用滚动轴承的轴箱装置,各部件游动间隙较小,有利于改进列车运行质量,减小故障率,故可减少维修工作的人力和物资消耗。

4）滚动轴承

（1）滚动轴承的结构组成（图 3-12）

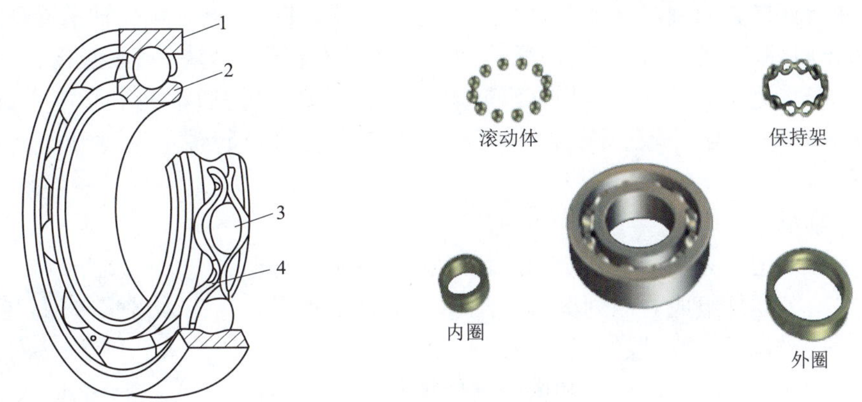

1—外圈；2—内圈；3—滚动体；4—保持架。

图 3-12 滚动轴承结构

滚动轴承按滚动体形状分类主要有圆柱滚动轴承、圆锥滚动轴承、球形滚动轴承和滚针轴承等几种。几种形状不同的滚动体如图 3-13 所示。

按照滚动体的列数可以分为单列、双列和多列。具体结构如图 3-14 所示。

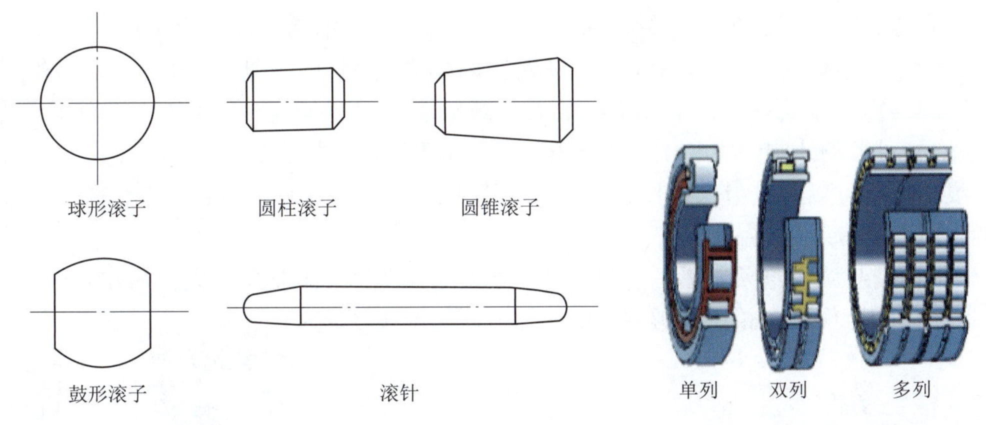

图 3-13 滚动体不同形状　　图 3-14 滚动体不同列数

（2）轴承游隙

轴承游隙又称为轴承间隙。所谓轴承游隙，即指轴承在未安装于轴或轴承箱时，将其内圈或外圈的一方固定，然后使轴承游隙未被固定的一方做径向或轴向移动时的移动量。根据移动方向，可分为径向游隙和轴向游隙。

轴承径向游隙对轴承工作性能有着重要的影响，每一种轴承在一定的作用条件下，都有最佳的径向游隙，使轴承寿命高，摩擦阻力小，磨损小。

径向游隙分为：原始游隙、配合游隙、工作游隙（运转时的游隙称作工作游隙，其大小对轴承的滚动疲劳寿命、温升、噪声、振动等性能有影响）。游隙过小，会使轴承工作温度升高，不利于润滑，影响力的正常传递，甚至会使滚子卡死；游隙过大，使轴承压力面积减少，压强增大，使轴承寿命减少，振动与噪声增大。所以，选择合适的径向游隙是重要的。

轴承轴向游隙：在允许条件下，轴向游隙越小，转向架性能越佳。

(3)滚动轴承的润滑

润滑条件能直接影响轴承性能和使用寿命。润滑性能良好，可以减少轴承磨耗，降低车辆运行阻力，防止燃轴。列车检修时要注意检查润滑脂状态，如有结块、明显融化、发臭等现象，应拆下轴承检查并更换润滑脂。更换润滑脂时要注意其填充量，通常润滑脂填充量为轴承内自由空间30%～50%。若填充过多，在高速情况下，特别容易引起轴承温度升高，油脂融化并可能导致燃轴。

5)动车组轴承

一般动车组采用的是双列圆锥滚动轴承，它由内圈、外圈、滚动体和保持架等元件组成。双列圆锥滚动体是滚动轴承最重要的零部件，滚子与轴承转动轴线成一定的倾角，既能承受径向载荷，又能承受轴向载荷，它使外圈和内圈之间的相对运动由滑动摩擦转变为滚动摩擦，降低了设备的磨损和故障率。双列圆锥滚动轴承如图3-15所示。

图3-15　双列圆锥滚动轴承

密封双列圆锥滚子轴承有以下特征：

(1)此类轴承最大特点是可以提前在轴承内部注入润滑油，润滑后再安装密封件。

(2)内圈通常与车轴紧密配合，列车行驶时车轴旋转带动轴承内圈以同样的角速度旋转。外圈与轴箱内壁配合，与转臂轴箱一起固定不动，一同起到支撑的效果。滚动体(这里为圆锥滚子)一一排列在内外圈之间，即内外滚道间。滚子的形状、尺寸和个数的确定直接关系到整个轴承的最大承载额度。保持架是一个框架，其作用是将滚动体一一隔开，对滚动体起约束和引导的作用，让滚动体保持在预定的滚道内稳定运动。多个单列圆锥滚子轴承可以通过组合后使用，两个单列圆锥滚子轴承组合后成为双列轴承，组合后的轴承拥有更高的承载能力。

(3)采用密封圆锥滚子轴承的轮轴在进行转向架组装时，作业强度大大简化。

(4)在车轴探伤或车轮进行整修时，操作方法方便，可维修性高。

轴箱组成

轮对组成

四、任务实施

第一步：扫描二维码完成线上学习。

第二步：学习教材本任务知识点1、2。

第三步：结合线上线下教学资料，完成作业单3-1、作业单3-2。

作业单3-1　转向架结构认知			
班级：	姓名：	学号：	时间：
一、名词解释。			
1. 转向架： 2. 轴重：			

续上表

二、以下转向架是按什么类型进行分类的并填写类型。

1. 按________________分类

________________型　　________________型

2. 按________________分类

________________型　　________________型　　________________型

三、请完成下面转向架的组成与作用。

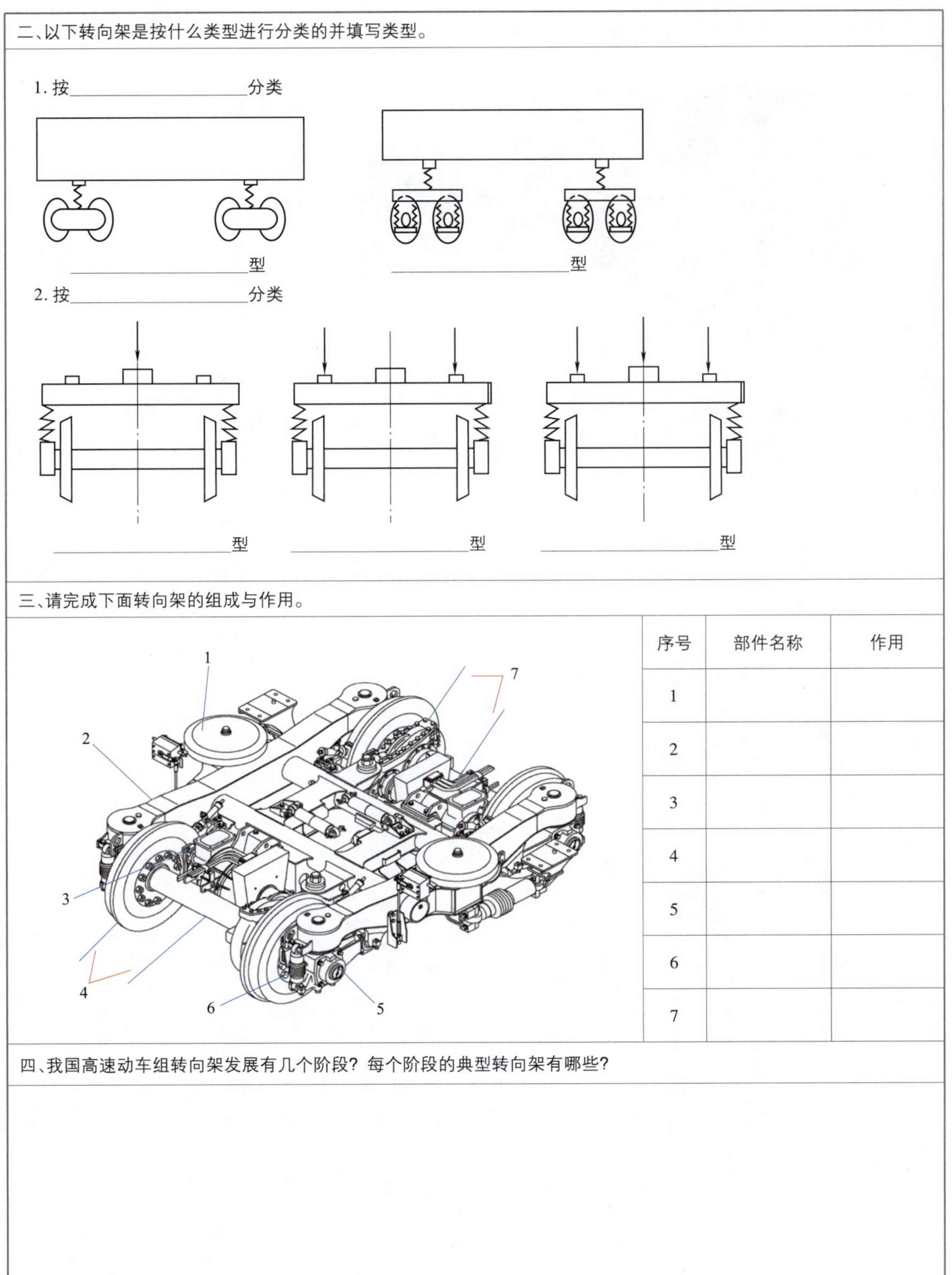

序号	部件名称	作用
1		
2		
3		
4		
5		
6		
7		

四、我国高速动车组转向架发展有几个阶段？每个阶段的典型转向架有哪些？

续上表

拓展训练：请从转向架的各种不同种类角度，探讨下列转向架的具体类别。

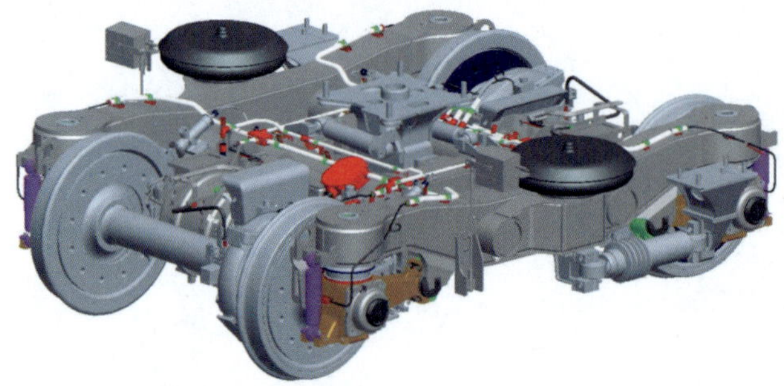

作业单 3-2　轮对轴箱装置认知

班级：	姓名：	学号：	时间：

一、名词解释。

1. 过盈配合：

2. 轮对内侧距：

3. 滚动轴承：

二、写出动车组车轮的组成与作用。

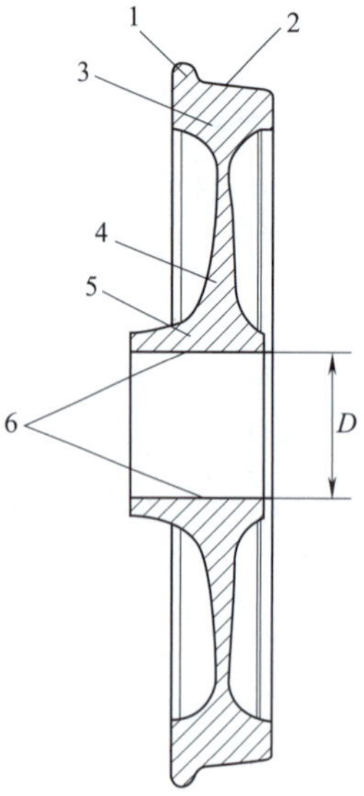

序号	名称	作用
1		
2		
3		
4		
5		
6		

续上表

三、写出动车组车轴的结构组成。

1. ____________ 2. ____________

3. ____________ 4. ____________ 5. ____________

四、请完成下面测量工具的功能。

序号	测量数据名称
1	
2	
3	
4	
5	
6	
7	

五、请读取下面圈出的数据。

序号	测量部位	测量数据
1		
2		
3		
4		

六、写出滚动轴承的组成与作用。

序号	名称	作用
1		
2		
3		
4		

续上表

<table>
<tr><td colspan="3">七、写出滚动轴承的优点。</td></tr>
<tr><td colspan="3"></td></tr>
<tr><td colspan="3">八、请写出下面轴箱轴承的部件名称。</td></tr>
<tr><td rowspan="6">1
2
3
4
5</td><td>序号</td><td>部件名称</td></tr>
<tr><td>1</td><td></td></tr>
<tr><td>2</td><td></td></tr>
<tr><td>3</td><td></td></tr>
<tr><td>4</td><td></td></tr>
<tr><td>5</td><td></td></tr>
</table>

实训 1　轮径尺寸测量

1. 准备工作

1）按小组进行角色分配，4 人一组，设组长 1 人，全班分成若干个工作小组。

2）确认工作服、防护鞋、安全帽等劳保用品按规定穿戴。

3）按照工具和材料清单清点工装工具和材料，检查各计量器具校验周期是否超期。轮径尺与轮径尺支撑圆是否匹配，轮径尺有无裂纹。

4）作业前确认止轮器已设置，接触网断电，接地杆已挂、安全号志已插设。

2. 轮径尺寸测量操作

1）使用轮径测量尺测量轮径，测量点为轮辋内侧面向外 70 mm 处，并记录测量数据。

2）在轮对测量前需对轮径测量尺进行标定。

3）一个轮对测量三个点求均值，测量值需≥790 mm，每次测量前须进行轮径尺校核。

4）计算车轮直径差：同一轮对≤1 mm，同一转向架≤4 mm，同一车厢≤4 mm，相邻车厢间≤40 mm。（计算方法为所含车轮的最大轮径值减去最小轮径值）

5）填写轮径尺寸测量实训单 3-1。

实训单 3-1　轮径尺寸测量

<table>
<tr><td colspan="2">实训项目</td><td colspan="4"></td></tr>
<tr><td colspan="2">实训工具</td><td colspan="4"></td></tr>
<tr><td colspan="2">实训耗材</td><td colspan="4"></td></tr>
<tr><td colspan="2">小组编号</td><td>实训场地</td><td></td><td>姓名</td><td></td></tr>
<tr><td colspan="2">准备工作</td><td colspan="4"></td></tr>
<tr><td>序号</td><td>测量项目</td><td>标准值</td><td colspan="2">测量读数</td><td>备注</td></tr>
<tr><td>1</td><td>测量点 1</td><td></td><td colspan="2"></td><td></td></tr>
<tr><td>2</td><td>测量点 2</td><td></td><td colspan="2"></td><td></td></tr>
<tr><td>3</td><td>测量点 3</td><td></td><td colspan="2"></td><td></td></tr>
<tr><td>4</td><td>车轮直径差</td><td></td><td colspan="2"></td><td></td></tr>
</table>

实训 2　第四种检查器的使用

1. 准备工作

1）按小组进行角色分配，4 人一组，设组长 1 人，全班分成若干个工作小组。

2）确认工作服、防护鞋、安全帽等劳保用品按规定穿戴。

3）按照工具和材料清单清点工装工具和材料，检查各计量器具校验周期是否超期。第四种检查器有无变形，测量刻度是否清晰，尺身有无裂纹。

4）作业前确认止轮器已设置，接触网断电，接地杆已挂、安全号志已插设。

2. 第四种检查器的操作

1）测量轮对轮缘高度

（1）用手向下压住定位销手柄并移动轮箍宽度测尺尺框，使定位销落入销孔内，然后锁紧其锁紧螺钉。

（2）将定位角铁与车轮内侧面密贴，并使轮箍宽度测头与车轮踏面接触。

（3）推动踏面磨耗及轮缘高度测尺使其测量面与车轮轮缘最高点接触，从左边游标读取踏面磨耗值，从右边游标读取轮缘高度值。

（4）一个车轮测量三个点求平均值，限度：27.5 mm≤h≤33 mm（修形后 h = 28 mm）。

2）测量轮对轮缘厚度

（1）移动轮箍宽度测尺尺框，使定位销落入销孔内，然后锁紧其锁紧螺钉。

（2）将定位角铁与车轮内侧面密贴，并使轮箍宽度测头与车轮踏面接触。

（3）推动轮缘厚度测尺，使其测量头与轮缘接触，游标尺中读取轮缘厚度值。

（4）一个车轮测量三个点求平均值，限度：26 mm≤e≤34 mm。

3）踏面检查—擦伤深度

（1）移动车轮检查尺尺框，不需使用锁紧螺钉进行对标。

（2）将定位角铁与车轮内侧面密贴，移动踏面磨耗及轮缘高度测尺尺框达到踏面擦伤的位置，并使轮毂宽度测头与踏面擦伤最深处接触并锁紧。

(3)推动踏面磨耗及轮缘高度测尺使其测量面与踏面擦伤最深处接触并锁紧,从左边游标读取轮缘高度值。

(4)在擦伤周围再取3个点进行测量,取其平均值,之后用操作(3)~(4)的数值。

(5)记录数据。

4)填写第四种检查器的使用实训单3-2。

实训单3-2　第四种检查器的使用

<table>
<tr><td>实训项目</td><td colspan="5"></td></tr>
<tr><td>实训工具</td><td colspan="5"></td></tr>
<tr><td>实训耗材</td><td colspan="5"></td></tr>
<tr><td>小组编号</td><td></td><td>实训场地</td><td></td><td>姓名</td><td></td></tr>
<tr><td>准备工作</td><td colspan="5"></td></tr>
<tr><td>序号</td><td>测量项目</td><td colspan="2">标准值</td><td>测量读数</td><td>备注</td></tr>
<tr><td rowspan="3">1</td><td rowspan="3">轮缘高度</td><td rowspan="3" colspan="2"></td><td></td><td rowspan="3"></td></tr>
<tr><td></td></tr>
<tr><td></td></tr>
<tr><td rowspan="3">2</td><td rowspan="3">轮缘厚度</td><td rowspan="3" colspan="2"></td><td></td><td rowspan="3"></td></tr>
<tr><td></td></tr>
<tr><td></td></tr>
<tr><td rowspan="3">3</td><td rowspan="3">踏面检查—擦伤深度</td><td rowspan="3" colspan="2"></td><td></td><td rowspan="3"></td></tr>
<tr><td></td></tr>
<tr><td></td></tr>
</table>

实训3　轮对内侧距测量

1. 准备工作

1)按小组进行角色分配,4人一组,设组长1人,全班分成若干个工作小组。

2)确认工作服、防护鞋、安全帽等劳保用品按规定穿戴。

3)按照工具和材料清单清点工装工具和材料,检查各计量器具校验周期是否超期。轮对内侧距尺有无变形,测量刻度是否清晰,有无裂纹。

4)作业前确认止轮器已设置,接触网断电,接地杆已挂、安全号志已插设。

2. 轮对内侧距尺的操作

1)使用轮对内侧距测量尺测量轮对内侧距,一侧固定一侧滑动,取最小读数,2号记录数据。任意测量三点均须在内侧距:1 352~1 356 mm之间。

2)若有轮对内侧距超限情况,复检时测量轮轨接触部分、车轴水平位置及轮对最高处3处位置的轮对内侧距,以其平均值为准。

3)填写轮对内侧距测量实训单3-3。

实训单 3-3 轮对内侧距测量

实训项目					
实训工具					
实训耗材					
小组编号		实训场地		姓名	
准备工作					

序号	测量项目	标准值	测量读数	备注
1	测量点 1			
2	测量点 2			
3	测量点 3			

实训 4 防松铁丝捆绑

1. 准备工作

1)按小组进行角色分配,4 人一组,设组长 1 人,全班分成若干个工作小组。

2)确认工作服、防护鞋、安全帽等劳保用品按规定穿戴。

3)按照工具和材料清单清点工装工具和材料,防松铁丝(若干),尖嘴钳(一把),如图 3-16(a)所示。

2. 防松铁丝捆绑操作

1)选取适当的铁丝长度。铁丝的长度以钳子三倍的长度为最佳,用钳子截取铁丝。

(a)材料、工具

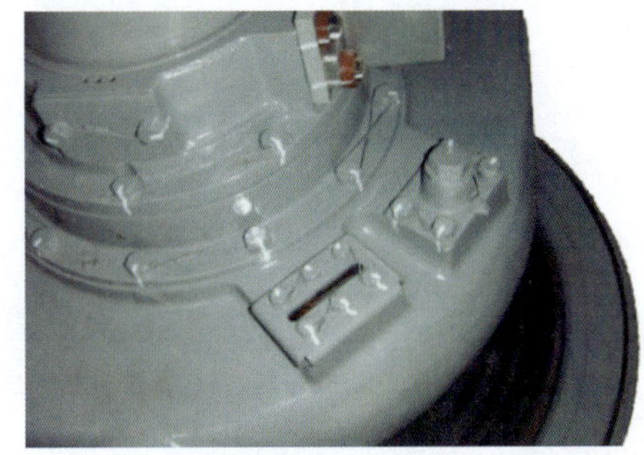

(b)防松铁丝捆绑效果

图 3-16 防松铁丝捆绑作业

2)选取螺栓的穿入孔。以两个螺栓为基本训练。

3)使用钳子缠绕麻花结。麻花结的个数在 5 ~ 10 个之间最好,如图 3-16(b)所示。

4)剪除多余的防松铁丝并收紧。

5)填写防松铁丝捆绑实训单 3-4。

实训单 3-4　防松铁丝捆绑

<table>
<tr><td colspan="2">实训项目</td><td colspan="4"></td></tr>
<tr><td colspan="2">实训工具</td><td colspan="4"></td></tr>
<tr><td colspan="2">实训耗材</td><td colspan="4"></td></tr>
<tr><td colspan="2">小组编号</td><td></td><td>实训场地</td><td>姓名</td><td></td></tr>
<tr><td colspan="2">准备工作</td><td colspan="4"></td></tr>
<tr><td>序号</td><td>练习次数</td><td>松紧度(1～5分)</td><td>美观度(1～5分)</td><td colspan="2">备注</td></tr>
<tr><td>1</td><td>操作点 1</td><td></td><td></td><td colspan="2"></td></tr>
<tr><td>2</td><td>操作点 2</td><td></td><td></td><td colspan="2"></td></tr>
<tr><td>3</td><td>操作点 3</td><td></td><td></td><td colspan="2"></td></tr>
</table>

第四步：小组评价与自我评价。

结合实训完成情况，完成评价单 3-1。

评价单 3-1　小组评价与自我评价

<table>
<tr><td colspan="2">实训项目</td><td colspan="4"></td></tr>
<tr><td colspan="2">小组编号</td><td>实训场地</td><td></td><td>实训者</td><td></td></tr>
<tr><td>序号</td><td>评价项目</td><td>分值</td><td colspan="2">实训要求</td><td>自我评价</td></tr>
<tr><td>1</td><td>任务完成情况</td><td>30</td><td colspan="2">能正确使用工具，按要求完成实训任务（漏检、错检一项扣 5 分）</td><td></td></tr>
<tr><td>2</td><td>操作要点</td><td>20</td><td colspan="2">成果符合限差要求（未按要点操作每一项扣 5 分）</td><td></td></tr>
<tr><td>3</td><td>实训记录</td><td>20</td><td colspan="2">记录规范、完整，计算准确（记录不全、错误一项扣 5 分）</td><td></td></tr>
<tr><td>4</td><td>实训纪律</td><td>15</td><td colspan="2">遵守实训课堂纪律，无事故，实训工具未损坏</td><td></td></tr>
<tr><td>5</td><td>团队合作</td><td>15</td><td colspan="2">服从组长工作安排，能配合其他成员工作</td><td></td></tr>
<tr><td colspan="6">实训总结与反思：

小组其他成员评价得分：____________、____________、____________、____________、____________
组长评价得分：____________</td></tr>
</table>

第五步：教师评价

结合实训完成情况，由教师填写评价单 3-2。

评价单 3-2　教师评价

<table>
<tr><td>实训项目</td><td colspan="5"></td></tr>
<tr><td>小组编号</td><td></td><td>实训场地</td><td></td><td>实训者</td><td></td></tr>
<tr><td>序号</td><td>评价项目</td><td>分值</td><td colspan="2">实训要求</td><td>考核评价</td></tr>
<tr><td>1</td><td>操作程序</td><td>30</td><td colspan="2">能正确使用工具，按要求完成实训任务</td><td></td></tr>
<tr><td>2</td><td>操作速度</td><td>10</td><td colspan="2">按时完成实训操作</td><td></td></tr>
<tr><td>3</td><td>数据记录</td><td>10</td><td colspan="2">实训记录单整洁，无转抄，涂改，抄袭等</td><td></td></tr>
<tr><td>4</td><td>测量成果</td><td>30</td><td colspan="2">记录规范、完整，计算准确（每个测量数据5分）</td><td></td></tr>
<tr><td>5</td><td>安全操作</td><td>10</td><td colspan="2">无实训事故，实训工具未损坏</td><td></td></tr>
<tr><td>6</td><td>团队合作</td><td>10</td><td colspan="2">服从组长工作安排，能配合其他成员工作</td><td></td></tr>
<tr><td colspan="6">需改进的问题：

指导教师：　　　　　　　　评价时间：</td></tr>
</table>

五、拓展知识点

序号	名称	对应考核	相关知识点二维码
知识点 3-1	转向架的认识	作业单 3-1	
知识点 3-2	轮对测量工具的使用	实训 1,2,3	
知识点 3-3	空心车轴探伤设备		

任务二　弹性悬挂装置检修

一、学习目标

【知识目标】

1. 了解一系、二系悬挂装置的结构组成及工作原理。
2. 掌握轴箱定位装置、空气弹簧系统和牵引装置的结构与作用。
3. 掌握一系、二系悬挂装置检修的操作流程。

【能力目标】

1. 能说出一系、二系悬挂装置的结构组成。
2. 能正确区分不同类型的轴箱定位装置的结构。
3. 能正确区分不同类型的空气弹簧和牵引装置的结构。
4. 能正确说出一系、二系悬挂装置检修的操作流程。

【素养目标】

1. 感受学习习惯和行为习惯的重要性。
2. 体会爱岗敬业、忠于职守、团结合作、精益求精等动车检修人的工匠精神。

二、任务导入

一系悬挂作为轮对和构架之间的轴箱悬挂系统，如果说一系悬挂是轮对与构架之间的弹簧减振装置，那么二系悬挂因其安装位置的不同，就是连接构架和车体之间的悬挂系统。

动车组在运用中，如果相邻两车厢内人员数量相差较大，车辆载重差别较大，导致车体高度差增大，此时如何保证两车钩高度（车体高度）差在合理的范围内，确保车钩的正常连挂？

同时，动车组在运行中，转向架的轮对在线路上滚动时相对转向架构架会有各个方向的振动，又是哪种悬挂装置保证了转向架轮对与构架之间的连接，同时实现相对运动？通过相关知识点和微课资源的学习，了解动车组机械师是如何开展转向架一系悬挂装置的专项检修，并完成后续学习。

三、相关知识点

知识点 1　一系悬挂装置

1. 一系悬挂装置组成

1）一系悬挂装置的作用

一系悬挂装置与二系悬挂装置一起又称之为弹性悬挂装置。弹性悬挂装置的作用主要是两方面：

（1）支承车辆的重量并均衡传递各方面的载荷。并使得车辆在静载荷状态下车钩高度满足相关规定，以保证车辆之间的正常连挂。

（2）衰减车辆振动和冲击。车辆在线路上运行时，因为线路的不平顺，轨缝、道岔、钢轨磨耗和不均匀下沉以及车轮不圆，轴颈偏心等因素而引起的车辆振动和冲击。

2）一系悬挂装置的组成

一系悬挂与二系悬挂的主要区别表现在安装的位置不同：一系悬挂装置（图 3-17）安装在

轴箱与构架之间，二系悬挂装置安装在构架与车体之间。一系悬挂装置也叫作轴箱悬挂装置，主要包括。

(1)轴箱弹簧：一般采用双卷螺旋钢弹簧。主要作用不仅能储存和释放能量，而且能缓和冲击、消减振动。轴箱弹簧结构如图 3-18 所示。

(2)垂向减振器：一般一个转向架安装 4 个一系垂向减振器，主要作用是衰减轮对与轴箱之间的振动，尤其是衰减转向架的点头运动。转向架点头运动如果不加以衰减吸收，会造成轮对增减载剧烈，增大车辆脱轨风险，并且安装于构架上的设备也会因为过度剧烈振动而使得寿命大大减少。同时，车辆运行平稳性能也会下降，乘客乘坐舒适性也会受到影响。

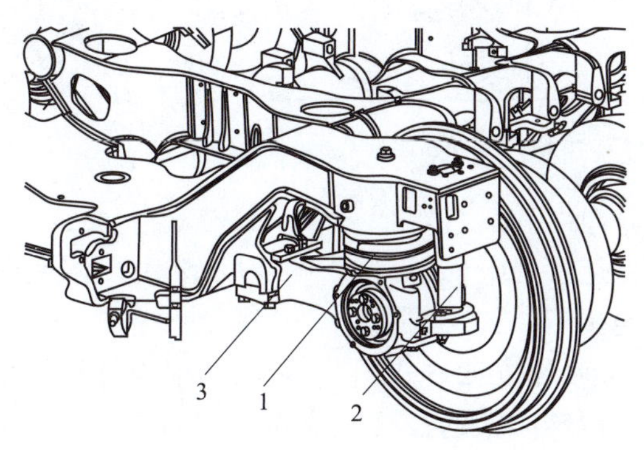

1—轴箱弹簧；2—垂向减振器；3—轴箱定位装置。

图 3-17 一系悬挂示意

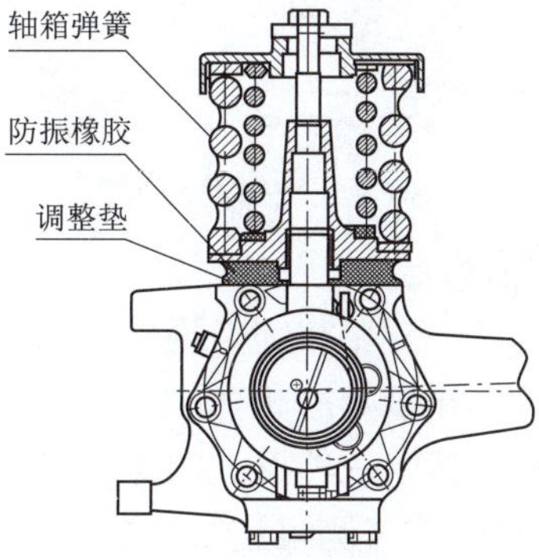

轴箱弹簧

防振橡胶

调整垫

图 3-18 轴箱弹簧结构

(3)轴箱定位装置：控制转向架的走行性能，直接影响转向架蛇行运动发生时的临界速度。所以，轴箱定位装置是整个一系悬挂装置的主要参数。

2. 轴箱定位装置

1)轴箱定位装置的作用

轴箱定位由于轴箱相对于轮对在左右、前后方向的间隙很小，故约束轮对相对运动的轮对定位通常也称为轴箱定位。约束轮对与构架之间相对运动的机构称之为轴箱定位装置，其作用主要有：

(1)允许轴箱和构架之间有相对的活动空间；

(2)允许转向架侧梁，在轴箱弹簧之上进行上下运动；

(3)在前后和左右方向上使转向架构架弹性定位。

2)轴箱定位装置的设计要求

(1)在纵向和横向具有适宜的弹性定位刚度，其值是该装置的主要参数；

(2)保证良好的弹性定位作用，性能稳定，结构简单，无磨耗或少磨耗；

(3)制造检修方便，重量轻，成本低。

3)轴箱定位装置的种类

(1)板弹簧式定位

第一次出现是在德国国铁中使用，也是板弹簧的先驱。这种轴箱定位方式是通过轴弹簧进行上下运动时水平支撑的，板弹簧也会上下前后进行晃动，并且使用一端可垂直弯曲的垂直弹簧板，将其安装在侧梁上。板弹簧式轴箱定位装置如图 3-19 所示。

(2)拉板式定位

用特种弹簧钢板制成的薄板定位拉板,一端与轴箱连接,另外一端通过弹性定位节点与构架连接,以实现弹性定位的作用。拉板式轴箱定位装置如图3-20所示。

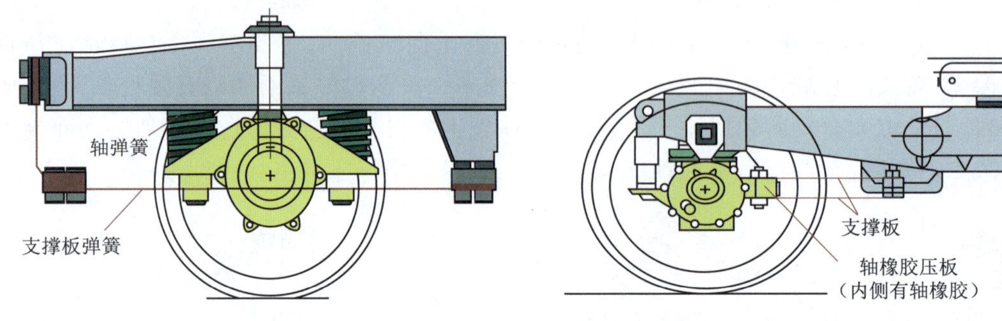

图3-19　板弹簧式轴箱定位装置　　图3-20　拉板式轴箱定位装置

(3)拉杆式轴箱定位

拉杆式轴箱定位两端分别与构架和轴箱进行连接,拉杆式定位中的橡胶垫,分别限制轴箱与构架之间的横向和纵向的相对位移实现弹性连接。

拉杆式定位的其中一种形式叫作双连杆式,又叫作麦弗逊式,它采用的两根连杆进行水平布置,并且转向架两侧与侧梁进行连接,也可以缩短转向架的长度。双连杆式轴箱定位装置如图3-21(a)所示。

拉杆式定位的另外一种形式是单连杆式,是麦弗逊式的一种变形,也就是轴箱与转向架之间使用的是单连杆连接。单连杆式轴箱定位装置如图3-21(b)所示。

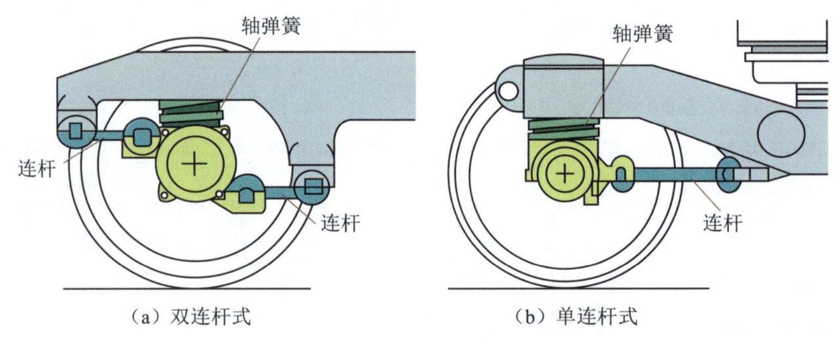

图3-21　拉杆式轴箱定位装置

(4)轴箱导框式定位

轴箱导框式定位是在轴箱上有导槽,构架上同样有安装导槽,使用轴箱导框式引导车轴向上下进行运动,并限制其前后运动,保持车轮与转向架构架正确的位置关系,它允许垂向上有较大的相对位移,而前后左右仅容许有相对小的间隙,是一种在普通客车及机车中广泛使用的定位装置。轴箱导框式轴箱定位装置如图3-22所示。

(5)转臂式定位

轴箱的一端与构架之间通过轴箱体进行固接,另一端是以橡胶节点的一个弹性定位与构架相连。弹性节点允许轴箱与构架在上下方向上有较大的位移,但是在弹性节点内,通过刚度的设置,适应纵横两方向不同弹性定位刚度的一个要求。转臂式轴箱定位装置如图3-23所示。

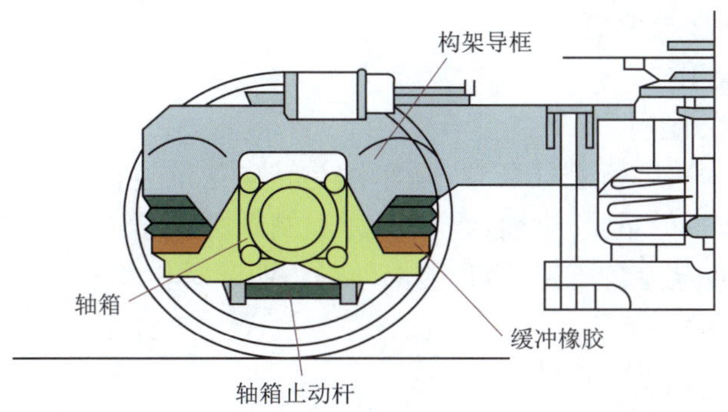

图 3-22　轴箱导框式轴箱定位装置

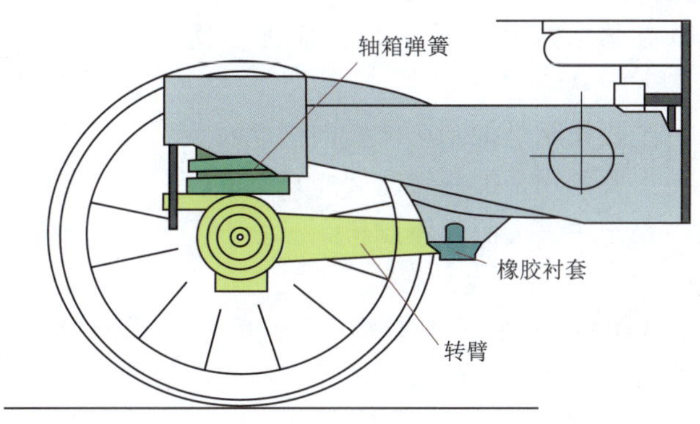

图 3-23　转臂式轴箱定位装置

(6)橡胶弹簧定位

在构架与轴箱之间设有剪切型的层叠式橡胶弹簧,其垂向刚度较小,使得轴箱与构架之间有较大的上下位移,而他的纵横方向有适当的刚度,以实现良好的弹性定位。橡胶弹簧轴箱定位装置如图 3-24 所示。

这种橡胶弹簧定位方式的优点是无摩擦磨损、重量轻、结构简单,能吸收高频振动和减小噪声,有人字形和八字形的橡胶堆两种形式。

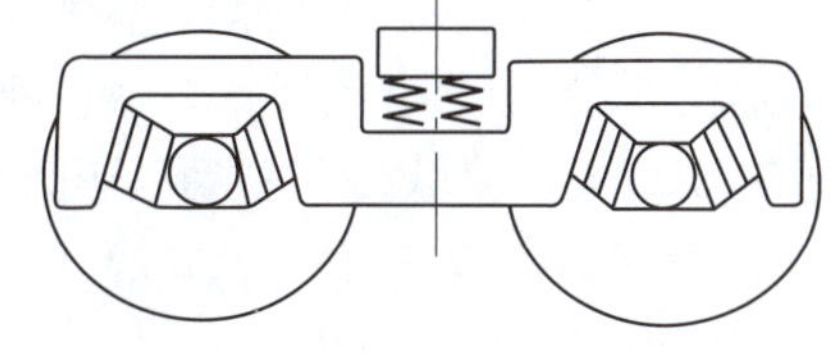
图 3-24　橡胶弹簧轴箱定位装置

4)动车组的轴箱定位装置

我国 CR400 系列动车组转向架均采用转臂式轴箱定位方式,转臂式轴箱定位悬挂装置在轴箱和构架之间设置弹簧和垂向液压减振器,轴箱弹簧与轴箱顶面之间加橡胶垫,转臂与轴箱体采用一体式结构,转臂与构架通过轴箱定位节点相连接,轴箱体上安装有温度传感器。轴箱弹簧装置被安装在轴箱和转向架之间,包括一个圆簧(由内、外弹簧组成)、弹簧座(上、下)、橡胶座、绝缘座、转臂定位橡胶套和处于每个车轮位置处的垂向减振器。

转臂式定位轴箱悬挂装置特点:

(1)轴箱和构架之间无自由间隙和滑动部件,免维护。

(2)实现了轻量化,组成零件很少,分解和组装容易,且维修方便。

(3)轴箱的上下、左右及前后的定位刚度可以独立设定,比较容易满足转向架悬挂系统的最佳设计要求。既可确保良好的乘坐舒适性,又能兼顾高速运行性能和良好的曲线通过性能。

知识点 2　二系悬挂装置

1. 二系悬挂装置组成

1）二系悬挂装置的作用

二系悬挂又叫作中央弹簧悬挂装置，是车体与转向架的连接装置，因此又叫车体支撑装置。其作用是：保证车辆的重量、纵向力（牵引力和制动力）、横向力的正常传递；保证轴重的均匀分配和车体在转向架上的安定；容许转向架进出曲线时相对于车体进行回转运动。

2）二系悬挂装置的结构

二系悬挂通常包含以下组成部分。

（1）空气弹簧系统：包含空气弹簧和空气弹簧控制装置。主要作用是通过转向架垂向支撑车体，以及调节车体高度。

（2）牵引装置：转向架与车体主要连接部位，主要作用是从转向架向车体传递驱动力、制动力。

（3）横向悬挂组成：主要作用是抑制车体横向摆动及变位。

（4）抗蛇行减振器：主要作用是抑制转向架蛇行运动。

（5）抗侧滚扭杆：主要作用是抑制车体倾覆。

2. 空气弹簧系统

二系悬挂装置最核心的就是空气弹簧组成，主要包括橡胶气囊、附加空气室、节流孔（阀）、应急橡胶弹簧、高度调整阀及差压阀。

1）橡胶气囊

橡胶气囊内部密封一定量的空气，利用气体的可压缩性与橡胶弹性起到缓冲减振的作用。根据橡胶气囊的形状，可将空气弹簧分为囊式、约束膜式和自由膜式三种类型。其中自由膜式空气弹簧由于其横移量大、刚度可调、寿命高等优点被广泛应用于现代动车组。

自由膜式空气弹簧又可分为小曲囊式空气弹簧和大曲囊式空气弹簧。

（1）小曲囊式空气弹簧：一般采用自密封式结构，具有安装空间小、承载能力强的特点，多应用于日系动车组和地铁车辆。小曲囊式空气弹簧如图 3-25 所示。

（2）大曲囊式空气弹簧：一般采用机械密封式结构，具有刚度较低、位移能力较大的特点，多应用于欧系动车组。大曲囊式空气弹簧如图 3-26 所示。

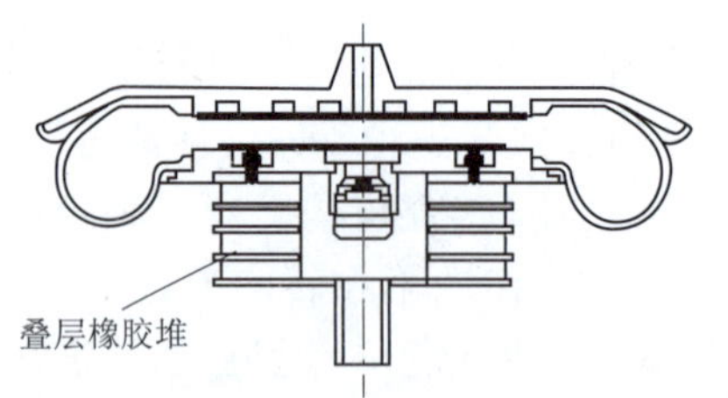

图 3-25　小曲囊式空气弹簧

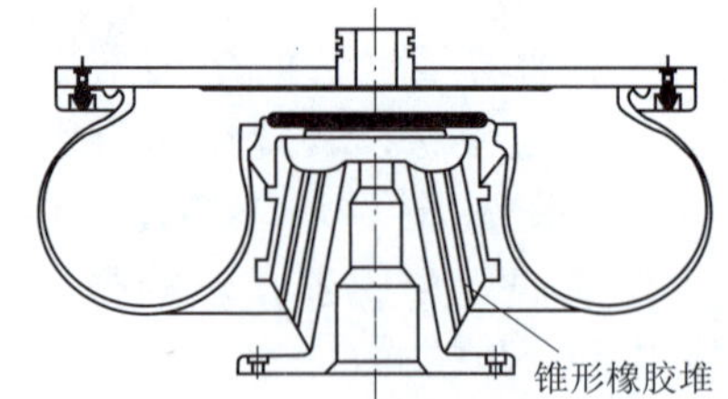

图 3-26　大曲囊式空气弹簧

2）应急橡胶弹簧

应急橡胶弹簧安装于橡胶气囊下部，以保证空气弹簧失气后车辆的运行安全性。常用的应急橡胶弹簧有叠层橡胶堆和锥形橡胶堆。

（1）叠层橡胶堆：由多层水平方向的橡胶与金属垫硫化而成，当橡胶堆受垂向与水平方向载荷时,橡胶分别处于压缩与剪切状态,因此其具有较大的垂向刚度与较小的水平刚度,常与小曲囊橡胶气囊配合使用,以降低二系悬挂整体横向刚度。叠层橡胶堆如图 3-25 所示。

(2)锥形橡胶堆:其橡胶与金属叠层通常与水平方向呈一定夹角,使橡胶在垂向与水平载荷下均处于压缩与剪切状态,因此其具有较小的垂向刚度与较大的水平刚度,常与大曲囊橡胶气囊配合使用。锥形橡胶堆如图 3-26 所示。

3)附加空气室

空气弹簧的内容积越大,其静挠度越大,故在橡胶气囊外接一附加空气室,可显著降低空气弹簧的垂向刚度。但空气弹簧的刚度并非与附加空气室的容积呈线性关系,且并非附加空气室容积越大,车辆平稳性越好,因此,附加空气室的容积一般设定为 50 ~ 70 L。附加空气室与橡胶气囊一般通过节流孔(阀)连接。当气体流经节流孔(阀)时,气体与管壁的摩擦会产生阻尼效应,起到减振作用。空气弹簧气路系统如图 3-27 所示。

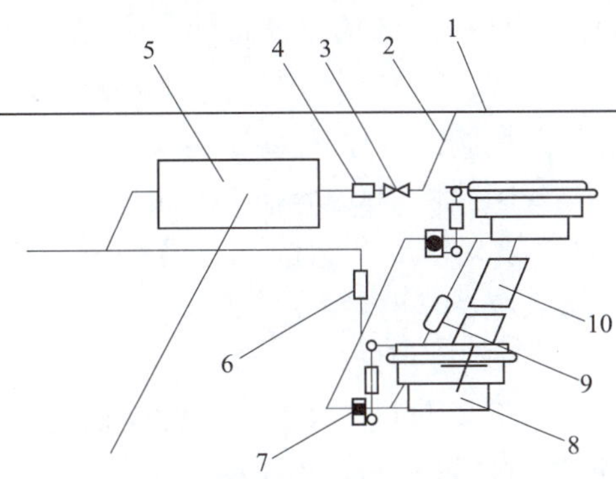

1—列车主风管;2—支管;3—截断塞门;
4—止回阀;5—储风缸;6—连接软管;
7—高度控制阀;8—空气弹簧;
9—差压阀;10—附加空气室。

图 3-27　空气弹簧气路系统

4)高度调整阀

高度调整阀(简称高调阀)是空气弹簧悬挂系统中一个重要组成部件。可以在每个转向架与车体连接处安装一个高调阀,位于转向架中间,也可以安装两个高调阀,分别在构架两侧。主要作用:根据载荷的变化自动调整空气弹簧内部压力使车体保持一定高度。

高调阀的工作状态有三种,如图 3-28 所示。

(1)正常载荷:高调阀所在的车体与阀体的标称值相等,水平测量杆处于水平状态。

(2)载重加大:如果此时车体载荷过大,压缩空气弹簧,使我们的水平测量杆与垂直杆的角度小于 90°。这时高度调整阀可以自动的从储风缸给空气弹簧充气,使其空气弹簧高度增加。

(3)载重减小:车体的载荷变小,使得车体的高度增加,高度调整阀的水平测量杆与垂直杆的角度大于 90°。此时高度调节阀会自动把空气弹簧的气直接排出,使水平测量杆保持水平状态。

自动高度调节阀安装在转向架构架上,采用能够追踪车体与转向架之间相对运动的结构。对于调节杆组成的下部,使用调节杆支座保护,防止受到冰雪及障碍物的影响而发生破损。为了强化车体与转向架之间的绝缘,在杆的部分插入硬质尼龙的绝缘板。

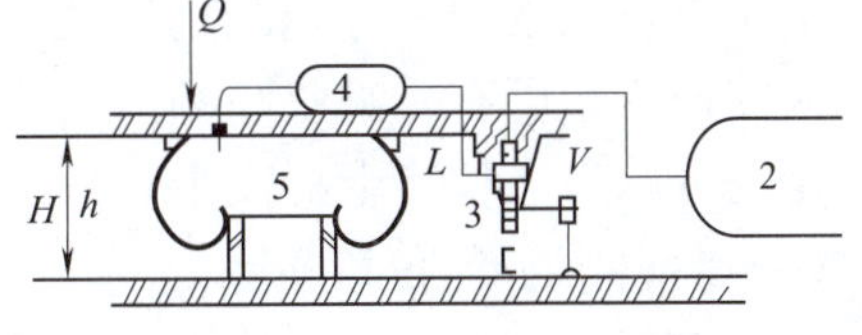

正常载荷

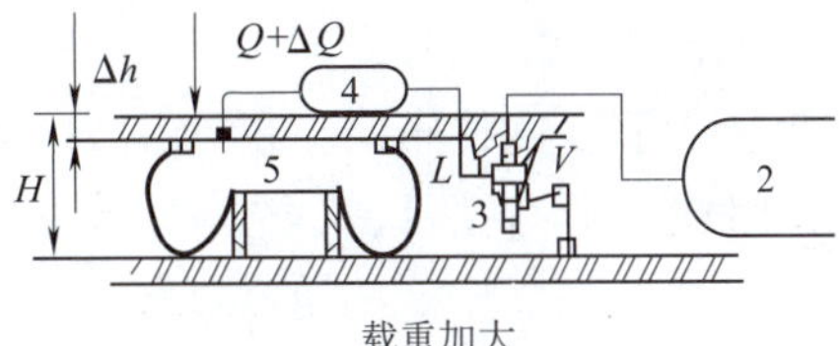

载重加大

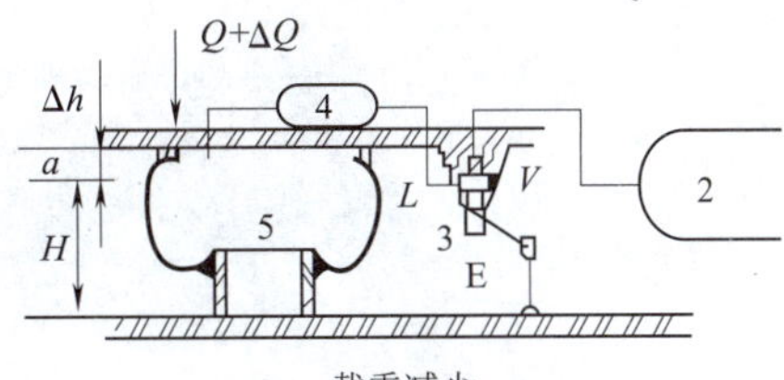

载重减少

2—总风管;3—高度调整阀;4—储风缸;
5—空气弹簧;H—车体高度标称值;h—阀体高度;
Q—正常载荷;ΔQ—载荷差值;L—垂直杆;
V—水平测量杆。

图 3-28　高度调整阀工作状态示意

5）差压阀

保证一个转向架两侧空气弹簧的压力之差，不能超过为保证行车安全规定的某一定值的装置。当两侧空气弹簧的内压力差超过其阈值时，差压阀打开，以均衡两侧空气弹簧的内压力，降低轮重减载率，保证车体不会因过大的侧滚角而发生倾覆。差压阀工作原理如图 3-29 所示。

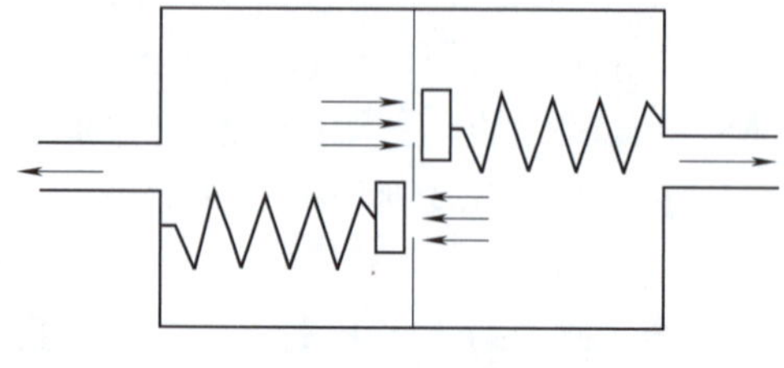

图 3-29　差压阀工作原理

我国速度 200 km/h 以上的 CRH 和谐号动车组和 CR 复兴号动车组的二系悬挂装置全部采用空气弹簧系统，空气弹簧系统的优异性能如下：

（1）高度恒定

由于高度调整阀对空气弹簧的进、排气作用，可使车体在不同载荷下距轨面高度保持不变，这对通过高站台上下乘客的轨道车辆尤为重要。

（2）固有频率低且恒定

对于一个振动系统来说，悬挂刚度越小，承载质量越高，振动系统的固有频率越低。有效隔离了构架的高频振动，保证了轨道车辆的运行平稳性。此外，空气弹簧的内压随车体载荷的变化而变化，当车体质量变大时，空气弹簧的内压随之升高，使空气弹簧的刚度也随之升高，从而保证了车辆在不同载荷下具有相同的固有频率。

（3）降低噪声

空气弹簧和钢弹簧分别利用气体和金属作为振动的传播介质，空气弹簧气囊中的气体及应急橡胶弹簧均可有效吸收高频振动，降低噪声。二系悬挂距离车厢内部较近，空气弹簧这种降噪特性可以很大程度上提高乘客舒适度。

（4）横向刚度低，位移量大

安装空气弹簧的转向架取消了摇动台装置，并进一步取消了摇枕，简化了转向架结构，降低了车辆自身质量。同时保证了转向架良好的曲线通过性能。

3. 牵引装置

通过牵引装置将转向架的牵引力、制动力传递到车体。牵引装置主要包括中心销组成、牵引拉杆组成。牵引拉杆，又名中央牵引装置如图 3-30 所示。

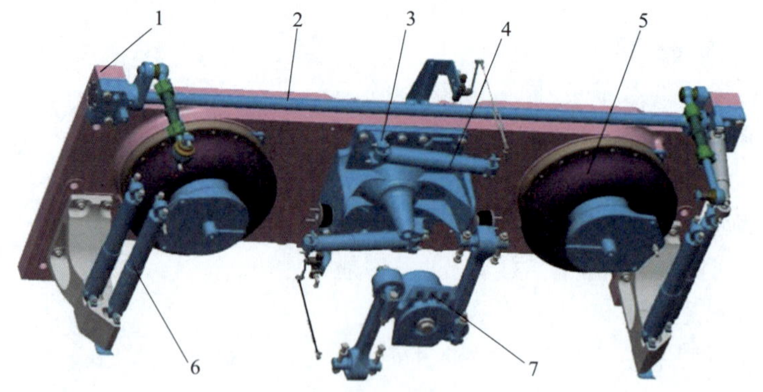

1—枕梁系统；2—扭杆装置；3—中心销；4—横向悬挂；5—空气弹簧；6—抗蛇行减振器；7—中央牵引装置。

图 3-30　动车组二系悬挂组成部件

4. 横向悬挂装置

横向悬挂装置用于提供车体和转向架之间横向方向上的刚度。在中心销和转向架构架之间装有横向减振器,用以吸收由轨道不规则和横向加速度造成的横向力。横向悬挂装置组成如下:

(1)为了改善动车组的横向振动性能,提高乘坐舒适度,在每辆车车体和转向架之间安装横向液压减振器;

(2)为了限制车体的横向移动量,在构架的纵向辅助梁内侧安装横向移动限位橡胶。横向限位橡胶和横向减振器安装位置如图 3-30 所示。

5. 抗蛇行减振器

抗蛇行减振器是为了得到稳定的转向架回转力矩和抑制蛇行的装置,作用在转向架的回转方向(摇头方向)上,装备在车体与转向架构架之间。抗蛇行减振器安装位置如图 3-30 所示。

6. 抗侧滚扭杆

对于车辆要求的侧滚刚度,仅靠空气弹簧的垂向刚度不能满足其要求。当为了提高乘坐舒适度而降低空气弹簧的垂向刚度时,则侧滚刚度也随之降低;这时抗侧滚扭杆就可以提高侧滚刚度。

在转向架上安装扭杆,通过杆端轴承和缓冲橡胶以连接杆与车体结合。当车体发生侧滚时,以连接杆连接的扭杆产生扭转变形,因扭转变形而产生对抗侧滚的抵抗力(复原力),从而起到抑制侧滚的作用。抗侧滚扭杆安装位置如图 3-30 所示。

四、任务实施

第一步:扫描二维码完成线上学习。

第二步:学习教材本任务知识点 1、2。

第三步:结合线上线下教学资料,完成作业单 3-3。

一系悬挂

二系悬挂

作业单 3-3　弹性悬挂装置认知		
班级: 姓名: 学号: 时间:		
一、名词解释。		
1. 一系悬挂: 2. 二系悬挂:		
二、写出动车组一系悬挂装置的组成与作用。		
序号	名称	作用
1		
2		
3		

续上表

三、写出轴箱定位装置的名称。
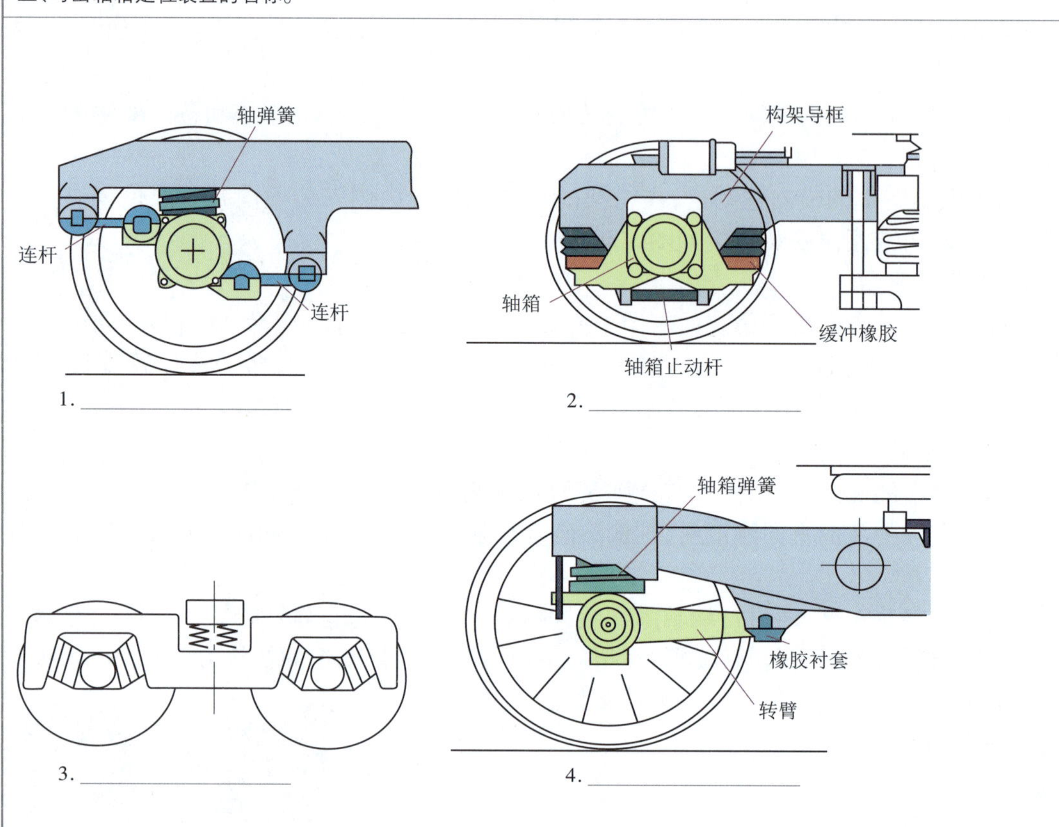

四、请填写下图中看到的二系悬挂部件。		
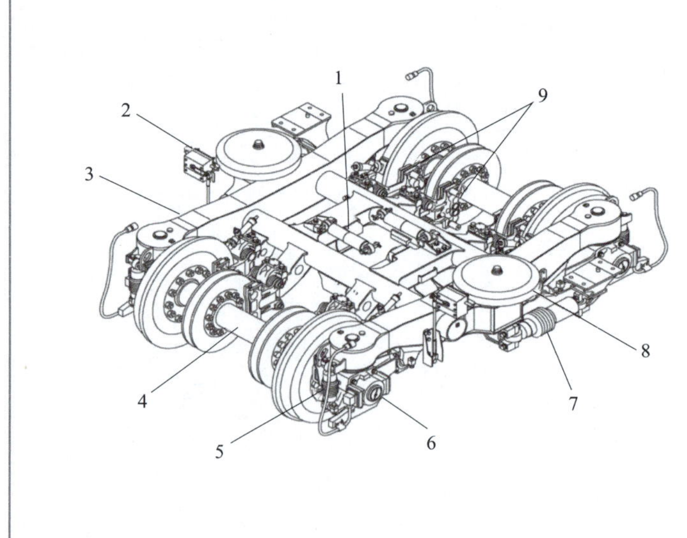 	序号	部件名称
	1	
	2	
	3	
	4	
	5	
	6	
	7	
	8	
	9	

续上表

五、请分析下图,完成表格。

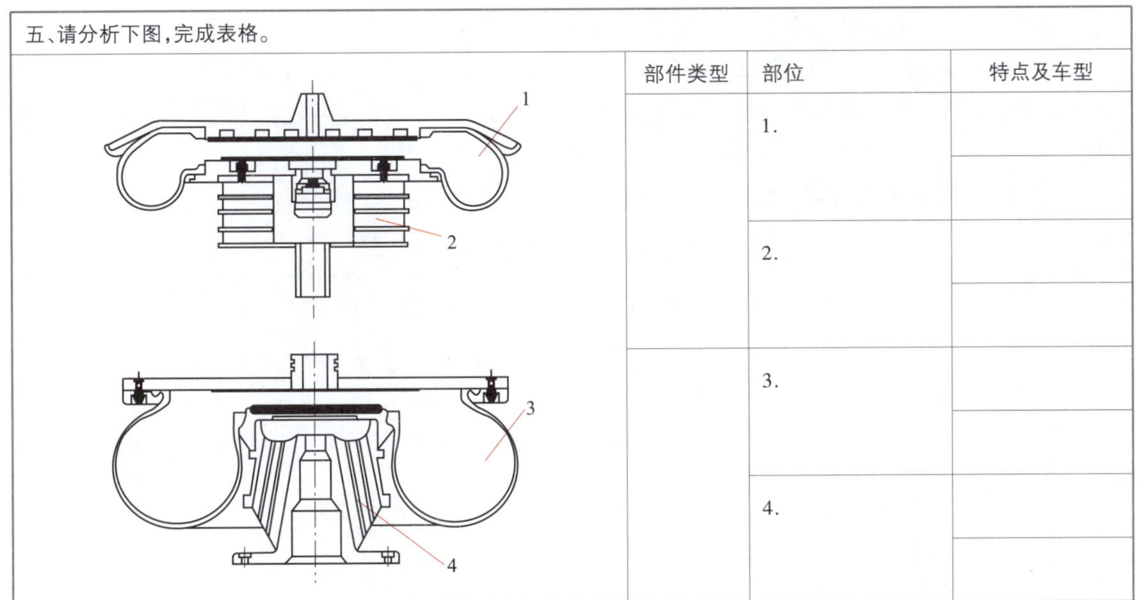

部件类型	部位	特点及车型
	1.	
	2.	
	3.	
	4.	

第四步:结合测量工具的使用,完成下列实训项目,并完成实训单。

实训 空气弹簧高度测量

1. 准备工作

1)按小组进行角色分配,4 人一组,设组长 1 人,全班分成若干个工作小组。

2)确认工作服、防护鞋、安全帽等劳保用品按规定穿戴。

3)检查空气弹簧支撑与底座间(转向架构架侧梁空气弹簧安装座上部)有无加装调整板。若有调整板,须测量调整板厚度 t。注意:调整板单个厚度尺寸有 3.2 mm、6 mm、10 mm 三种规格。

2. 空气弹簧高度测量操作(CRH380A 型动车组)

1)保证 MR 压力 780 kPa 以上,在车体与空气弹簧接触面到转向架基准点之间,测量基准点与空气弹簧上盖板平面高度距离,如图 3-31 所示。

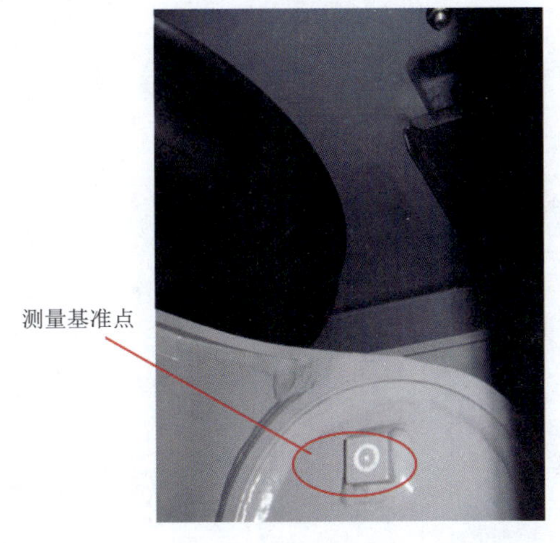

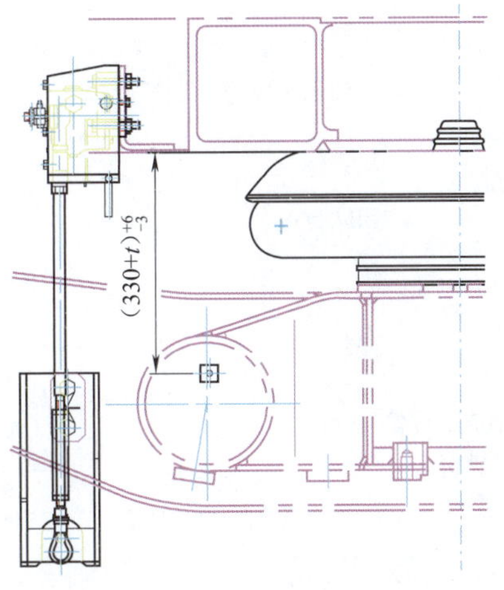

图 3-31 测量基准点示意(单位:mm)

2）允许值：(330 + t)mm，其中 t 为调整板厚度，如果超出此范围，须按上次高级修（含新造）时该空气弹簧对应的高度进行调整。

3）高度控制阀调节杠杆有 ±（4.5 ~ 5.5 mm）的盲区位置，即调节杆上升或下降 4.5 ~ 5.5 mm以后，空气弹簧才开始排气或充气。因此，当升高（或降低）空气弹簧至规定高度时，调节杆的长度回缩（增长）4.5 ~ 5.5 mm 左右，以使调节更为准确。

4）填写空气弹簧高度测量实训单 3-5。

实训单 3-5　空气弹簧高度测量

实训项目					
实训工具					
实训耗材					
小组编号		实训场地		姓名	
准备工作					

序号	测量项目	标准值	测量读数	备注
1	测量点 1			
2	测量点 2			
3	测量点 3			

第五步：小组评价与自我评价。

结合实训完成情况，完成评价单 3-3。

评价单 3-3　小组评价与自我评价

实训项目					
小组编号		实训场地		实训者	

序号	评价项目	分值	实训要求	自我评价
1	任务完成情况	30	能正确使用工具，按要求完成实训任务（漏检、错检一项扣 5 分）	
2	测量精度	20	成果符合限差要求（不符合限差需求一项扣 5 分）	
3	实训记录	20	记录规范、完整，计算准确（记录不全、错误一项扣 5 分）	
4	实训纪律	15	遵守实训课堂纪律，无事故，实训工具未损坏	
5	团队合作	15	服从组长工作安排，能配合其他成员工作	
实训总结与反思： 小组其他成员评价得分：______、______、______、______、______ 组长评价得分：______				

第六步：教师评价

结合实训完成情况，由教师填写评价单 3-4。

评价单 3-4　教师评价

实训项目					
小组编号		实训场地		实训者	
序号	评价项目	分值	实训要求	考核评价	
1	操作程序	30	能正确使用工具，按要求完成实训任务		
2	作业时长	10	按时完成实训操作		
3	数据记录	10	实训记录单整洁，无转抄，涂改，抄袭等		
4	测量成果	30	记录规范、完整，计算准确（每个测量数据错误扣 5 分）		
5	安全操作	10	无实训事故，实训工具未损坏		
6	团队合作	10	服从组长工作安排，能配合其他成员工作		
需改进的问题： 指导教师：　　　　评价时间：					

任务三　驱动与基础制动装置检修

一、学习目标

【知识目标】

1. 了解驱动与基础制动装置的结构组成。
2. 掌握牵引电机悬挂方式的分类。
3. 掌握驱动与基础制动装置组成部分的结构与原理。
4. 掌握驱动与基础制动装置检修的操作流程。

【能力目标】

1. 能说出驱动与基础制动装置的结构组成。
2. 能正确区分不同类型的电机悬挂的结构。
3. 能正确说出驱动与基础制动装置检修的操作流程。

【素养目标】

1. 感受学习习惯和行为习惯的重要性。
2. 体会爱岗敬业、忠于职守、团结合作、精益求精等动车组检修从业者的工匠精神。

二、任务导入

动车组是一种电传动列车，使用牵引电机作为它的驱动装置，它的特点是将电机产生的转矩放大后驱动车轮旋转，使转矩转化为车辆前进的牵引力。

制动系统性能直接影响动车组的运行安全及乘客的乘车安全，而基础制动是高速动车组制动系统中的最为关键的装置之一,是高速动车组在制动系统其他制动措施失效情况下的最后一道安全保障。

动车组能快速跑起来和能安全停下来在转向架组成中采用的是不同的技术,那么能快速跑起来的电传动驱动装置的组成有哪些?能使动车组安全停下来的基础制动装置的组成有哪些?一般采用哪种基础制动方式?通过相关知识点和微课资源的学习,了解动车组机械师是如何开展转向架驱动与基础制动装置的专项检修,并完成后续学习。

三、相关知识点

知识点1　驱动装置

1. 驱动装置组成

驱动系统作为动车最核心部件之一,其结构设计及动力学研究是保证动车组安全可靠运行的关键。牵引电机是驱动装置的重要组成部分,它是高速列车产生动力的部件,通过它把电能转化成机械能,产生牵引转矩,通过传动装置,依靠轮轨间的黏着来驱动轮对前行。

驱动装置从机械结构上划分,包括牵引电机、电机悬挂装置和减速齿轮箱。

1)牵引电机

牵引电机是指列车产生牵引动力的电动机。牵引电机有许多类型,诸如直流牵引电动机,脉流牵引电动机,单相整流子牵引电动机,交流旋转感应(异步)牵引电动机和交流同步牵引电动机。我国 CRH 和 CR 系列动车组均采用三相交流牵引电机(图 3-32)。

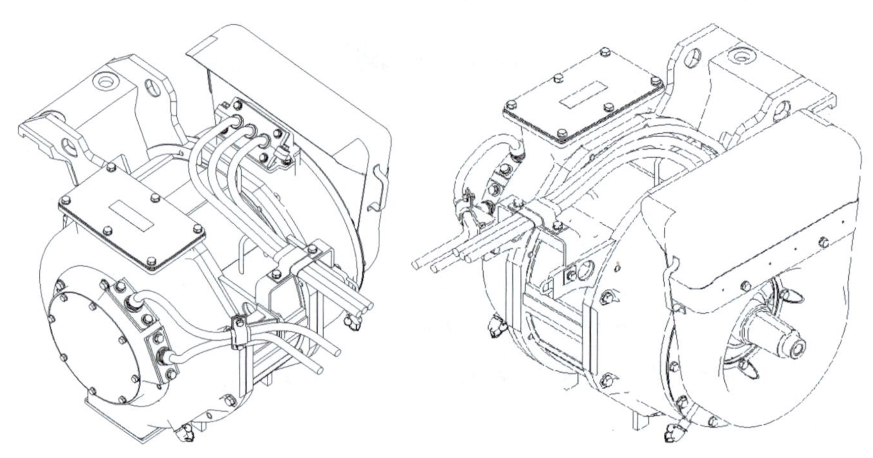

图 3-32　三相交流牵引电机

牵引电机需要具备以下要求:

(1)应有足够大的启动牵引力和较强的过载能力。

(2)具有良好的调速性能。保证电动车组在不同行驶条件下,有宽广的速度调节范围,并在速度变化范围内,充分发挥牵引电机的功率。在正反方向运行时,其特性尽可能相同。

(3)各部件应具有足够的机械强度,以保证电动机在最恶劣的条件下能可靠地工作。

(4)牵引电机的绝缘必须具有很高的电气强度,并具有良好的防潮和耐热性能,以保证电动机有足够的过载能力,并在其寿命期限内可靠工作。

(5)牵引电机的结构应充分适应动车组运行和检修的需要。如电机的传动与悬挂应使动车与钢轨间的动力作用尽量减小;对灰尘、潮气及雨雪的侵入有良好的防护;便于检修和更换电刷等。

(6)必须尽可能地降低牵引电机单位功率的重量,使电磁材料和结构材料得到充分利用。

2)牵引电机悬挂方式

随着列车运行速度的提高,驱动系统工作环境不断恶化,这一系列不利因素严重影响了牵引电机稳定运行,对提高动车运行性能十分不利。作为驱动系统重要的部件,牵引电机的悬挂方式影响着簧下质量、簧间质量、构架的转动惯量,对转向架蛇行稳定性、曲线通过性能、平稳性及舒适性有很大的影响。

动车组的运行速度不断提高,减小簧下、簧间质量、降低轮轨间的动作用力是电机悬挂方式设计的重要原则。根据这一原则,按照电机安装位置划分,电机悬挂方式出现了轴悬式、架悬式和体悬式。

(1)轴悬式

轴悬式又称抱轴式,牵引电机一端通过两个抱轴轴承刚性地支撑在车轴上,另外一端通过弹性元件吊挂(或支撑)在转向架构架上。这种一半在一系悬挂以上,一半在一系悬挂以下的电机悬挂称之为半悬挂。在此种悬挂方式中,电机扭转通过主动小齿轮与大齿轮的啮合直接驱动车轴的旋转,电机与轮对间没有联轴节,直接进行力矩的传递。轴悬式电机悬挂如图 3-33 所示。

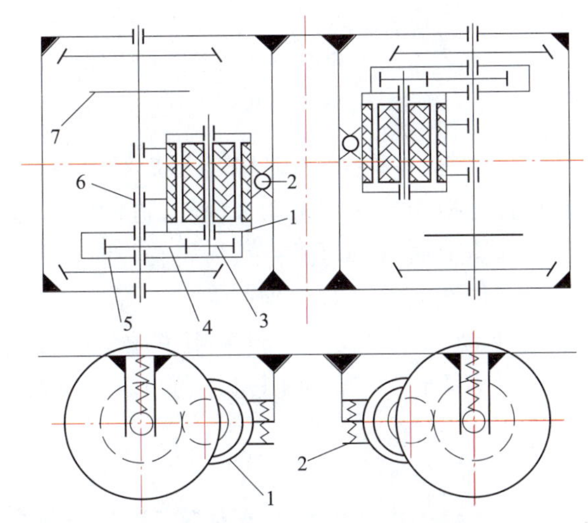

1—牵引电机;2—电机弹性悬挂;3—驱动小齿轮;4—车轴上的大齿轮;
5—减速齿轮箱;6—抱轴承;7—制动盘。

图 3-33 轴悬式电机悬挂

轴悬式结构简单,检修方便,而且由于齿轮中心距小,有利于充分利用空间。但是这种悬挂方式也有许多不足:半悬挂方式簧下质量大,轮轨间的动作用力很大,容易对铁路线路造成损坏;电机会直接承受来自轮轨间的冲击,工作环境恶劣;由于抱轴轴承与车轴存在间隙、电枢轴的弯曲、轴箱载荷引起的车轴变形等原因,往往引起齿轮接触不良。此种悬挂方式只适用于速度低于 120 km/h 的机车。

(2)架悬式

架悬式又称架承式,把牵引电机直接或者通过橡胶节点安装在转向架构架上,其质量全部由构架承担，不再与车轴发生直接联系。在此种悬挂方式中，电机随构架一起运动，与轴箱有各个方向的相对位移，同时又要求由电机输出的扭矩能顺利地传递到车轴上，驱动车轮向前运动，因此，在电机与轮对之间需要增加既能适应各个方向位移又能传递扭矩的中间连接装置。架悬式电机悬挂如图 3-34 所示。

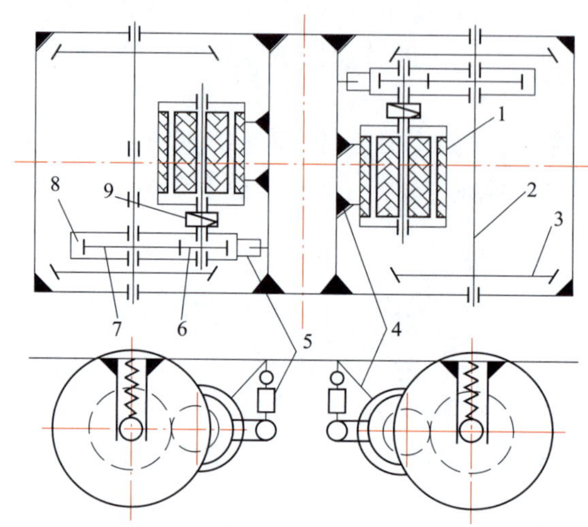

1—牵引电机；2—车轴；3—车轮；4—电机吊挂；5—齿轮箱吊挂；6—小齿轮；
7—大齿轮；8—齿轮箱；9—挠性浮动齿式联轴节。

图 3-34　架悬式电机悬挂

牵引电机通过螺栓连接完全固接在构架上，其输出扭矩经过挠性浮动齿式联轴节传递给驱动小齿轮，通过齿轮间的啮合把扭矩传递到从动大齿轮，进而驱动轮对旋转。

此悬挂方式中，电机质量为簧上质量，但是齿轮、齿轮箱质量的一半仍然属于簧下质量，电机工作环境得到改善，而齿轮工作环境并没有得到改善。正是由于这种挠性浮动齿式联轴节式架悬式结构相对简单，再加上动力分散式动车组采用了质量很轻的交流异步牵引电机，因此，这种驱动装置在高速动车组上得到了广泛使用，我国的 CRH1、CRH2 型动车组都采用这种挠性浮动齿式联轴节架悬式。

(3)体悬式

体悬式又称为底架架承式，把牵引电机安装在车体底架，其质量全部由底架承担，通过万向轴或者空心轴将牵引电动机扭矩传递给安装在车轴上的齿轮传动装置。相比于牵引电机架悬式，体悬式大大降低了簧下质量和簧间质量，转向架摇头转动惯量进一步减少，转向架蛇行稳定性得到了极大的提高，同时大大减轻了由于轨道不平顺引起的轮轨间的振动与冲击。体悬式电机悬挂如图 3-35 所示。

当电机采用此悬挂方式时，容易从车底或车体侧接触到电机，也无需把转向架推出车体就可以方便拆除电机，所以提高了电机的可维护性。动车转向架仅有一根动轴，另外一根为非动轴，即每台动车转向架只配备一台牵引电机，这使得动车转向架结构进一步简化。但是此悬挂方式容易使电机产生不平衡力矩，使得电机振动，要设法避免电机工作的旋转频率在电机弹性悬挂的共振区内，以免共振产生巨大的惯性力，损伤电机轴承等薄弱部件。另外此悬挂方式，整个驱动结构较复杂，制造成本较高。我国的 CRH5 型动车组采用这种体悬式电机悬挂方式。

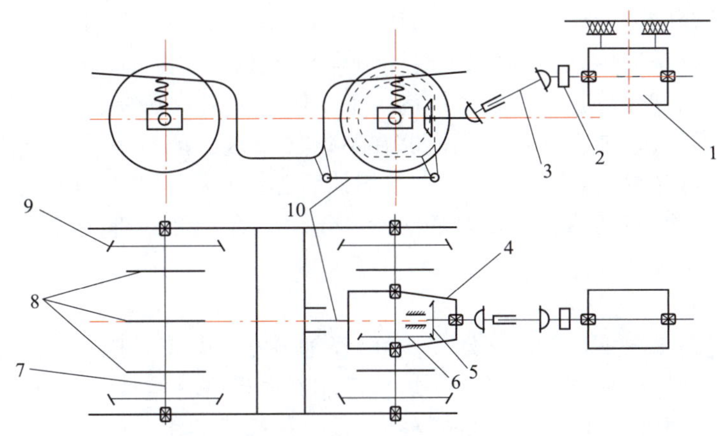

1—牵引电机;2—安全装置;3—驱动万向轴;4—齿轮箱;5—锥形小齿轮;6—锥形大齿轮;
7—车轴;8—制动盘;9—车轮;10—平衡作用杆。

图 3-35　体悬式电机悬挂

研究表明,电机安装位置越来越高,工作环境越来越好。体悬式电机悬挂方式,它的簧下质量最小,电机的工作条件最优。但是当今的动车组多为动力分散式,即一列车中有多辆动车,则每辆动车的功率较小,牵引电动机较小较轻,不一定要采用电机体悬式,高速运行时,采用结构较简单的电机架悬式,转向架的蛇行稳定性仍可以得到保证。不同的悬挂方式有各种的优缺点,应该根据实际运营条件合理选择悬挂方式,既要做到满足设计要求,又要结构简单、制造维护成本低。

3)减速齿轮箱

动车组的齿轮传动系统主要包括三大部分,分别为联轴节、齿轮轴箱和悬吊装置,如图 3-36所示。牵引电机的转矩转速经鼓形齿式联轴器传递给输入轴小齿轮,再通过齿轮传动传递给输出轴大齿轮,驱动轮对前进。

(1)齿轮箱

车轴齿轮箱是动车传动系统的最后一个关键部件,位于动车底部,一端悬挂在车轴上,另一端悬挂在构架上,是牵引力和制动力传递的枢纽,在列车高速运行中,承受着来自轮轨对轮对的冲击载荷以及齿轮箱内部载荷的共同作用。

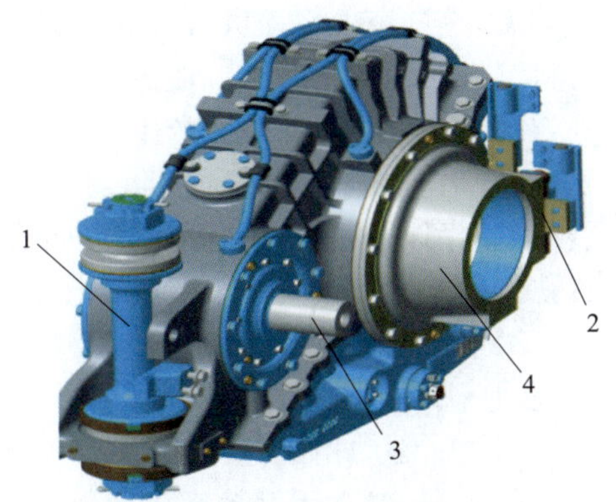

1—吊杆组成;2—接地装置;
3—输入轴;4—输出端。

图 3-36　齿轮箱组成

动车组的齿轮箱箱体结构分为整体式和分体式,整体式齿轮箱装配工艺复杂,维修困难。分体式齿轮箱则不同,箱体结构上下分为两部分,上下箱体使用螺栓连接,在保证强度的同时简化了装配工艺,便于维修,能够保证装配质量,因此使用比较广泛,中国动车组齿轮箱一般采用分体式。箱体分割面通过车轴中心面,电机输入轴安装孔设置在上箱体,输入轴中心与车轴中心在同一条水平线上,这样设计避免了下箱体底部开孔,提高了箱体整体的结构刚度。上箱体通过吊杆与车体构架用叠层橡胶弹簧连接,这种连接方式能够避免刚体直接接触而产生应力集中。

上箱体齿轮啮合的位置设置有观察孔,用来检查齿轮啮合情况,及时发现齿轮啮合故障;箱体小齿轮上部设有温度传感器,用来及时测量齿轮箱的工作温度,可以及时发现温度故障,确保齿轮箱的工作温度保持在额定的范围内。上下箱体大齿轮安装处两个端面设置了间隔均匀、前后对称的加强筋,合理布局加强筋能够在不增加质量的前提下提高结构的刚度和强度,有效调节箱体的固有频率,增大散热面积。下箱体后部设置有阻挡飞石冲击的挡板,底部设有加油孔、放油孔以及油位观察孔,齿轮箱的润滑系统设置在箱体底部,这样更加方便润滑油的循环利用和箱体结构设计。

(2)联轴节

为保护电机短路工况下齿轮箱运转安全性,联轴节左右两半采用不同的设计结构,其中电机侧联轴节具有过载保护功能。联轴节扭矩传递靠鼓形齿啮合结构,齿顶加工成球面,内齿轮齿宽加长,满足所连两轴线间相对的轴向、径向、角向位移的要求。电机轴、主动齿轮轴与半联轴节鼓形齿内孔采用锥度过盈连接,能够传递较大扭矩,且安装及拆卸简单。两个半联轴节之间靠铰制孔螺栓及防松螺母连接。

(3)悬吊装置

悬吊装置是把齿轮箱固定在转向架构架上的部件,在齿轮箱和转向架构架的齿轮箱吊座部分别通过缓冲橡胶进行安装。

知识点 2　基础制动装置

1. 基础制动装置作用与类型

基础制动装置是通过摩擦产生制动力的一种装置。按照摩擦方式的不同分为:闸瓦制动与盘形制动。

1)闸瓦制动:又称为踏面制动,是铁路历史上使用最广的一种制动方式。它以压缩空气为动力,通过空气制动机将闸瓦压紧车轮踏面产生摩擦而形成制动力。闸瓦是用铸铁或其他材料制成的瓦状制动块。通过闸瓦与车轮踏面的摩擦,将动能转化为热能消散到空气中。这种方式会在车轮的踏面上产生附加的热负荷,使制动闸瓦垫片和踏面,轮缘发生变化。列车速度越高,制动时车轮的热负荷也越大。当车轮踏面温度增高到一定程度时,会出现踏面磨耗、裂纹或剥离以及摩擦系数不稳定等问题,甚至可使闸瓦熔化,既影响到摩擦副的使用寿命,也威胁到列车的行车安全。闸瓦摩擦制动不适合用于运行速度超过 160 km/h 的列车。

2)盘形制动:是在车轴或者车轮辐板侧面安装制动盘,以压缩空气为动力,通过空气制动机将制动夹片紧压制动盘的侧面,通过摩擦产生制动力,将列车的动力转化为热能消散于大气中。

与闸瓦制动相比,盘形制动有以下优点:

(1)盘形制动因摩擦面积大而具有较大的制动功率,能够充分吸收和转化制动能量,有效减轻车轮的热负荷,减轻车轮的磨耗和热损伤。

(2)制动盘可以按照制动的要求选择合适摩擦系数的材料,摩擦系数特性曲线与轮轨黏着系数的特性曲线可以做到非常吻合,通过优化结构以改善散热性能。

(3)制动平稳,几乎没有噪声。

所以我国的动车组均采用盘形制动。

2. 盘形制动装置

盘形制动装置里面主要包含制动盘、制动夹钳和制动闸片三个组成部分。

1)制动盘

按照制动盘的不同种类,可以把基础制动装置分为轮盘制动盘和轴盘制动盘。

（1）轮盘制动盘：是一种把制动盘安装在车轮的浮板上的一种基础制动装置。轮盘制动盘组成如图 3-37 所示。

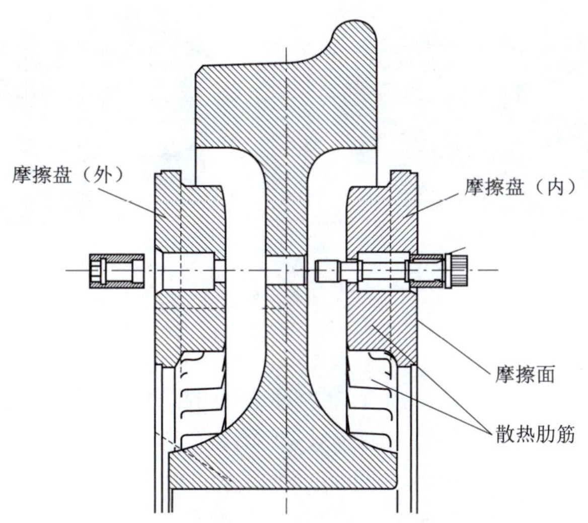

图 3-37 轮盘制动盘组成

（2）轴盘制动盘：是装在车轴上的一种制动盘，也是所说的轴盘制动装置。

不管是轴盘制动盘还是轮盘制动盘，其最基本的功能是吸收制动动能并将之转化为热能散发到空气中，在此过程中，制动盘的材料、结构和性能不能被破坏。制动盘（图 3-38）非摩擦面有径向条状散热筋，摩擦环厚度和散热肋几何尺寸的设计使制动时制动盘摩擦面温升一致而不会出现过热现象，从而使摩擦环所受到的热应力相等，减少了由热应力梯度原因产生的热裂纹，提高了制动盘的使用寿命。之后选择 2 个相互对称的带有筋板的盘形结构的制动盘组成一个整体，形成上下两个摩擦工作面，中间由散热筋板连接的结构。

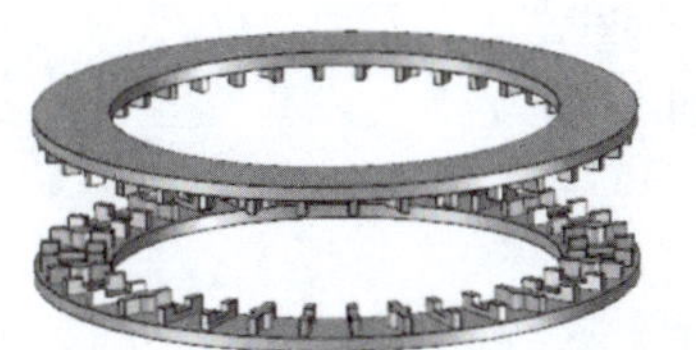
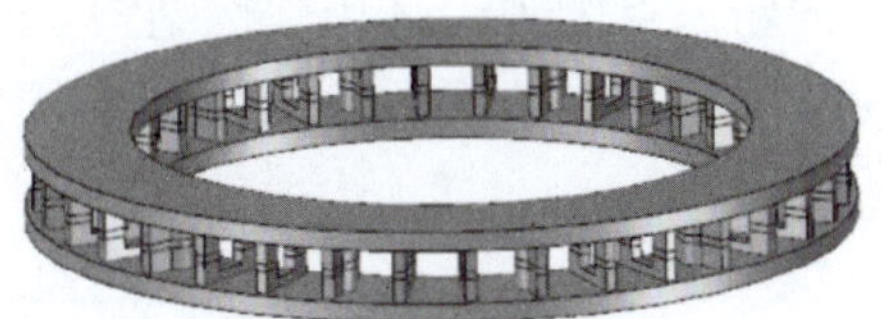

图 3-38 盘形制动盘结构

2）制动夹钳

制动夹钳可分为制动夹钳和带停放制动的制动夹钳。主要区别表现在有无停放制动缸。制动夹钳如图 3-39（a）所示；带停放制动的制动夹钳如图 3-39（b）所示。

制动夹钳由制动夹钳和制动缸组成。制动夹钳通过吊销和吊杆螺栓连接到转向架上。制动夹钳主要受力部件包括制动杠杆、吊架及制动杠杆螺栓等部件，如图 3-40 所示。

制动杠杆螺栓为制动夹钳的转动关节，制动缸的活塞推力，通过制动杠杆放大一定的倍数后，转化为闸片正压力，产生制动作用。

吊架是制动夹钳与转向架的连接部件，其自身的强度，对制动夹钳单元的安全性尤为关键。制动杠杆螺栓作为制动杠杆的转动关节，在运用中承受较大的应力。制动夹钳结构如图 3-40所示。

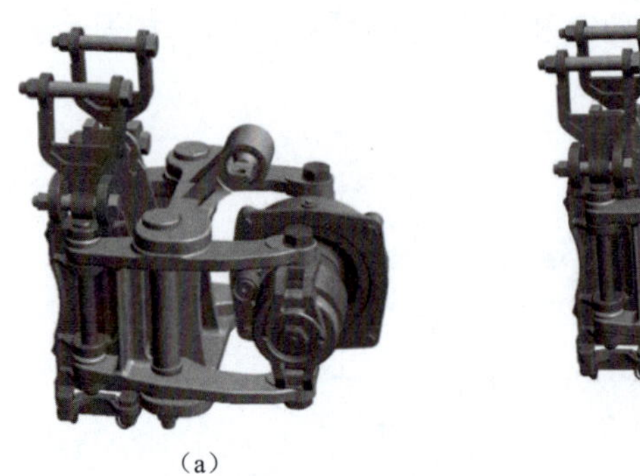

图 3-39　制动夹钳类型

3)制动闸片

目前高铁闸片与制动盘之间自适应主要由摩擦块的结构以及材料来实现。其中结构主要有三种形式:固定式、弹性式、浮动式。固定式和弹性式结构闸片多应用于速度为 200 ~ 300 km/h 的高速列车。随着列车运营速度的不断提升,对制动闸片材料提出了更高的要求,当列车在 350 km/h 进行制动时,闸片表面快速积聚热量,表面瞬时温度接近 900 ℃,甚至达到或接近材料的相变温度和熔点,300 km/h 及以上的高速列车则普遍采用浮动式结构闸片。

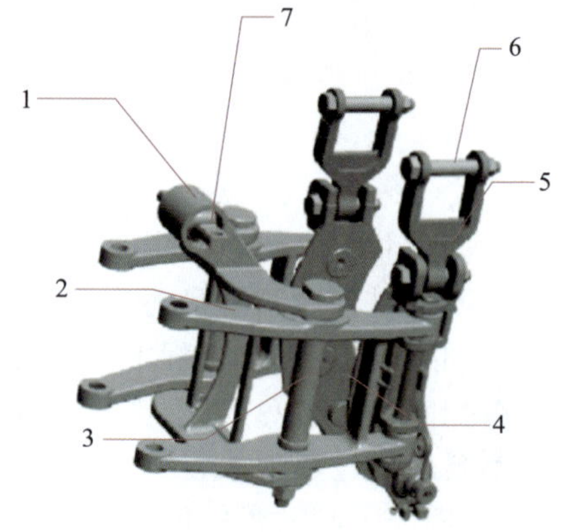

1—吊架;2—制动杠杆;
3—制动杠杆螺栓;4—转动关节;
5—吊杆;6—吊杆螺栓;7—吊销。

图 3-40　制动夹钳结构

在实际制动过程中,由于闸片托安装误差或者闸片摩擦面变形等因素造成闸片摩擦面垂向受力不均匀,引起制动盘磨耗过快或者闸片摩擦块偏摩现象,从而导致动车组运营成本非正常增加;为了解决闸片垂向受力不均匀问题,研制的粉末冶金闸片采用弹性结构,采用此结构的闸片被称为浮动式闸片。浮动式闸片结构如图 3-41 所示。

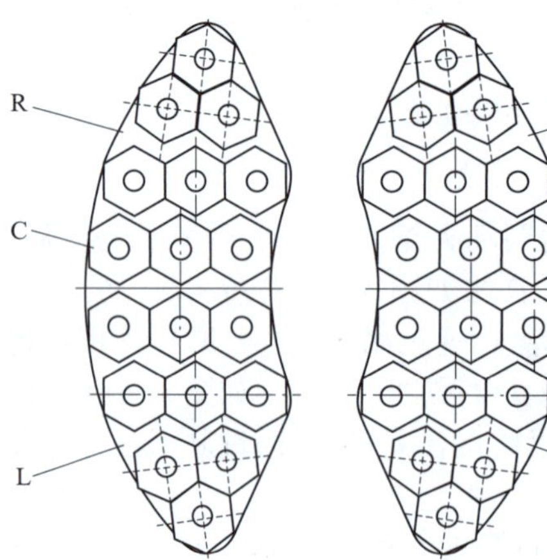

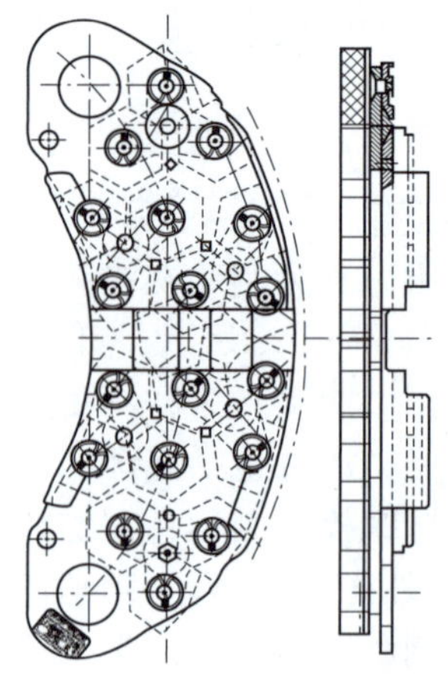

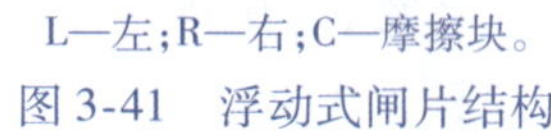
L—左;R—右;C—摩擦块。

图 3-41　浮动式闸片结构

该闸片能够自动将各摩擦块调整到一个平面与制动盘接触，使得摩擦块能够更好的贴合制动盘，从而实现在高速列车制动时的自动调整，避免了摩擦块受力不均导致的偏磨等现象。

四、任务实施

第一步：扫描二维码完成线上学习。

第二步：学习教材本任务知识点1、2。

第三步：结合线上线下教学资料，完成作业单3-4。

基础制动装置　　驱动装置

作业单3-4　驱动及基础制动装置认知

班级：　　姓名：　　学号：　　时间：

一、名词解释。

1. 驱动装置：

2. 基础制动装置：

二、写出动车组驱动装置的组成与作用。

序号	名称	作用
1		
2		
3		

三、请写出下面电机悬挂的组成。

序号	部件名称
1	
2	
3	
4	
5	
6	
7	
8	
9	

续上表

<table>
<tr><td colspan="4">四、请写出基础制动装置的组成。</td></tr>
<tr><td rowspan="7">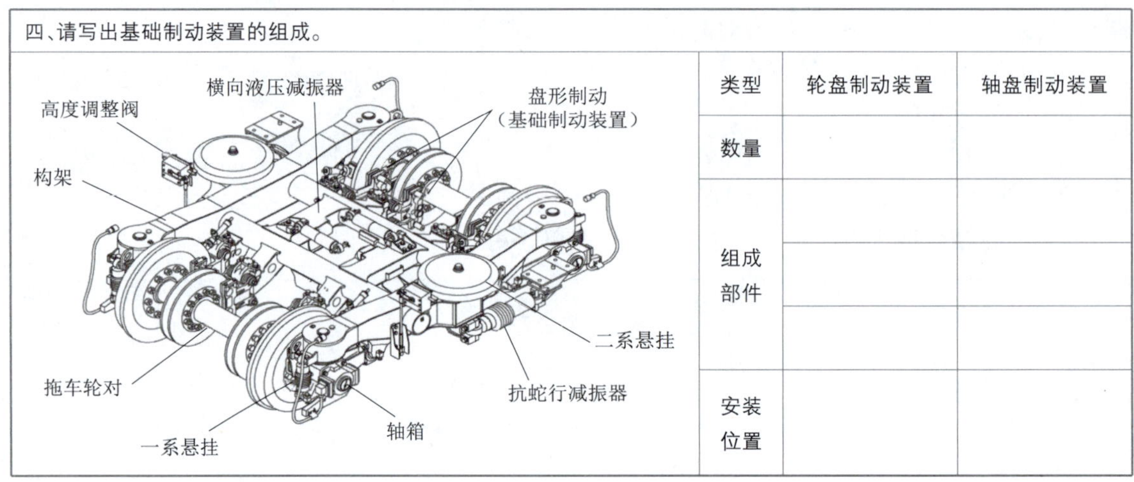
</td><td>类型</td><td>轮盘制动装置</td><td>轴盘制动装置</td></tr>
<tr><td>数量</td><td></td><td></td></tr>
<tr><td rowspan="3">组成部件</td><td></td><td></td></tr>
<tr><td></td><td></td></tr>
<tr><td></td><td></td></tr>
<tr><td>安装位置</td><td></td><td></td></tr>
</table>

第四步：结合测量工具的使用，完成下列实训项目，并完成实训单。

实训　闸片更换

1. 准备工作

1）按小组进行角色分配，4 人一组，设组长 1 人，全班分成若干个工作小组。

2）确认工作服、防护鞋、安全帽等劳保用品按规定穿戴。

3）准备闸片更换的工具和物料。工具：力矩扳手，螺丝刀；物料：闸片、润滑脂。

4）作业前确认止轮器已设置，接触网断电，接地杆已挂、安全号志已插设。

5）现场清点配送的作业工具，物料，检查力矩扳手校验不超期，避免工具过期风险。确认油脂型号是否正确，防止错涂风险。

2. 闸片更换操作（CRH380A 型动车组）

1）闸片拆卸（图 3-42）

（1）确认更换闸片的位置，关闭相应转向架侧“制动缸”截断塞门，排风缓解。

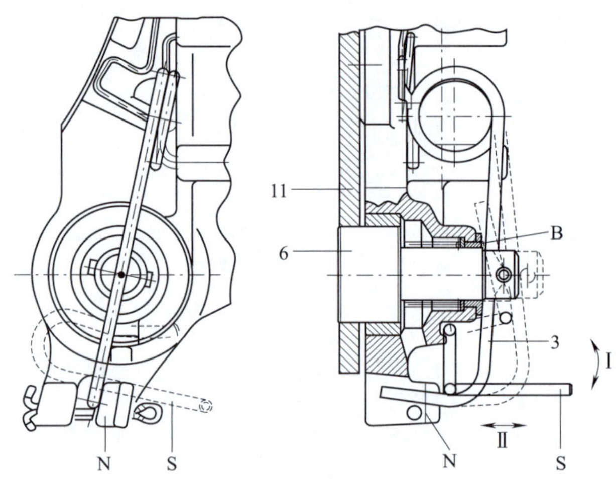

3—锁紧弹簧；6—轴承毂凸台；11—闸片；N—锁紧凸台；S—安全锁铁；B—销钉。

图 3-42　闸片拆卸

(2)确保制动盘、闸片表面处于常温状态,避免被烫伤。之后可以开始进行拆卸闸片工作。

(3)拆掉闸片托架下方的开口销(拆下的开口销报废)。

(4)打开锁紧弹簧3,并用螺丝刀或用手将其向外拉。

(5)将锁紧弹簧3别在锁紧凸台N上。从闸片托架上取下闸片11。

(6)关闭时,将锁簧从锁紧凸台N上挑下来,使其扣入槽内。

(7)在相对的另外一侧重复上述步骤。

2)闸片安装

(1)通过转动重置螺母来使制动夹钳臂张开到最大位。两手同时分别握住两个卡钳臂下部,左右摆动夹钳,使夹钳绕悬架转轴转动,确认无卡滞。

(2)打开锁紧弹簧3,并用螺丝刀或用手将其向外拉,使其别在锁紧凸台上,如图3-43(a)所示。

(3)在锁销和衬套位置喷一些润滑油进行润滑,防止锈蚀。

(4)闸片放到闸片托架的导轨中并沿弧形推到头(安装困难时,闸片组装前,可以在闸片托架的导轨上涂抹一层润滑剂,对制动闸片钢背的组装起润滑作用),如图3-43(b)所示。

(5)用合适的工具将锁紧弹簧从锁紧凸台上挑下,使锁紧弹簧侧边自行弹回制动闸片托架中的U形开口中。销钉应能够灵活地进入闭锁位置,并将闸片固定住,如图3-43(c)所示。在闭锁之后,进行目视检查:锁紧弹簧背面的销钉插入闸片下部的孔中,锁紧弹簧在U形开口中。

(6)在闸片托架下方插入新的开口销(插入方向为从里向外且必须穿在锁紧弹簧外侧),将开口销开至180°,长边在上、短边在下,短边包靠在闸片托架上。

(7)在相对的另外一侧重复上述步骤。

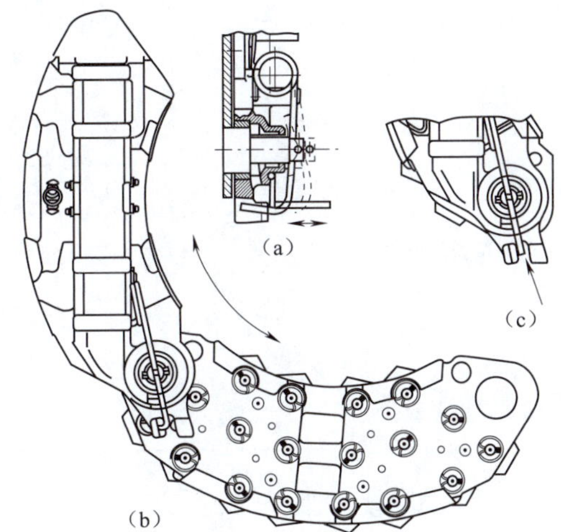

图3-43 闸片安装

(8)闸片更换完毕,打开相应转向架侧“制动缸”截断塞门,关闭检查盖。

3)填写闸片更换实训单3-6。

实训单3-6 闸片更换

实训项目					
实训工具					
实训耗材					
小组编号		实训场地		姓名	
准备工作					

序号	操作项目	完成度(1~10分)	操作时间	备注
1	闸片拆卸(一组)			
2	闸片拆卸(两组)			
3	闸片安装(一组)			
4	闸片安装(两组)			

第五步：小组评价与自我评价

结合实训完成情况，完成评价单 3-5。

评价单 3-5　小组评价与自我评价

实训项目					
小组编号		实训场地		实训者	
序号	评价项目	分值	实训要求		自我评价
1	任务完成情况	30	能正确使用工具，按要求完成实训任务（漏检、错检一项扣 5 分）		
2	操作精度	20	成果符合限差要求（不符合限差要求一项扣 5 分）		
3	实训记录	20	记录规范、完整，计算准确（记录不全，错误一项扣 5 分）		
4	实训纪律	15	遵守实训课堂纪律，无事故，实训工具未损坏		
5	团队合作	15	服从组长工作安排，能配合其他成员工作		
实训总结与反思： 小组其他成员评价得分：________、________、________、________、________ 组长评价得分：________					

第六步：教师评价

结合实训完成情况，由教师填写评价单 3-6。

评价单 3-6　教师评价

实训项目					
小组编号		实训场地		实训者	
序号	评价项目	分值	实训要求		考核评价
1	操作程序	30	能正确使用工具，按要求完成实训任务		
2	操作速度	10	按时完成实训操作		
3	数据记录	10	实训记录单整洁，无转抄，涂改，抄袭等		
4	测量成果	30	记录规范、完整，计算准确（每个测量数据 5 分）		
5	安全操作	10	无实训事故，实训工具未损坏		
6	团队合作	10	服从组长工作安排，能配合其他成员工作		
需改进的问题： 指导教师：　　　　　　　　评价时间：					

任务四 构架与附属装置检修

一、学习目标

【知识目标】

1. 了解构架的结构组成及工作原理。
2. 掌握附属装置的结构与作用。
3. 掌握构架与附属装置检修的操作流程。

【能力目标】

1. 能说出构架与附属装置的结构组成。
2. 能正确区分不同类型的构架结构。
3. 能正确区分转向架各附属装置。
4. 能正确说出构架与附属装置检修的操作流程。

【素养目标】

1. 感受学习习惯和行为习惯的重要性。
2. 体会爱岗敬业、忠于职守、团结合作、精益求精等动车检修人的工匠精神。

二、任务导入

转向架构架把各个零部件组装成一个整体,是动车组的走行部及其附件的支撑结构。同时,构架将来自车体的静态和动态载荷传递给轮对,并可以吸收在牵引运行过程中产生的力、驱动力及制动力。

除了轮对轴箱装置,一系、二系悬挂,驱动装置,基础制动装置和构架,转向架还需要加装附件来保证运行的安全、平稳、畅快。例如:为防止雨雪冰等恶劣天气导致的高速动车组制动距离长、制动不及时等危险情况发生,利用撒砂装置改善轮轨的黏着系数,能有效防止轮轨间相对滑动的产生,提高运行品质。

随着高铁技术的日新月异,新技术、新工艺不断涌现,转向架的结构布置更趋合理化,通过相关知识点和微课资源的学习,了解动车组机械师是如何开展转向架构架与附属装置的专项检修,并完成后续学习。

三、相关知识点

知识点1 构架组成

1. 构架组成的作用

构架又称之为转向架的骨架,是转向架的重要部件之一。不仅用于连接转向架各组成部分,运行中承载着来自车体、线路及内部的各种复杂交变载荷冲击和振动,同时结构、形状、尺寸还需满足轮对轴箱组成、悬挂系统、驱动装置、基础制动装置等系统部件的组装要求,其性能体现列车的运行品质。动车组构架如图3-44所示。

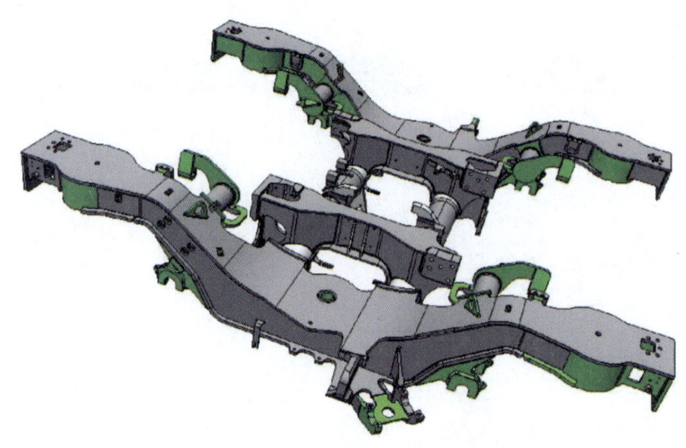

图 3-44　动车组构架示意

2. 构架种类

1)按照设计和制造工艺分类

(1)铸钢构架:可依据需要铸出较复杂的形状,以实现壁厚和断面的圆滑过渡,减少应力集中。但铸钢构架重量重,制造工艺复杂,目前已经很少采用。

(2)焊接构架:目前我国的客车车辆,机车,动车组都采用的是焊接构架。

①钢板焊接构架

钢板焊接构架重量轻,各梁皆为中空箱型构件,使用材料经济,强度刚度都能得到保证。所以现代动车组转向架在普遍采用。

②压型钢板焊接构架

这种构架是在钢板焊接构架上的进一步改进,其结构使得各梁可以按照等强度梁来进行设计制造。箱形截面的尺寸是根据各部位受力情况而大小不等,这使得各截面上的应力相近,具有足够的强度,而且重量轻,材料利用率高。所以动车上都采用的是压型钢板焊接构架。

2)按照构架结构分类

(1)封闭式:构架上面的各梁,进行闭环设计,我们称之为封闭式。按照结构从简单到复杂,依次可分为口形,日形和目形构架。封闭式构架类型如图 3-45 所示。

图 3-45　封闭式构架类型

(2)开口式:构架各梁,不形成闭合回路,可分为 H 形和 Ⅱ 形。开口式构架类型如图 3-46 所示。

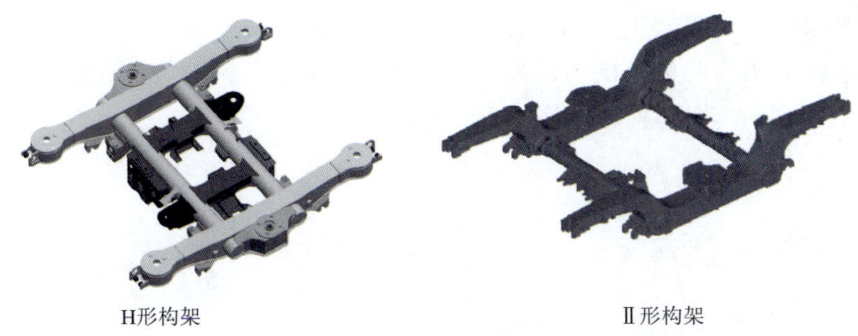

图 3-46　开口式构架类型

3. 构架组成结构

构架主要由四部分组成，侧梁、横梁、端梁和纵向连接梁，如图 3-47、图 3-48 所示。

（1）侧梁：平行于钢轨，纵向分布的左右两根梁。向轮对传递垂向力，纵向力和横向力，并且规定轮对位置。

图 3-47　构架组成

（2）横梁：垂直于钢轨，连接左右两根侧梁水平布置的构架组成。具有保证构架在水平面内的刚度，保持各车轴的平行，托承牵引电机或部分基础制动装置的作用。横梁组成如图 3-48 所示。

（3）端梁：是保证构架的水平刚度，吊挂一部分基础制动装置和砂箱的部分。端梁比较特殊，只有封闭式构架才有端梁。

（4）纵向连接梁：连接两根横梁中间的小纵向梁，把两根横梁焊接形成一个整体，如图 3-48 所示。

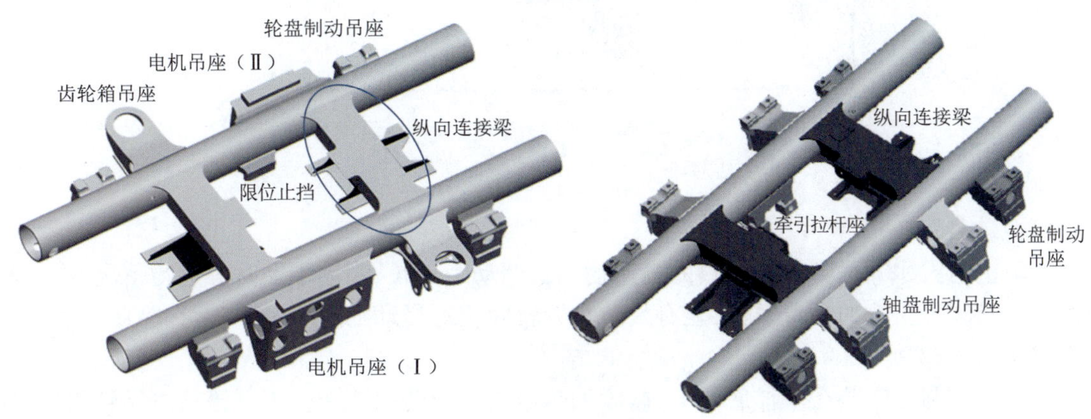

图 3-48　横梁组成

动车转向架和拖车转向架主结构相似，一般具有完全相同的侧梁组成、横梁管组成。不同之处主要是动车转向架构架设有电机吊座和齿轮箱吊座，拖车转向架构架设有轴盘制动吊座。动车构架如图3-49所示，拖车构架如图3-50所示。

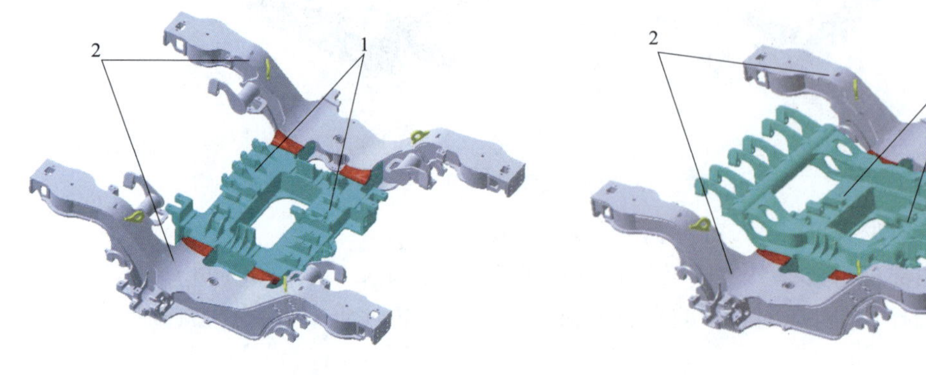

1—横梁；2—侧梁。
图3-49 动车构架

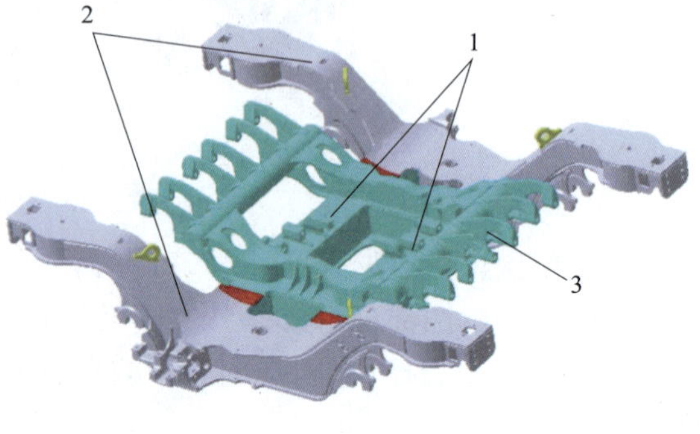

1—横梁；2—侧梁；3—制动盘吊座。
图3-50 拖车构架

知识点2 附属装置

1. 附属装置组成

附属装置主要包括轮缘润滑、撒砂及排障装置、感应接收器和踏面清扫装置，如图3-51所示。

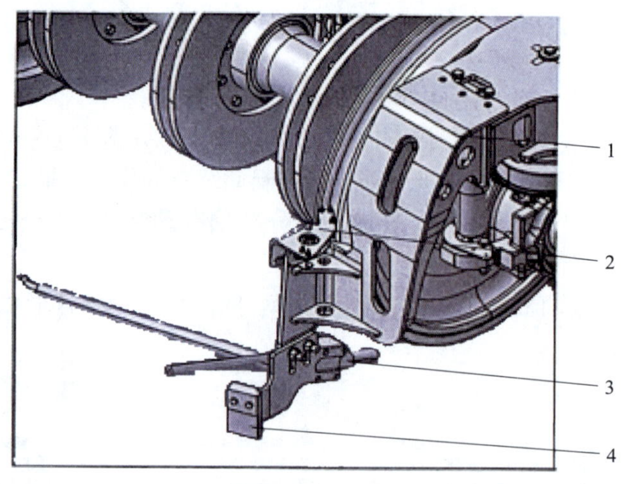

1—辅助安装座；2—轮缘润滑装置；3—撒砂装置；4—排障器。
图3-51 轮缘润滑、撒砂及排障装置

1）撒砂装置

为防止雨雪冰等恶劣条件导致的高速动车组制动距离长、制动不及时等危险情况发生，利用撒砂装置改善轮轨的黏着系数，能有效防止轮轨间相对滑动的产生，提高运行品质。撒砂装置组成如图3-52所示。

砂箱和控制箱安装在车体底架上，撒砂加热器安装于转向架上。控制箱从总风管取风，通过供风管路与砂箱底部的撒砂单元相连，撒砂单元通过软管与转向架上的加热器及撒砂管相连,砂箱内装有足量的石英砂。

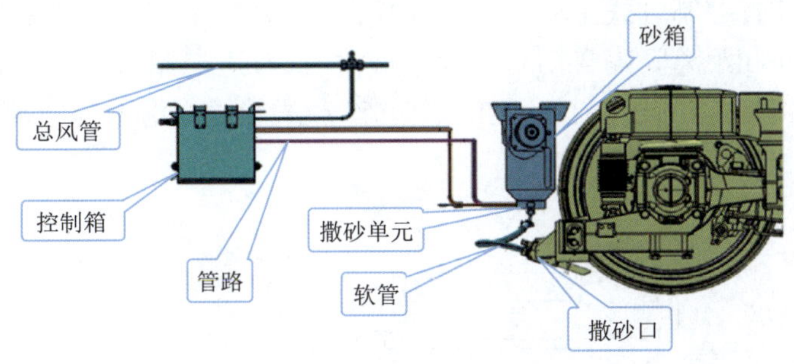

图 3-52 撒砂装置组成

撒砂装置安装在轴箱体下方,通过 4 个螺栓固定在轴箱体上,由安装臂、排障板托架、管线等组成。相应撒砂口通过安装托架安装在轴箱体下方。安装在转向架上的撒砂口包括撒砂喷嘴和电加热装置。通过撒砂管及线缆与车体上的撒砂装置连接。转向架撒砂装置整体结构如图 3-53 所示。

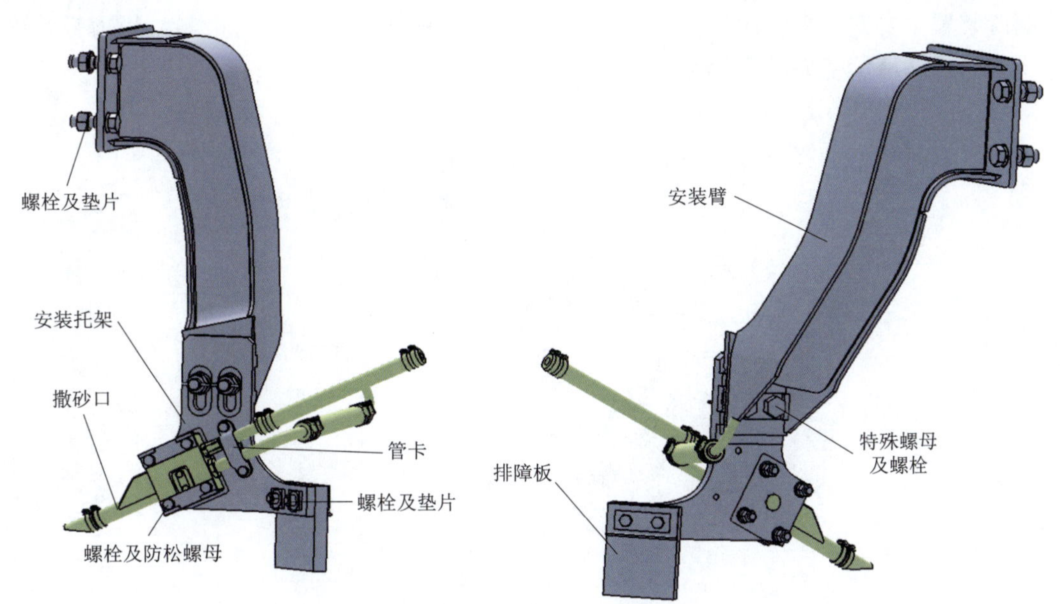

图 3-53 转向架撒砂装置整体结构

2)轮缘润滑装置

轨道车辆即使是在直线运行时,车轮轮缘也会和轨道侧面接触摩擦,形成运行阻力,造成轮缘和轨道磨耗。在多曲线线路上,这一问题尤为突出。对车轮或轨道进行润滑能够有效改善车轮和轮轨间的摩擦性能,降低运行阻力,减少轮轨噪声和动力损耗,减缓轮轨磨耗速度,提高车轮和轨道寿命,从而降低动车组运营和维护成本。

按照应用的润滑材料进行分类,车载式轮缘润滑系统分为湿式轮缘润滑装置和干式轮缘润滑装置。

(1)湿式轮缘润滑装置

湿式轮缘润滑装置主要由控制柜、电磁阀、油箱、气动注油泵、分配器、喷嘴和输油软管等组成。湿式轮缘润滑装置如图 3-54 所示。

湿式轮缘润滑装置控制方式主要包括时间控制、距离控制和弯道控制。时间控制和距离控制根据设定的时间和距离间隔自动对轮缘进行喷射,弯道控制根据弯道传感器感应进行控制,由于弯道传感器对弯道的检测有一定的延时,车载式轮缘润滑系统通常采用时间和弯道叠加控制方式或距离和弯道叠加控制方式。

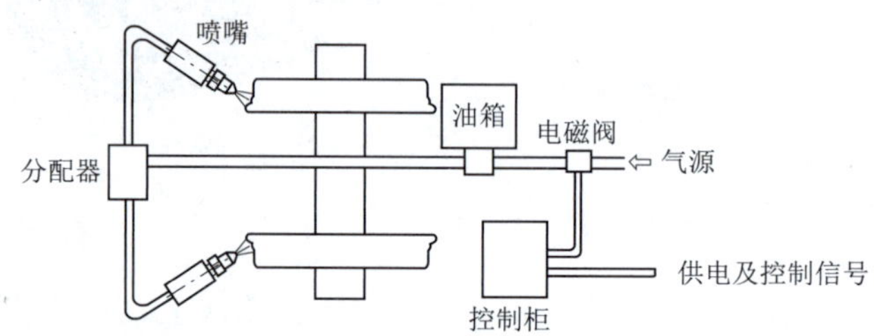

图 3-54　湿式轮缘润滑装置

(2)干式轮缘润滑装置

干式轮缘润滑装置结构简单实用,安全可靠,完全不需要电气控制,为机械式结构。干式轮缘润滑装置主要安装在转向架构架上,主要由安装支座、轮缘润滑器、润滑块、恒力弹簧等组成。干式轮缘润滑装置如图 3-55 所示。

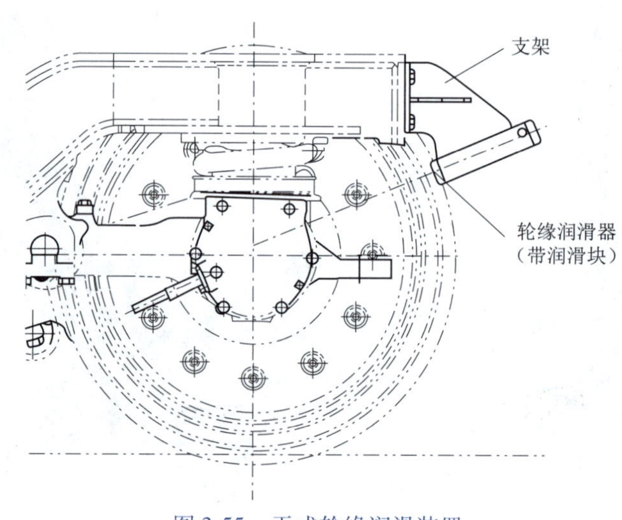

图 3-55　干式轮缘润滑装置

3)排障器

列车高速运行过程中,轨道上的任何障碍物均可能损伤列车,甚至导致列车脱轨,引发安全事故,故列车头车需设置排除障碍物的装置,即排障器。为确保障碍排除,动车组通常设 2 级排障装置,第 1 级在车体安装,主要用来扫除轨道上大的异物,故车体排障器又称主排障器;第 2 级通常在转向架安装,用来扫除轨道上较小的道砟(碎石)等异物,起辅助排障功能,故转向架排障器又称为辅助排障器。

目前,各型动车组排障器主要安装在构架或轴箱体上。在构架上安装的特点是振动小,但动车组运行过程中排障器会随着构架浮沉而做垂向运动,故排障器与轨面间隙设置不能太小;轴箱体安装特点是垂向运动范围小,排障器与轨面间隙可设置较小,能够排除较小的障碍,但轴箱体振动大，对排障器结构强度要求高。排障器安装位置如图 3-56 所示。

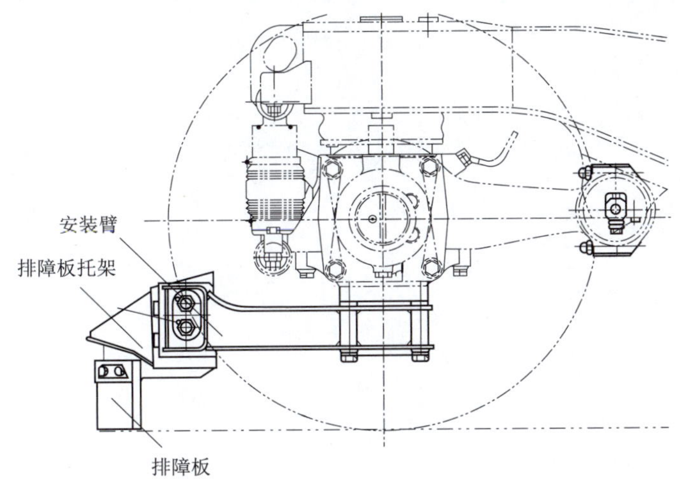

图 3-56 转向架排障安装位置

4）踏面清扫装置

设置踏面清扫装置的目的是改善轮轨接触面黏着条件，清除表面附着的油污等杂质，同时可以改善车轮踏面的圆度，对车轮踏面上的微小表面损伤起到修复作用，但装置不承担任何制动功能。

踏面清扫装置（图 3-57）由 4 根螺栓固定在转向架构架上制动夹钳支持架上。通过连接器加压后，活塞杆被顶出，装置在活塞头端的闸瓦（研磨子）就触抵车轮的踏面。

缓解时，在复位弹簧作用下，活塞杆及闸瓦复位。研磨头托架的连接销由防振橡胶支撑，吸收车轮的倾斜，以防止研磨头的偏磨耗并减轻振动。

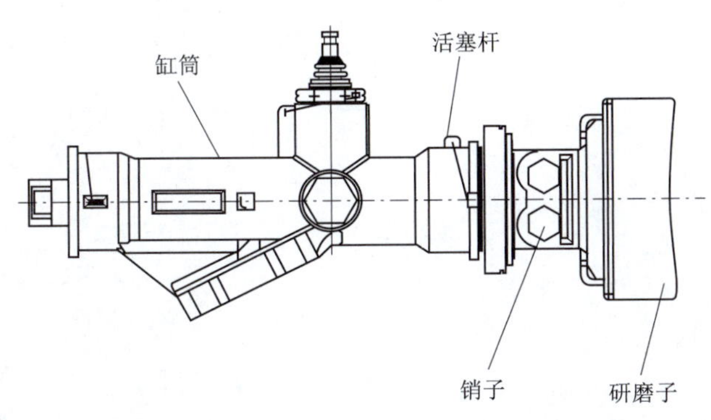

图 3-57 踏面清扫装置

四、任务实施

第一步：扫描二维码完成线上学习。

第二步：学习教材本任务知识点 1、2。

第三步：结合线上线下教学资料，完成作业单 3-5。

构架组成

作业单 3-5　构架及附属装置认知

班级：　　　　姓名：　　　　学号：　　　　时间：

一、名词解释。

1. 构架组成：

2. 纵向连接梁：

3. 踏面扫清装置：

4. 轮缘润滑装置：

二、写出动车组构架的结构组成及作用。

名称			
数量			
作用			

三、请写出下面装置的部件。

序号	部件名称
1	
2	
3	
4	
5	
6	

续上表

四、请写出下面装置的部件。

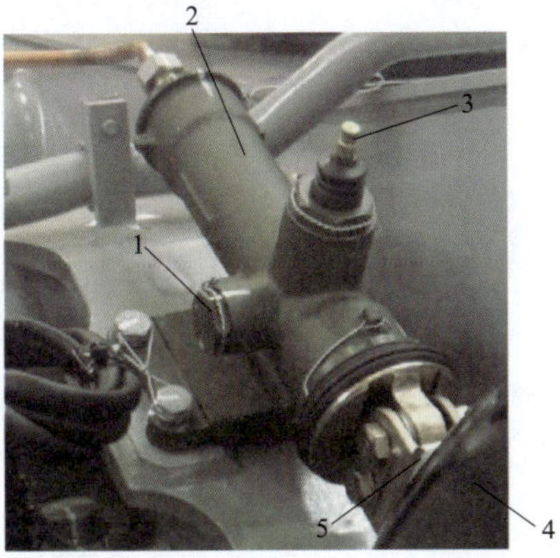 序号	部件名称
1	
2	
3	
4	
5	

第四步：结合测量工具的使用，完成下列实训项目，并完成实训单。

实训　研磨块更换

1. 准备工作

研磨块更换

1）按小组进行角色分配，4 人一组，设组长 1 人，全班分成若干个工作小组。

2）确认工作服、防护鞋、安全帽等劳保用品按规定穿戴。

3）现场清点配送的作业工具，物料。

4）作业前确认止轮器已设置，接触网断电，接地杆已挂、安全号志已插设。

2. 研磨块更换操作

踏面清扫装置研磨块厚度检查：转向架外侧的剩余厚度（包括钢背）不小于 13 mm，超限时更换。

1）研磨块拆卸（图 3-58）

（1）确认更换研磨块的位置，关闭相应车厢“踏面清扫”截断塞门。

（2）用手拉出踏面扫清装置止动销，排尽踏面清扫装置气缸筒内残留压缩空气。

（3）在研磨块完全复位后放开止动销。

（4）在研磨块完全复位后，使两侧卡销闭合，在两侧钩子的闭合状态，用手将研磨块移向转向架外侧，拆卸研磨块。

图 3-58　研磨块拆卸

2)研磨块安装

(1)将新的研磨块从转向架外侧,与安装板相配合后用力嵌入研磨块。

(2)确认研磨块两侧卡销已打开。

(3)用手转动研磨块来确认其不会脱落。

(4)打开相应车辆"踏面清扫"截断塞门。

3)填写研磨块更换实训单 3-7。

实训单 3-7　研磨块更换

<table>
<tr><td>实训项目</td><td colspan="5"></td></tr>
<tr><td>实训工具</td><td colspan="5"></td></tr>
<tr><td>实训耗材</td><td colspan="5"></td></tr>
<tr><td>小组编号</td><td></td><td>实训场地</td><td></td><td>姓名</td><td></td></tr>
<tr><td>准备工作</td><td colspan="5"></td></tr>
<tr><td>序号</td><td>测量项目</td><td>完成度(1~10分)</td><td>操作时长</td><td colspan="2">备注</td></tr>
<tr><td>1</td><td>研磨块拆卸1</td><td></td><td></td><td colspan="2"></td></tr>
<tr><td>2</td><td>研磨块拆卸2</td><td></td><td></td><td colspan="2"></td></tr>
<tr><td>3</td><td>研磨块安装1</td><td></td><td></td><td colspan="2"></td></tr>
<tr><td>4</td><td>研磨块安装2</td><td></td><td></td><td colspan="2"></td></tr>
</table>

第五步:小组评价与自我评价。

结合实训完成情况,完成评价单 3-7。

评价单 3-7　小组评价与自我评价

<table>
<tr><td>实训项目</td><td colspan="5"></td></tr>
<tr><td>小组编号</td><td></td><td>实训场地</td><td></td><td>实训者</td><td></td></tr>
<tr><td>序号</td><td>评价项目</td><td>分值</td><td colspan="2">实训要求</td><td>自我评价</td></tr>
<tr><td>1</td><td>任务完成情况</td><td>30</td><td colspan="2">能正确使用工具,按要求完成实训任务(漏检、错检一项扣5分)</td><td></td></tr>
<tr><td>2</td><td>操作精度</td><td>20</td><td colspan="2">成果符合限差要求(不符合限差要求一项扣5分)</td><td></td></tr>
<tr><td>3</td><td>实训记录</td><td>20</td><td colspan="2">记录规范、完整,计算准确(记录不全、错误一项扣5分)</td><td></td></tr>
<tr><td>4</td><td>实训纪律</td><td>15</td><td colspan="2">遵守实训课堂纪律,无事故,实训工具未损坏</td><td></td></tr>
<tr><td>5</td><td>团队合作</td><td>15</td><td colspan="2">服从组长工作安排,能配合其他成员工作</td><td></td></tr>
<tr><td colspan="6">实训总结与反思:

小组其他成员评价得分:＿＿＿＿、＿＿＿＿、＿＿＿＿、＿＿＿＿、＿＿＿＿
组长评价得分:＿＿＿＿</td></tr>
</table>

第六步:教师评价

结合实训完成情况,由教师填写评价单3-8。

评价单3-8 教师评价

<table>
<tr><td colspan="2">实训项目</td><td colspan="5"></td></tr>
<tr><td colspan="2">小组编号</td><td></td><td>实训场地</td><td></td><td>实训者</td><td></td></tr>
<tr><td>序号</td><td colspan="2">评价项目</td><td>分值</td><td colspan="2">实训要求</td><td>考核评价</td></tr>
<tr><td>1</td><td colspan="2">操作程序</td><td>30</td><td colspan="2">能正确使用工具,按要求完成实训任务</td><td></td></tr>
<tr><td>2</td><td colspan="2">操作速度</td><td>10</td><td colspan="2">按时完成实训操作</td><td></td></tr>
<tr><td>3</td><td colspan="2">数据记录</td><td>10</td><td colspan="2">实训记录单整洁,无转抄,涂改,抄袭等</td><td></td></tr>
<tr><td>4</td><td colspan="2">测量成果</td><td>30</td><td colspan="2">记录规范、完整,计算准确(每个测量数据错误扣5分)</td><td></td></tr>
<tr><td>5</td><td colspan="2">安全操作</td><td>10</td><td colspan="2">无实训事故,实训工具未损坏</td><td></td></tr>
<tr><td>6</td><td colspan="2">团队合作</td><td>10</td><td colspan="2">服从组长工作安排,能配合其他成员工作</td><td></td></tr>
<tr><td colspan="7">需改进的问题:

指导教师: 评价时间:</td></tr>
</table>

任务五 典型动车组转向架的区分

一、学习目标

【知识目标】

1. 认识复兴号动车组转向架总体结构。
2. 掌握不同车型转向架的结构与作用。
3. 掌握不同速度级别的转向架设计特点。

【能力目标】

1. 能说出复兴号动车组的结构组成。
2. 能正确区分不同类型的转向架结构。
3. 能正确区分转向架的结构与组成。
4. 能正确说出不同车型转向架的特点。

【素养目标】

1. 感受学习习惯和行为习惯的重要性。
2. 体会爱岗敬业、忠于职守、团结合作、精益求精等动车检修人的工匠精神。

二、任务导入

面对精细且复杂的转向架的设计工作,研发人员牢记把每一个零部件都干成精品、干成艺术品的工匠精神,伴随着转向架新技术、新工艺不断涌现,转向架的结构布置更趋合理化、智能化。短短十多年,动车组从和谐号到复兴号,速度从200 km/h到 350 km/h,我国动车组转向架实现从中国制造到中国创造乃至中国智造的跨越。

本任务介绍 CRH,CR 系列动车组转向架,通过相关知识点和微课资源的学习,根据转向架之间的特点,区分转向架的不同点,分析不同型号转向架的设计特点,并完成后续学习。

三、相关知识点

知识点 1　CR400AF 型复兴号动车组转向架

1. 转向架总体介绍

中国中车青岛四方机车车辆股份有限公司生产的时速 350 km CR400AF 型动车组转向架包含动车转向架和拖车转向架。其中动车转向架型号为 SWM-400E1,拖车转向架型号为 SWT-400E1。该转向架满足 350 km/h 运营速度要求,设计最高线路试验速度 385 km/h。适用于中国标准轨距、60 kg/m 轨、1∶40 轨底坡的客运专线运行。可满足 -40 ~ +40 ℃的使用环境温度。构架、轮轴、轴箱体主要承载部件满足最大 17 t 轴重下的结构强度要求。

1)构成与原理

转向架采用轻量化无摇枕结构。模块化设计制造。LMA 踏面、H 形焊接构架、转臂式轴箱定位、二系空气弹簧、单牵引拉杆、盘形制动结构。

动车转向架和拖车转向架主体结构和部件一致,动车转向架、拖车转向架的构架能互换。拖车转向架安装部件大部分相同,不同车转向架区别在于排障装置、一位轴端设轴端接地装置、ATP 速度传感器、撒砂装置、踏面清扫装置进气口位置。动车转向架安装部件大部分相同,不同车转向架区别在于撒砂装置、踏面清扫装置进气口位置。TC01/TC08 车拖车转向架如图 3-59 所示;M02/M07 车动车转向架如图 3-60所示。

2)主要参数

CR400AF 型复兴号动车组转向架主要结构参数见表 3-1。

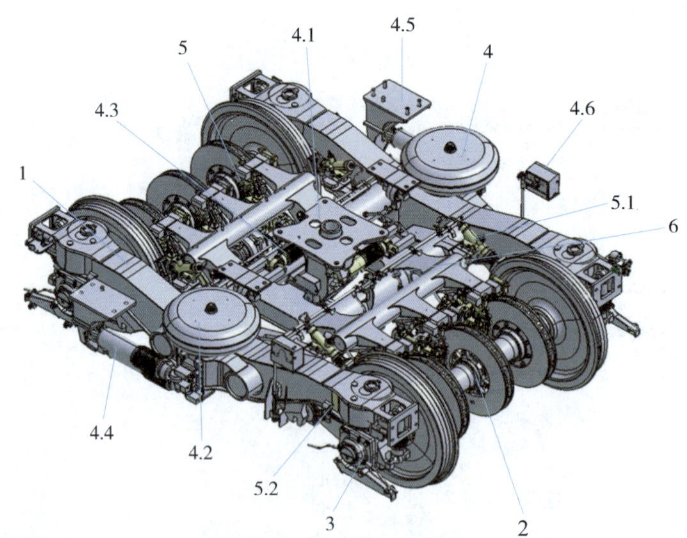

1—拖车构架;2—拖车轮对组成;3—轴箱定位装置;4—二系悬挂装置;
4.1—牵引装置;4.2—空气弹簧;4.3—横向减振器;4.4—抗蛇行减振器;
4.5—抗侧滚扭杆;4.6—高度阀调整装置;5—基础制动装置;5.1—踏面清扫装置;
5.2—手制动缓解装置;6—传感器及线缆。

图 3-59　TC01/TC08 车一位转向架

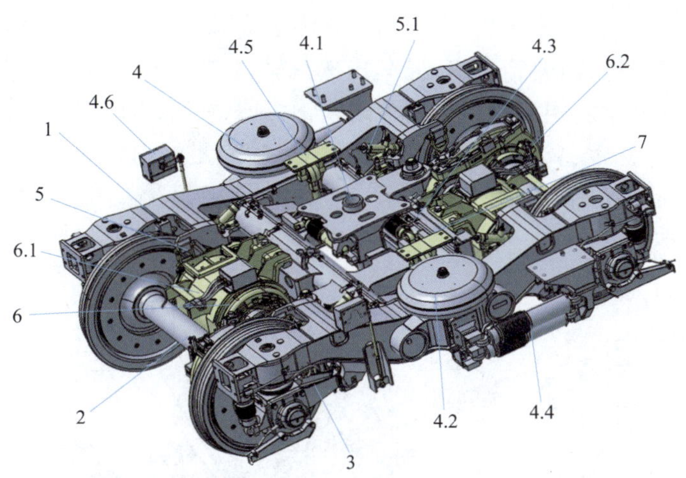

1—动车构架;2—动车轮对组成;3—轴箱定位装置;4—二系悬挂装置;4.1—牵引装置;
4.2—空气弹簧;4.3—横向减振器;4.4—抗蛇行减振器;4.5—抗侧滚扭杆;
4.6—高度阀调整装置;5—基础制动装置;5.1—踏面清扫装置;
6—驱动装置;6.1—牵引电机;6.2—齿轮箱;7—传感器及线缆。

图 3-60 M02/M07 车一位转向架

表 3-1 转向架主要结构参数

项目	动车转向架	拖车转向架
转向架质量	带排障器或撒砂装置:8.79 t 带脱线安全防护装置:8.82 t	带排障器或撒砂装置:6.78 t 带脱线安全防护装置:6.74 t
固定轴距	2 500 mm	
车轮直径	新轮 920 mm(最小使用直径 850 mm)	
轴承中心间距	2 000 mm	
转向架最大长度	一般转向架:3 476 mm 带排障器或撒砂装置:3 626 mm	
转向架最大宽度	3 002 mm(两空气弹簧最大横向距离)	
空气弹簧左右间隔	2 360 mm	
空气弹簧有效直径	534 mm	
驱动方式	平行挠性齿轮联轴节, 1 级减速齿轮方式	—
齿轮比	2.517	—
轴箱轴承	ϕ130 mm 自密封圆锥滚珠轴承	
制动方式	空气制动,轮盘方式	空气制动,轴盘方式
闸片	浮动式粉末冶金闸片	
轴箱定位方式	转臂式轮对轴箱定位	

2. 构架组成

转向架构架为 H 形焊接结构,两侧为对称的箱型侧梁,中间通过两无缝钢管横梁连接组成,横梁中部设有两箱型纵向连接梁,外侧为空气弹簧支撑梁。在横梁上焊接有各功能吊座结构。动车构架有电机吊座、齿轮箱吊座,拖车构架有轴盘制动吊座、牵引拉杆座。动车构架侧梁上焊接有轮盘制动吊座。构架材料主要为耐候钢板或钢管。构架作为转向架及附件的支撑结构,承载、传递各作用力及载荷,同时结构、形状、尺寸满足轮对轴箱组成、悬挂系统、驱动装置、基础制动装置等系统部件的组装要求,满足转向架起吊功能。动、拖车构架结构如图3-61、图3-62所示。

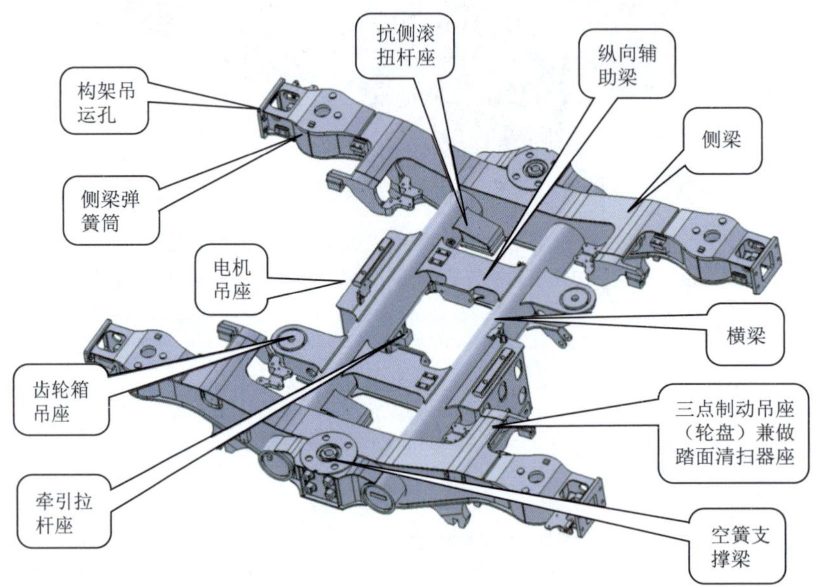

图3-61　动车构架结构

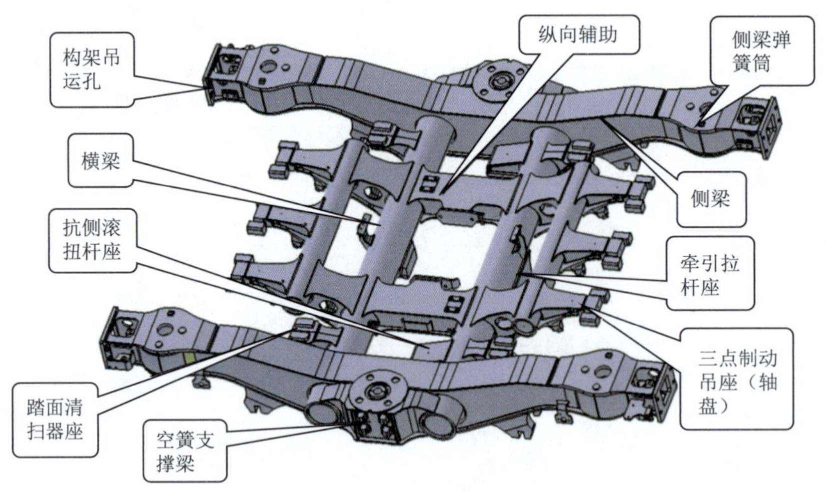

图3-62　拖车构架结构

1)侧梁

动车转向架和拖车转向架的构架侧梁梁体为箱形结构。其材质为用于焊接结构的耐候钢板。三点吊挂动车侧梁端部焊有轮盘制动吊座。侧梁端部轴箱弹簧筒结构,使与侧梁主体相连接的断面形成柔滑面，以此达到减缓应力集中的目的。

2）横梁

横梁采用耐候管材。侧面设有空气弹簧座，其内腔为空气弹簧用的辅助空气室。另外，只有辅助空气室部分为密封结构。动车构架的横梁上焊有由用于焊接结构的压型钢板制成的牵引电机吊座、齿轮箱吊座等。靠车端方向的牵引电机座还兼作牵引装置的单牵引拉杆座。用于拖车转向架构架的横梁上焊有轴盘制动吊座等。与动车转向架一样，近车端处为单拉杆座。

3. 轮对轴箱定位装置

轮对轴箱定位装置采用了转臂式定位方式，转臂式结构能够保证轴箱相对于转向架构架在弹簧振动时作垂向运动，在车辆通过曲线时少量横向移动。转臂式定位装置由分体式轴箱体与定位节点及轴箱弹簧（螺旋弹簧）、一系垂向减振器、防振橡胶、弹簧上、下夹板等部分构成。定位节点提供适当的纵向、横向定位刚度，垂向的载荷由轴箱弹簧全部承担。

轮对轴箱定位装置由轮对组成、轴箱体、轴箱弹簧轴箱体、一系垂向减振器、定位节点等组成。轮对轴箱定位装置如图 3-63 所示。

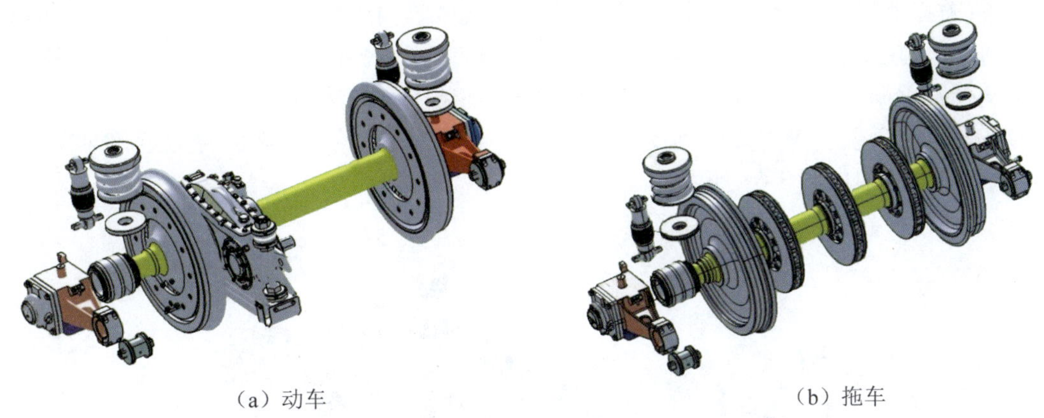

（a）动车　　（b）拖车

图 3-63　轮对轴箱定位装置

轮对轴箱定位装置在轴箱端部设置有速度传感器、接地装置、实时温度传感器、熔断式温度传感器，齿轮箱部位安装有接地装置、实时温度传感器，对整车速度、温度等信号进行实时安全监控。其结构示意如图 3-64 所示。

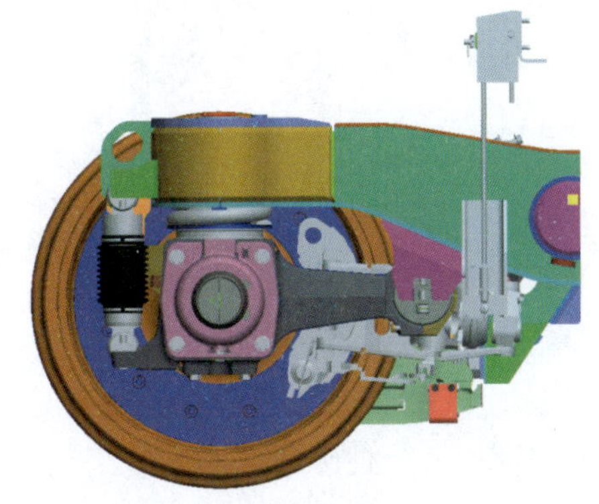

图 3-64　轮对轴箱定位装置结构

1）轮对组成

轮对组成包括车轮、车轴、齿轮箱、制动盘等。车轴均为空心结构，内孔直径为 30 mm，可通过其进行超声波探伤。动车车轴中部安装齿轮箱，拖车车轴上安装有 3 个轴装制动盘。

动车车轮为直腹板结构，并通过螺栓两侧安装轮装制动盘。拖车车轮为直腹板结构，并安装有降噪板或降噪块以减少轮轨噪声。

2）轴箱体

轴箱体为保证其刚度，采用铸钢材质，上、下箱体分体式结构，上、下箱体通过定位销定位，紧固螺栓连接,止转垫片进行螺栓止转,保证上、下箱体定位准确及连接稳定性。轮对更换时,可将下箱体拆卸,直接落下轮对,实现单轮对更换作业。

3)轴箱弹簧

轴箱弹簧主要承担垂向的载荷,其由内外双螺旋弹簧、防雪罩、上、下夹板组成,弹簧外圈覆盖一层防雪罩,轴箱弹簧内外圈在预组装放置时,须保证弹簧内外圈底部磨削平面内端部的起始方向的相位角差180°,在弹簧下夹板上放置好弹簧后,依次安装垫板、绝缘盖和上夹板。

4)垂向减振器

一系垂向减振器采用油压式减振器,减振器通过阻尼来减少轨面传递上来的振动。

5)定位节点

定位节点的芯轴锥形面朝向轴箱体的相反侧,通过定位节点的定位孔与压盖侧的定位销配合来保证,定位节点通过连接螺栓与构架定位臂连接,起到定位作用。

4. 二系悬挂及牵引装置

二系悬挂及牵引装置是转向架支撑车体的装置,由非线性空气弹簧、牵引装置、横向减振器、抗蛇行减振器、自动高度调整装置、抗侧滚扭杆装置等构成,并通过牵引装置将转向架的牵引力传递到车体。由于是无摇枕转向架,通过抗蛇行减振器提供转向架回转力矩。另外,为了弥补空气弹簧垂向刚度下降导致抗侧滚刚度降低,加装了抗侧滚扭杆装置。

二系悬挂及牵引装置主要起到支撑车体、传递牵引力、提供转向架回转力矩和抑制车体侧滚等作用,主要结构如图3-65所示。

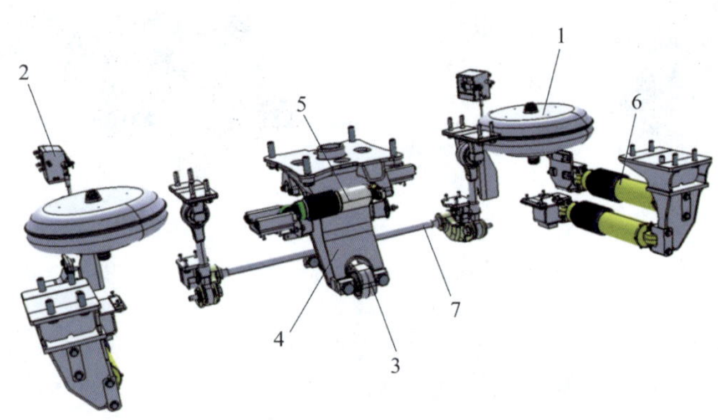

1—空气弹簧;2—自动高度调整阀;3—牵引拉杆;4—牵引拉杆座;
5—二系横向减振器;6—抗蛇行减振器;7—抗侧滚扭杆。

图3-65 二系悬挂及牵引装置结构

1)空气弹簧

空气弹簧能在列车直线通过时柔和调节,并且在列车曲线通过时缓和因超速离心力导致的撞击,是一种协调式非线性空气弹簧。为提高高速状态下列车通过曲线时的乘坐舒适度,实现左右方向的弹簧常量的非线性化,非线性空气弹簧采用了在积层橡胶与下面板之间安设机械止动装置的结构(内止挡)。由于非线性空气弹簧左右方向特性具有非线性特点,因此将防止转向架误搭载专用的定位销安设在橡胶堆的下面,并且较之CRH380A型动车组增加了定位销与空簧中心的跨距,以在安装时防止误装。

橡胶囊是被内部空气压压入上盖板和下盖板的密封部的自密封类型或增加扣环增加密封

可靠性。在标准载荷下,空簧的有效直径约为 534 mm,内设节流孔。空气弹簧设计最大上移动量是 70 mm,最大下移动量是 55 mm。为使转向架在空气弹簧无气时能够行驶,在下盖板的上面设置聚四氟乙烯制的摩擦板或高分子聚乙烯摩擦副,在上盖板的下面设置不锈钢板,在故障工况下也可以通过弯道。

2)牵引装置

牵引装置主要包括中心销组成、整体起吊吊耳和牵引拉杆组成。

中心销组成通过 4 个螺栓安装在车体枕梁上,牵引拉杆安装在车体上的中心销和转向架构架上的牵引拉杆座上,牵引拉杆组成两端带有橡胶节点,是传递牵引力的装置。

整体提吊吊耳扣进中心销设置的凹槽内,再通过两个螺栓安装在其平面上。

牵引拉杆如图 3-66 所示。牵引拉杆组成的特征如下:

(1)转向架的转向依靠两端的橡胶节点产生变形。

(2)转向架横向的复原力除依据空气弹簧的横向刚度之外,也依据牵引拉杆两端的橡胶节点的刚度。

(3)占用空间比其他的牵引装置小;由于零件数量少,因此重量较轻。

(4)由于滑动部分少,减少了磨耗产生。

(5)转向架和车体的分离通过拆除中心销下部连接螺栓来实现。

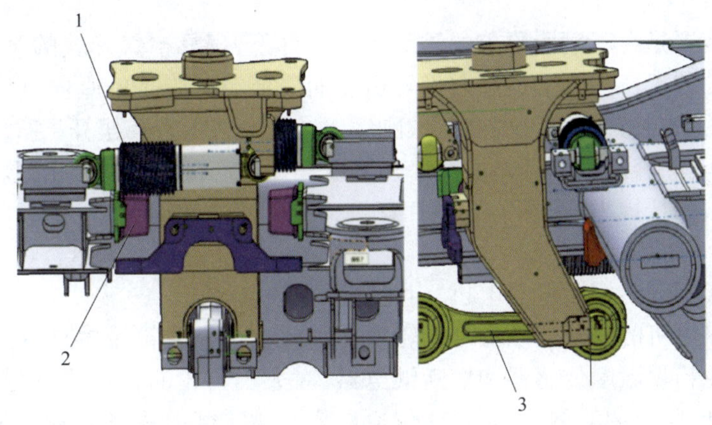

1—二系横向减振器;2—横向止挡;3—牵引拉杆。

图 3-66 二系悬挂及牵引装置结构

3)横向止挡

为了限制车体的横向移动量,在构架的纵向辅助梁内侧安装横向止挡,正常状态下,横向止挡内侧面(靠近车体纵向中心线)与中心销的自由间隙为 40 mm。横向止挡结构如图 3-66 所示。

4)二系横向减振器

为了改善动车组的抗横向振动性能,提高乘坐舒适度,在每辆车车体和转向架之间安装了二系横向减振器,二系横向减振器两端安装有橡胶节点,安装位置在中心销和转向架构架的纵向辅助梁之间。二系横向减振器如图 3-66 所示。

5)抗蛇行减振器

抗蛇行减振器是为了得到稳定的转向架回转力矩和抑制蛇行的装置,作用在转向架的回转方向(摇头方向)上,装备在车体与转向架构架之间,作为确保高速运行稳定性的最重要零件之一,保养时有必要充分进行阻尼特性的确认。

另外,安装在车体上时必须放空空气。

6)高度调整装置

自动高度调整装置是根据载重的变化自动调整空气弹簧的内压,保持车体高度一定的装置。空气弹簧储风缸通过高度阀向空气弹簧供气,自动高度调整阀通过阀座和保温箱安装在车体上。

自动高度调整阀的动作的特性:动作延迟时间(3 ± 1)s,无感区(10 ± 1)mm。为了保证自动高度调整阀的耐寒、耐雪性能,将高度阀安装在带有加热器的保温箱内。另外,为了强化车体与转向架之间的绝缘性,在与调整杆球铰相连的杠杆上插入硬质尼龙的绝缘板。

旋修车轮后,有必要在空气弹簧下面插入调整垫板。在调整垫板的总厚度超过 20 mm 的情况下,将高度阀调整杆与托的连接位置由下部更换至上部的孔内,并且空气弹簧下部最大加垫厚度不得超过 30 mm。

7)差压阀

差压阀,当左右的空气弹簧产生设定值以上的压力差时,使高压侧的空气向低压侧流动,可防止车体的异常倾斜及降低左右的轮重不平衡,设定差压为(150 ± 20)kPa。

8)抗侧滚扭杆装置

抗侧滚扭杆装置是在车辆所要求的侧滚刚度条件下,仅靠空气弹簧的垂向刚度不能满足要求时发挥作用的装置。当为了提高乘坐舒适度而降低空气弹簧的垂向刚度时,则侧滚刚度也随之降低;而有了本装置就可以提高侧滚刚度。在转向架上安装扭杆,通过杆端轴承和缓冲橡胶以连接杆与车体结合。当车体发生侧滚时,以连接杆连接的扭杆产生扭转变形,因扭转变形而产生对抗侧滚的抵抗力(复原力),从而起到抑制侧滚的作用。

5. 驱动装置

动车组转向架驱动装置由牵引电机、齿轮箱和联轴节组成。

齿轮箱用于将电机的高转速降低至车轮所需的转速。齿轮箱箱体具有足够的强度,能够抗碎石打击。齿轮箱设温度传感器和熔断继电器,对大小齿轮的轴承均进行监测。齿轮箱采用迷宫式密封设计,防止油泄漏,并设有油位检查装置,以便判断是否需要补油。

联轴节的作用是将轴箱弹簧上的主电动机侧的电机轴和轴箱弹簧下齿轮箱的小齿轮轴连接,准许相对运动同时能传递动力。

1)齿轮箱

齿轮装置的作用是对主电动机的高速旋转进行减速,传递给车轴。

齿轮箱由齿轮箱体、大齿轮、小齿轮、轴承、悬吊装置、通气装置、接地装置、油位表构成。

为了使齿轮箱轻量化,箱体采用铝合金材质,因此在组装、分解及搬运时尤其要特别小心处理(例如避免撞伤痕迹等)。箱盖的把手也是铝合金铸件产品,因此,不要施加高载荷(例如通过杠杆式起钉器支撑齿轮装置等)。

齿轮箱为一体化部件。小齿轮轴通过拆卸轴承压件盖等,能把整个轴承都取出。只要不从车轴加油压,大齿轮就不可能拆下。齿轮和各轴承的润滑均使用相同的润滑油,采取大齿轮旋转带动的飞溅润滑方式。

关于接地装置:为了确保接地,同时为了防止各轴承的电腐蚀,接地装置设置在齿轮箱的主电动机侧，使用弹簧压着接地装置的电刷，用导线与车体的端子进行连接。磁栓是通过磁铁来收集齿轮箱内的金属磨耗粉等的装置。

悬吊装置是把齿轮箱固定在转向架构架上的部件，在齿轮箱和转向架构架的齿轮箱吊座部分别通过缓冲橡胶进行安装。

轴承温度检测装置设置在齿轮箱大端靠近电机侧，与装备在轴箱体上的传感器是同一产品（线缆长度不同）。此外，设置有四个实时温度传感器，用于实时监测齿轮箱大小端轴承的温度。齿轮箱结构图如图 3-67 所示。

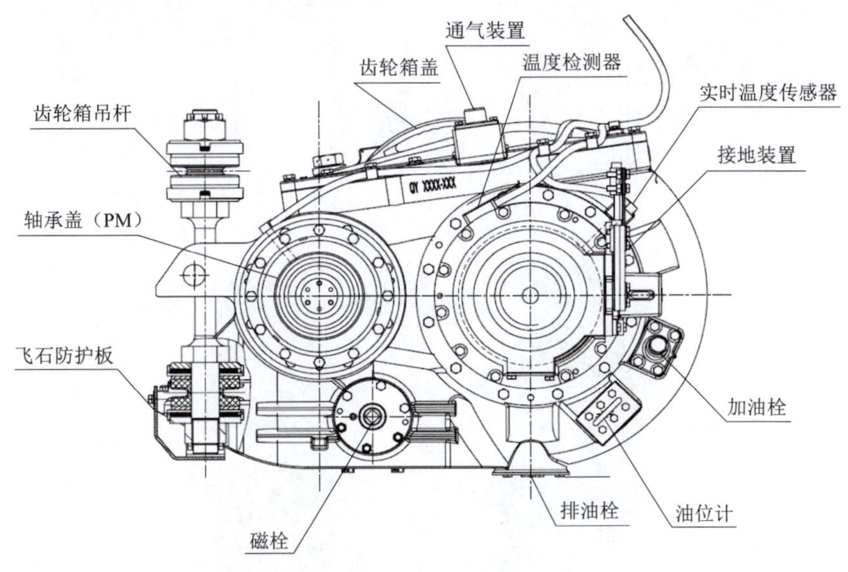

图 3-67　齿轮箱结构

2）KWD 联轴节

牵引电机短路扭矩较大，为保护电机短路工况下齿轮箱运转安全性，联轴节左右两半采用不同的设计结构，其中电机侧联轴节采用滑动衬套式结构，即具有过载保护功能。联轴节扭矩传递靠鼓形齿啮合结构，齿顶加工成球面，内齿轮齿宽加长，满足所联两轴线间相对的轴向、径向、角向位移的要求。电机轴、主动齿轮轴与半联轴节鼓形齿内孔采用锥度过盈连接，能够传递较大扭矩，且安装及拆卸简单。具体安装结构如图 3-68 所示。

6. 基础制动装置

基础制动装置采用盘形制动，拖车设一套具有停放制动功能，满足定员载荷动车组 20‰ 坡道上安全停放的要求。每个带停放的夹钳单元均设有两个手动缓解装置，通过手动缓解装置可以缓解该夹钳单元的停放制动。

动轴每轴配置 2 个轮盘，拖轴每轴配置 3 个轴盘，制动盘采用铸钢材料。轮盘尺寸：外径 750 mm，厚度 125 mm，宽度 145 mm；轴盘尺寸：外径 640 mm，厚度 80 mm，宽度 145 mm。

闸片采用弹性浮动结构、粉末冶金材料。闸片采用燕尾安装方式，闸片总厚度为 32 mm，闸片有效磨耗量为 16 mm。

每个车轮配置 1 个踏面清扫装置，形式为直动式，研磨子采用的型号为 V2。

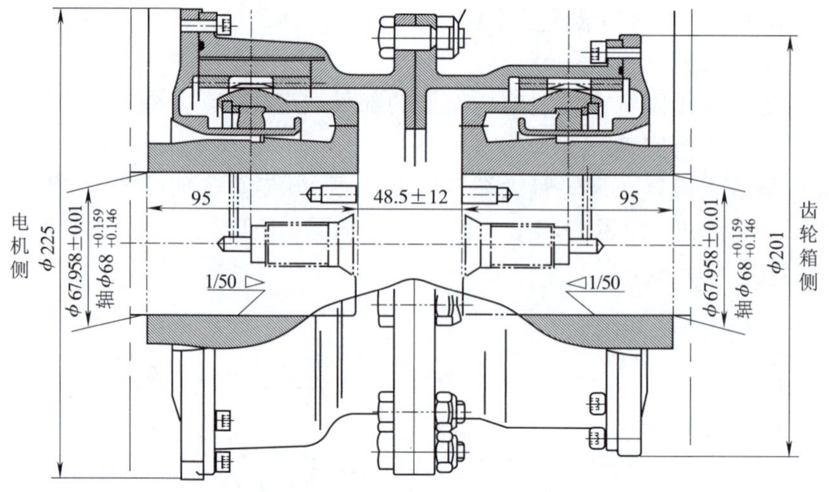

图 3-68　KWD 联轴节安装结构(单位:mm)

1)制动夹钳

制动夹钳单元均为三点吊挂制动夹钳单元,制动夹钳单元分为常用制动夹钳和带停放制动夹钳,均带自动间隙调整机构,制动夹钳的基本结构如图 3-69、图 3-70 所示。

图 3-69　常用制动夹钳结构

图 3-70　带停放制动夹钳结构

通过向夹钳制动缸充入压缩空气,将压力转换成活塞推力,经夹钳杠杆机构放大后,产生一定大小的闸片正压力,实现车辆的制动作用。

2)踏面清扫装置

踏面清扫装置由4根螺栓固定在转向架构架上制动夹钳支持架上。

通过连接器加压后,活塞杆被顶出,装置在活塞头端的闸瓦(研磨子)就触抵车轮的踏面。缓解时,在复位弹簧作用下,活塞杆及闸瓦复位。研磨头托架的连接销由防振橡胶支撑,吸收车轮的倾斜,以防止研磨头的偏磨耗并减轻振动。踏面清扫装置结构如图3-71所示。

研磨子和车轮的踏面受到磨耗后,止动销座(安装在活塞杆的槽内)的顶部将弹簧压住的止动销推起并越过它,由此使研磨子与车轮踏面的间隙保持在大约15~22 mm的范围内。缸内残留空气的情况下,须将止动销拉出2~3次进行排气。

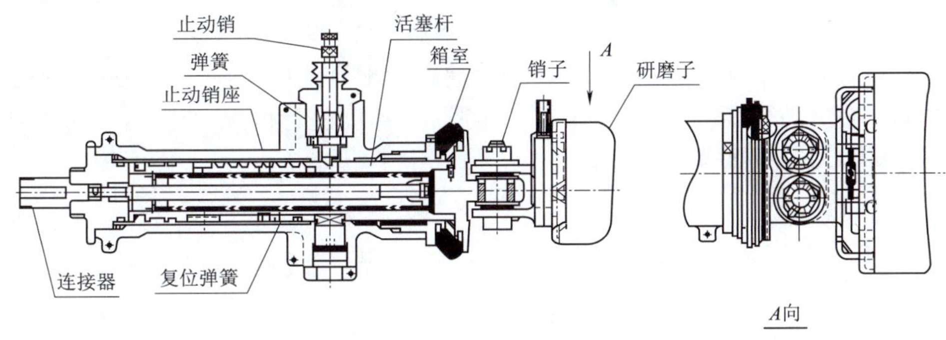

图3-71 踏面清扫装置结构

7. 转向架配管配线

转向架配管分为常用制动管路、停放制动管路、踏面清扫器管路和差压阀配管。制动管路将车上的压缩空气通过管路输送至基础制动装置,实现列车的制动、停放和踏面清扫等功能。差压阀管路用于将差压阀和横梁附加气室相连。管路通过空气软管与车上管路相连接,通过制动软管与制动夹钳相连。转向架配线包括温度传感器线缆的固定和防护。动车管路结构如图3-72所示,拖车管路结构如图3-73所示。

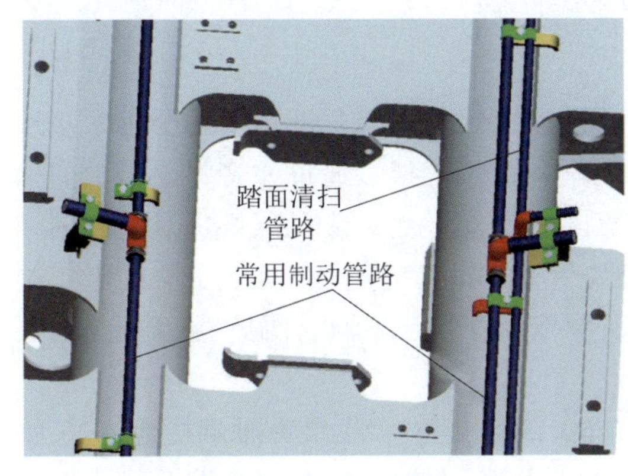

图3-72 动车管路结构

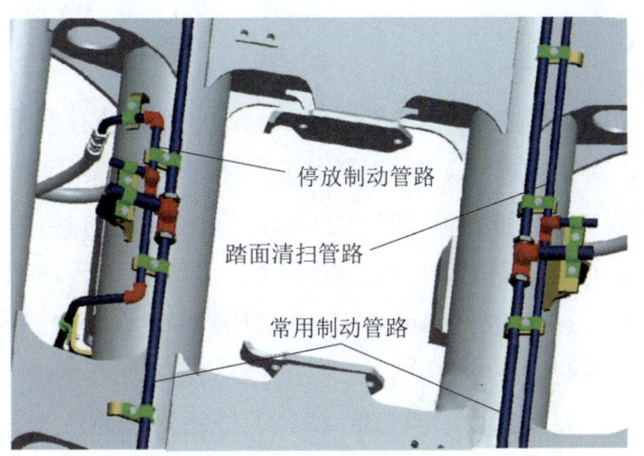

图3-73 拖车管路结构

每个转向架有两套常用的制动管路，分别对同一轴位的制动夹钳供气，有一套踏面清扫管路和停放制动管路。管路通过管夹固定在管支架上，传感器线缆通过 R 型线夹固定在管支架上。

8. 传感器安装以及接地装置

安装在轴端速度传感器分别用于 BCU 系统和 ATP 系统，BCU 系统用速度传感器型号为 TKD600A，ATP 系统用速度传感器型号为 HS22G5，轴端速度传感器采集的速度信号会准确显示在 ATP 系统和 BCU 系统显示器屏上，列车司机通过速度信号来控制列车速度。

轴端接地装置有 2 个用途：一是作为工作接地回路中的一环，实现接地回流功能；二是防止工作电流或系统故障电流以及雷电电流通过轴承造成损伤，实现保护功能。

1）速度传感器

TKD600A 速度传感器安装在 1 ~ 8 号车的 2、4、6、8 位轴端，HS22G5 速度传感器安装在 1 号车、8 号车的 4、6、8 位轴端，TKD600A 速度传感器安装如图 3-74 所示。

轴端速度传感器 TKD600A 和 HS22G5 与测速齿轮配合使用，当车辆行驶时，测速齿轮旋转，传感器将产生方波信号，供动车组电子控制系统对速度进行检测，速度信号则会准确显示在 ATP 系统和 BCU 系统的显示屏上。

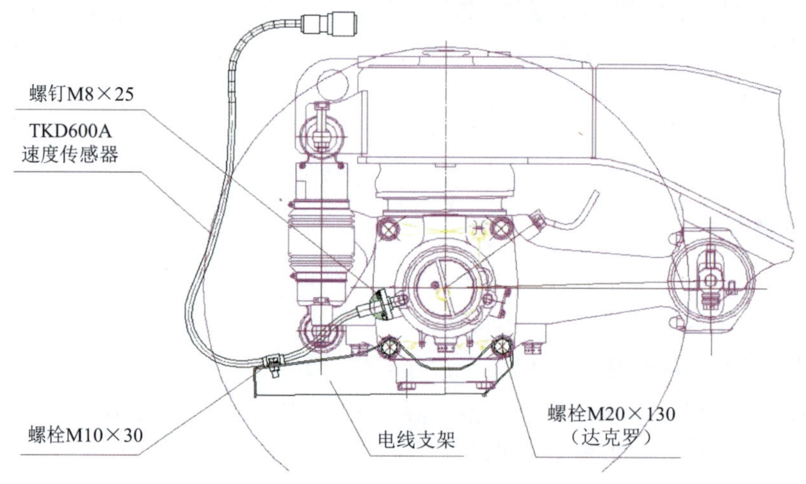

图 3-74　TKD600A 速度传感器安装（单位：mm）

2）接地装置

接地装置安装于车轴端部铝合金轴箱盖轴向位置，须满足动车组长期运营的要求。接地装置由刷架、碳刷和摩擦盘等组成。刷架用于固定碳刷和弹簧支架。通过弹簧支架提供的弹簧力，保持碳刷与摩擦盘以合理的恒定力接触。刷架自带线缆及接线端子，线缆应满足转向架与车体相对运动的使用环境。接地装置碳刷及刷架要保证与轴箱前盖之间实现完全的电气绝缘，以保护处于旋转车轮上的滚动轴承和电气回路。摩擦盘安装于车轴上，刷架和摩擦盘间要设置必要的密封结构，防止碳粉侵入轴箱轴承。

在 TC01 车、TC08 车 1、7 位轴端，TP03 车、TP06 车 1、3、5、7 位轴端，装有轴端接地装置，轴端接地装置由接地装置外壳、刷架、碳刷、摩擦盘、适配器及紧固件构成，接地装置及线缆安装如图 3-75 所示，摩擦盘安装如图 3-76 所示。

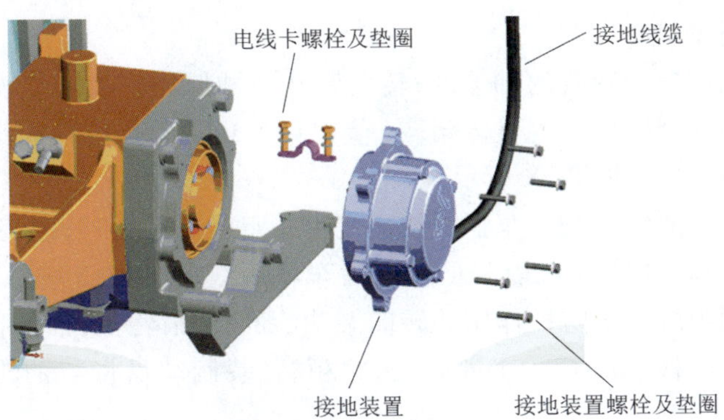

图 3-75 接地装置及线缆安装结构

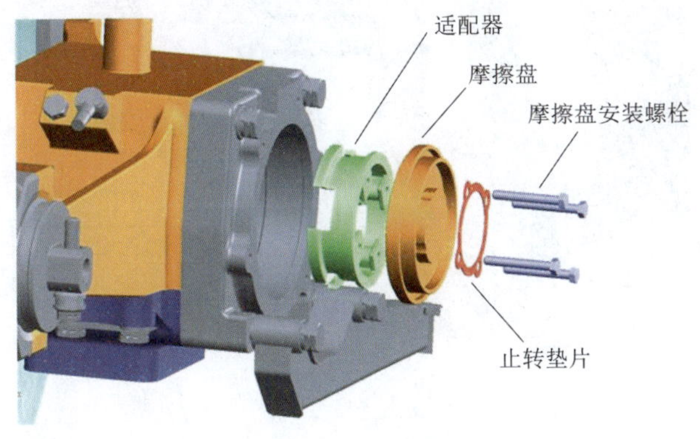

图 3-76 摩擦盘安装结构

9. 排障装置

转向架排障装置是为了排除线路上小的障碍物，从而保证车辆无障碍运行的装置。对于大的障碍物，由设置在头车的排障器来排除，由于装在车体上，排障器下部不能太靠近轨道面，因此太小的障碍物不能够排除掉。所以在 TC01 车、TC08 车 1 轴两侧轴端装有排障装置。

排障装置由安装臂、排障板托架、排障板及紧固件构成，如图 3-77 所示。转向架排障装置安装在不受轴箱弹簧挠度影响的轴箱体下面，位于两头车靠近车端部的车轮外侧。排障板的前端部为天然橡胶及帆布材料。排障板高度应调整到距离轨道面上 5 ~ 7 mm 的位置。

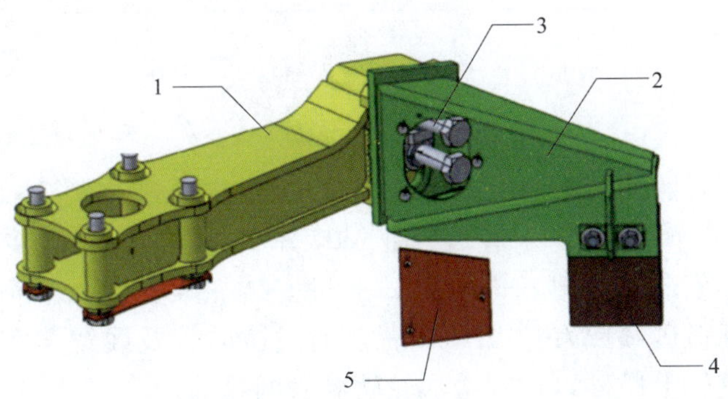

1—安装臂；2—排障板托架；3—安装螺栓；4—排障板；5—盖板。

图 3-77 排障装置结构

10. 脱线安全防护装置

除安装排障装置或撒砂装置的轴位外，转向架其他轴位均安装脱线安全防护装置。脱线安全防护装置本体为高强度合金钢整体结构，通过 4 个 M20×50 螺栓固定在轴箱体下方。脱线安全防护装置安装位置如图 3-78 所示。

脱线安全防护装置的作用是当车辆脱轨后发生一定横向移动时，该装置与钢轨侧面接触，从而缓解车辆的横向移动(脱线)，以降低脱轨后车辆脱线危害性。其与转向架轴盘、齿轮箱等部件共同作用起到脱线安全防护作用。转向架功能部件，齿轮箱、轴装制动盘本身具有该功能，在车辆脱轨，轮轴横移 200～250 mm 后，齿轮箱、轴装制动盘将与钢轨接触从而起到阻挡横向移动的功能。

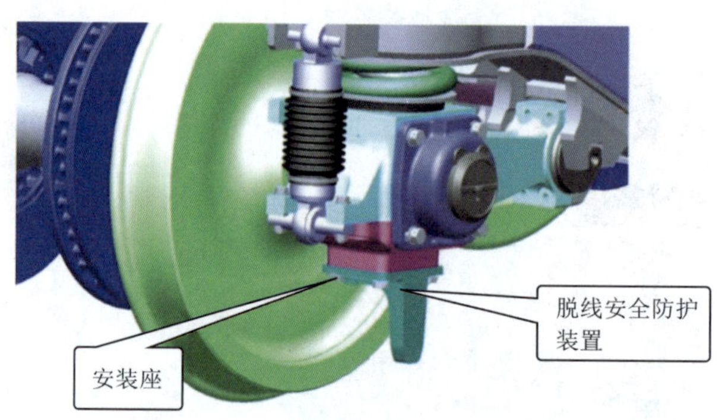

图 3-78　脱线安全防护装置安装位置

基于空间结构的关系，在横移 260 mm 后起作用，脱线安全防护装置在轴盘或齿轮箱接触钢轨将要越过轨头时起第二级防护作用，与护轨、防撞墙、制动盘、齿轮箱构成三级防脱线安全防护体系。脱线安全防护装置的作用如图 3-79 所示。

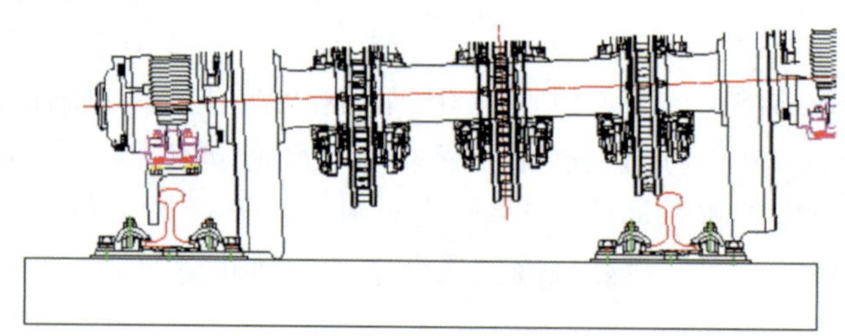

图 3-79　脱线安全防护装置作用示意

11. 撒砂装置

当轮轨出现非正常的油污附着等恶劣工况时，为了提升进站制动效果，缩短制动距离，在 TC01 车 3 轴、TC08 车 3 轴、M02 车 2、3 轴、M07 车 2、3 轴装有撒砂装置，共 6 根轴安装撒砂装置。相应转向架安装有撒砂口。撒砂口通过安装托架安装在轴箱体下方。安装在转向架上的撒砂口包括撒砂喷嘴和电加热装置。通过撒砂管及线缆与车体上的撒砂装置连接。按列车指令向钢轨上撒砂以达到增加轮轨黏着的目的。

撒砂装置安装托架由两部分构成，撒砂安装托架和安装臂。转向架撒砂装置整体安装如图 3-80 所示。

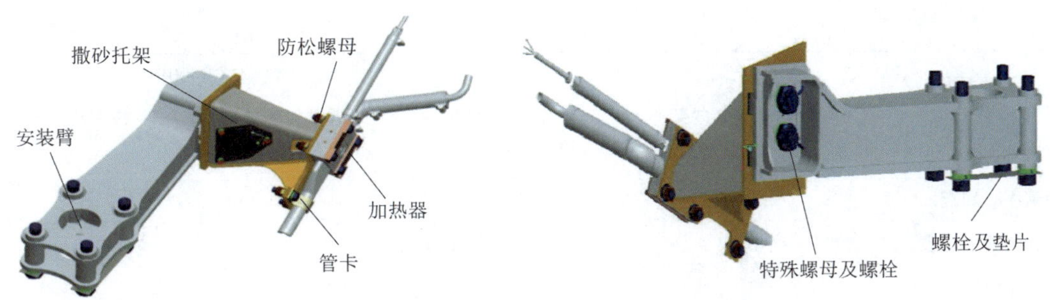

图 3-80 转向架撒砂装置整体安装

思政小课堂

复兴号动车组上有 50 多万个零部件,转向架是核心部件。一列高速动车组转向架,装配的直接相关部件上千个,装配尺寸数据记录上万个,精度更是以微米来计算。

郭锐是中车青岛四方机车车辆股份有限公司钳工首席技师,所从事的工作就是动车组转向架的装配。比如复兴号转向架轮对轴箱组装所用的轴箱体是分体式轴箱,组装过程中要求装配后的装配精度必须小于 0.04 毫米(40 微米)。因此,组装过程中的每一个细节都十分重要。

这就是郭锐每天的工作内容和工作标准。这份精细复杂的工作从一个细节可以看出:轴箱组装中的每一个螺栓,预紧先后顺序和紧固扭力等方面都有严格要求。

郭锐是第一代高铁工人,为了攻克转向架装配的关键技术,郭锐和同事像着了魔似的,整天泡在工厂不着家、通宵达旦试验总结。为了摸清所有的数据,他们做了 1000 多次装配论证试验,工作笔记写了约 10 万字,查阅的资料堆起来有 2 米多高。历时 2 个月,他们破解了一项项装配难题。

高速动车组转向架大批量制造后,原来的装配效率跟不上进度需求。为解决这一难题,郭锐和技术团队结合不同车型转向架的装配工艺,编制了《高速动车组转向架装配作业要领书》,这本要领书后来成为实用的现场作业标准。

2006 年至今,从和谐号到复兴号,从运营时速 200 km 到 350 km,各个速度等级的高速动车组,高速动车组转向架装配的生产体系、技术标准在郭锐他们手中一点一点地建立,技术持续提升直到世界领先。

四、任务实施

第一步:扫描二维码完成线上学习。

第二步:学习教材本任务知识点 1、2。

第三步:结合线上线下教学资料,完成作业单 3-6、作业单 3-7。

CR400AF 转向架

作业单 3-6 典型转向架区分 1

班级: 姓名: 学号: 时间:

完成复兴号动车组转向架分析表。

项目	CR400AF		CR400BF	
	动车转向架	拖车转向架	动车转向架	拖车转向架
转向架重量				
固定轴距				

续上表

项目	CR400AF		CR400BF	
	动车转向架	拖车转向架	动车转向架	拖车转向架
车轮直径				
轴承中心间距				
转向架最大宽度				
空气弹簧左右间隔				
空气弹簧有效直径				
电机悬挂方式				
齿轮比				
轴箱轴承				
制动方式(轮盘/轴盘)				
制动夹钳装置				
闸片类型				
轴箱定位方式				
二系悬挂组成				
附属装置				

作业单 3-7　典型转向架区分 2

班级：　　姓名：　　学号：　　时间：

完成转向架分析表。

项目	CRH2A		CRH5A	
	动车转向架	拖车转向架	动车转向架	拖车转向架
转向架重量				
固定轴距				
车轮直径				
轴承中心间距				
转向架最大宽度				
空气弹簧左右间隔				
空气弹簧有效直径				
驱动方式				
齿轮比				
轴箱轴承				
制动方式(轮盘/轴盘)				
制动夹钳装置				
闸片类型				
轴箱定位方式				
二系悬挂组成				
附属装置				

第四步:教师评价

结合实训完成情况,由教师填写评价单 3-9。

评价单 3-9　教师评价

<table>
<tr><td colspan="2">项目</td><td colspan="5"></td></tr>
<tr><td colspan="2">小组编号</td><td></td><td>展示场地</td><td></td><td>展示者</td><td></td></tr>
<tr><td>序号</td><td>评价项目</td><td colspan="2">分值</td><td colspan="2">展示要求</td><td>考核评价</td></tr>
<tr><td>1</td><td>内容完整</td><td colspan="2">30</td><td colspan="2">主体明确,材料真实,结构完整,制作精美</td><td></td></tr>
<tr><td>2</td><td>表达能力</td><td colspan="2">40</td><td colspan="2">语音规范,声音洪亮,表达自然流畅</td><td></td></tr>
<tr><td>3</td><td>展示效果</td><td colspan="2">20</td><td colspan="2">具有感染力,说服力</td><td></td></tr>
<tr><td>4</td><td>团队合作</td><td colspan="2">10</td><td colspan="2">服从组长工作安排,能配合其他成员工作</td><td></td></tr>
<tr><td colspan="7">需改进的问题:

指导教师:　　　　　　　　　　　　评价时间:</td></tr>
</table>

五、拓展知识点

序号	名称	对应考核	相关知识点二维码
知识点 3-4	CR400BF 型复兴号动车组转向架	作业单 3-6	
知识点 3-5	CRH2 型动车组转向架	作业单 3-7	
知识点 3-6	CRH5A 型动车组转向架	作业单 3-7	

项目四　动车组车端连接装置检修

动车组车端连接装置作为车辆（或动车组）之间的机械、气路、电路之间安全可靠的连接，对保证列车的正常运行，保持车内的舒适环境，保障旅客在车内的安全、通畅通行起着至关重要的作用。动车组车端连接装置通常包括车钩缓冲装置、电气与风管连接器、风挡等部件。

本项目依据CRH380A、CR400BF和CRH5型动车组检修维护手册，结合课程目标，设置三个学习任务，即动车组车端连接装置认知、CRH380A型动车组车端连接装置检修、CRH5型动车组车端连接装置检修。以任务为载体介绍动车组车端连接装置的三大组成部分——车钩、缓冲器及风挡的基本作用、性能要求、结构组成及原理，详细介绍CR400BF、CRH380A、CRH5型动车组车端连接装置的功能、结构特点，操作使用方法、检修作业标准与规范等。

任务一　动车组自动车钩装置

一、学习目标

【知识目标】

1. 了解动车组车端连接装置的定义与作用。
2. 掌握各类动车组自动车钩装置的作用。
3. 掌握各类动车组自动车钩装置的结构。
4. 了解各类车端连接装置的不同特点。

【能力目标】

1. 能说出动车组车端连接装置的定义与作用。
2. 能对照动车组实物讲解自动车钩的结构与作用。
3. 能以小组方式开展动车组自动车钩一级检修作业。
4. 能以小组方式完成CR400BF型自动车钩操作。

【素养目标】

1. 培养学生良好的学习习惯和行为习惯。
2. 培养学生爱岗敬业、团结协作、精益求精的工匠精神。
3. 培养学生“安全高于一切 责任重于泰山 一切行动听指挥”半军事化管理铁路职业素养。

二、任务导入

动车组按编组方式分为短编组和长编组，短编组一般是由八节车厢固定编组在一起组成，而长编组一般由两个短编组经过重联而成，有16节车厢。那么，这些车厢是如何连在一起的，它们之间为什么能实现一起前进、一起制动而不发生冲撞？为什么旅客在车厢之间穿行自如而感受不到振动和噪声？这些都是动车组车端连接装置的功劳。

那么动车组车端连接装置是什么？它们有什么作用？动车组上都采用了哪些车端连接装

置？它们结构怎样？又有什么特点？通过相关知识点和微课资源的学习，完成本任务作业单，就可以解答以上的问题了。

三、相关知识点

知识点1　动车组自动车钩装置认知

1. 动车组车钩装置类型

根据用途不同，在动车组车端通常安装自动密接式车钩，在中间车辆之间安装半自动车钩或者半永久牵引杆，另外车上配备有用于动车组救援和回送的过渡车钩。

(1)全自动车钩

动车组车辆两端安装全自动密接式车钩缓冲装置，用于动车组分离、合并。根据不同车型，在司机室端采用有沙库密接式车钩缓冲装置、福伊特车钩或者柴田密接式车钩缓冲装置，前两种车钩采用欧洲标准10型车钩，后者采用日本柴田密接式车钩。自动车钩安装高度一般为1 000 mm，可以实现自动连挂；分离时，通过配置的气缸推动钩头内部的钩舌板转动来实现。

(2)半永久车钩

中间车钩缓冲装置通常采用半永久车钩、半永久牵引杆或半自动柴田密接式车钩，安装高度为1 000 mm，可以实现车辆的自动连挂和手动分解。

(3)过渡车钩

过渡车钩是在对动车组进行救援和回送时，用于连挂机车和动车组的部件。构造上要求过渡车钩的一侧能连接到动车组自动车钩上，另一侧能与机车连挂。动车组用过渡车钩包括三个部分：1 000 mm高的10型车钩模块、1 000 mm高的柴田式车钩模块、880 mm高的15号车钩模块。过渡车钩模块两两组合便可以实现不同车辆之间的相互救援连挂。

2. 10型自动车钩

我国CRH1、CRH3型动车组采用的是夏芬伯格(Schartenberg)10号车钩系统，CRH5型动车组也是采用欧洲标准10型钩头。我国CRH380A、CR400AF型动车组自动车钩缓冲装置采用了10型全自动密接式缓冲装置，用于实现动车组之间的机械、电路和气路的自动或手动连接与分解。

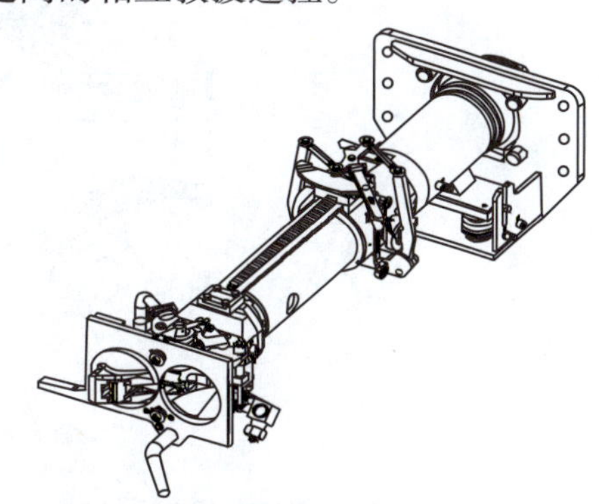

图4-1　10型密接式自动车钩结构(CRH1)

CRH1型动车组用10型车钩结构如图4-1所示。

CRH3型动车组用10型车钩系统如图4-2所示。

CR400AF型动车组用10型全自动密接式缓冲装置如图4-3所示。

图4-2　10型密接式车钩缓冲装置(CRH3)

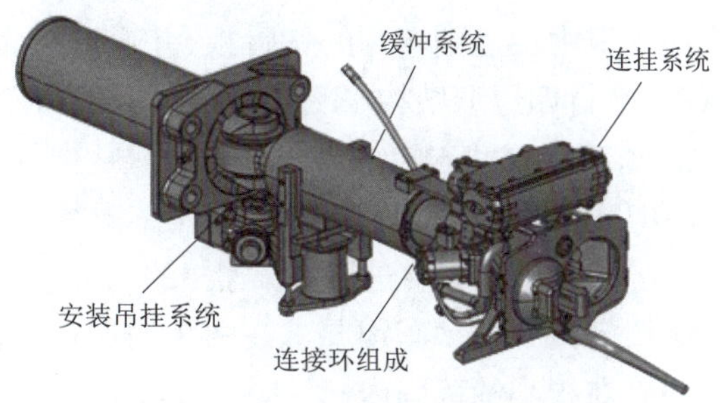

图4-3　10型车钩缓冲装置(CR400AF)

1)10 型车钩结构

欧洲标准 10 型车钩,用于实现车钩之间的机械和气路的连挂分解,结构如图 4-4 所示。

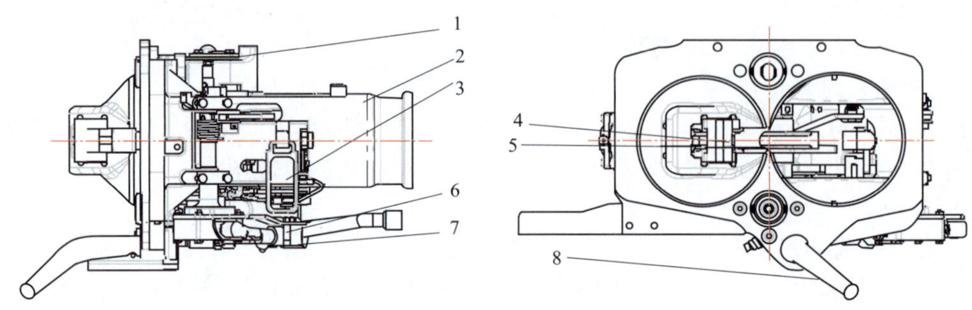

1—BP 连接器;2—钩体;3—解钩手柄;4—连挂杆;5—钩舌;6—MRP 连接器;
7—UC 连接器;8—连挂导引杆。

图 4-4　10 型车钩结构

10 型车钩上部安装有列车管连接器(BP 连接器),下部安装有总风管连接器(MRP 连接器)、解钩风管连接器(UC 连接器)和连挂导引杆,该连挂导杆可以增加车钩可连挂的范围。

2)10 型车钩工作原理

车钩牵引原理如图 4-5 所示。

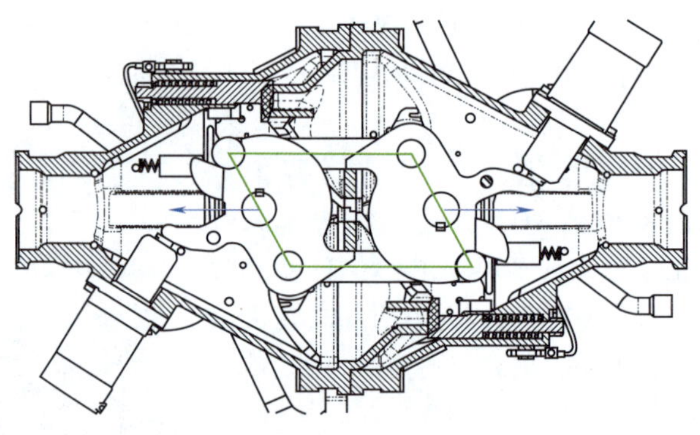

图 4-5　车钩的牵引原理

车钩在牵引状态,车钩的连挂杆分别钩住对方车钩的钩舌板,这样两钩钩舌板和两个连挂杆形成一个平行四边形,由于该平行四边形两对边力大小相同,产生的转动力矩方向相反,因此该平行四边形机构总能保持平衡。通过这个稳定的四边形结构,两个连挂杆可以将列车间的纵向牵引力传递到车钩的钩舌板,并通过钩舌板的中心轴传递到钩体上。当车钩承受受压荷载时,平行四边形结构不受力,车钩间的压荷载通过车钩的连挂面顶靠进行传递。

2. 柴田密接式自动车钩

CRH380A 型动车组自动车钩采用柴田密接式车钩,安装高度为 1 000 mm,可以实现车辆的自动连挂与分解,可以在进行机械连接的同时,实现气路和电路的连接,其总体结构如图 4-6 所示。

柴田密接式自动车钩要求在两车钩连接后,其间没有上下和左右的相对移动,而且纵向间隙也限制在很小的范围内(约 1 ~ 2 mm)。这对提高列车运行平稳性、降低车钩零部件的磨耗和噪声均有重要意义。

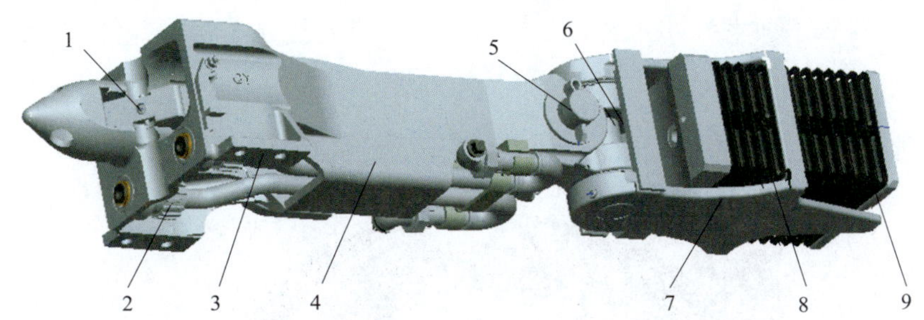

1—钩舌;2—空气管路;3—解钩杆;4—钩体;5—接头托;6—框接头;
7—缓冲器框体;8—橡胶缓冲器;9—后挡板。

图 4-6 柴田密接式车钩结构

1)结构

柴田密接式自动车钩带有自动摘钩风缸,可以实现自动摘钩与连挂,因此称为全自动车钩。该密接式车钩上带有空气通路自动连接装置,钩体上还安装有电气连接器,车钩连接好后整列车的气路连接和电路连接即同时完成,该车钩钩体的铸造工艺与机加工工艺比较简单,车钩结构如图 4-7 所示。

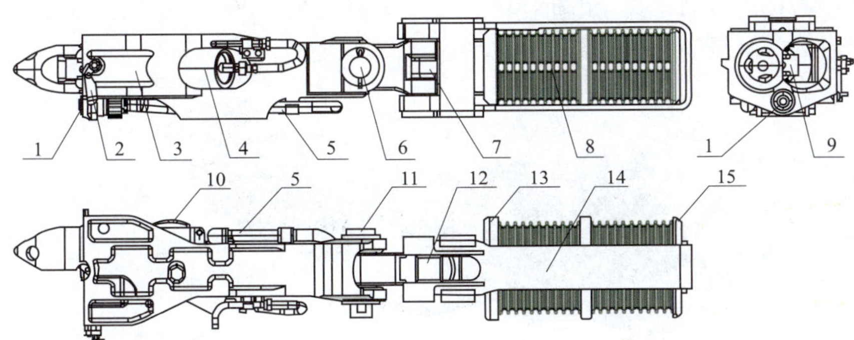

1—阀体;2—钩锁;3—钩体;4—解钩气缸;5—空气管路;6—接头托;7—框接头;8—橡胶缓冲器;
9—钩舌;10—解钩杆;11—横销;12—纵销;13—前挡板;14—缓冲器框体;15—后挡板。

图 4-7 车端部密接式自动车钩结构

2)工作原理

自动密接车钩的工作过程主要分连挂和解钩两种:当两车需要连挂时,两车钩以规定速度相互接近,某车钩凸锥插进对方相应的凹锥孔中,此时凸锥的内侧平面在前进中推压对方的钩舌使其转动,这时解钩风缸的弹簧受压缩,钩舌旋转,当两钩连接面接触后,凸锥的内侧面已不再压迫对方的钩舌,由于弹簧的作用,使钩舌向相反方向旋转恢复到原来的状态,此时处于闭锁位置,完成两车连挂。而当需要解钩时,由司机操纵向解钩风缸充入压缩空气,解钩风缸的活塞在压缩空气的作用下,克服弹簧作用力,推动解钩杆,并带动半圆形钩舌逆时针转动,直到它处于开锁位置为止,此时,原来连挂在一起的车钩处于待解钩状态。

知识点 2 CR400AF 型动车组自动车钩

CR400AF 型动车组车端连接由前端开闭机构、自动车钩连挂机构、过渡车钩、中间车钩、车端连接管线、风挡等部分组成。

前端设备主要包括前端开闭机构、自动车钩连挂机构、过渡车钩等部件,设备布置如图4-8所示。

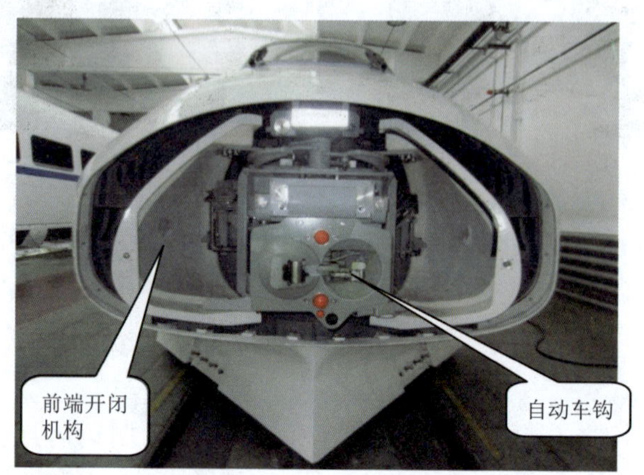

图4-8 前端设备布置

CR400AF型动车组车辆两端安装密接式车钩,用于车辆之间的分离、合并。司机室端采用全自动10型密接式自动车钩,如图4-9所示,安装高度为1 000 mm,可以实现自动连挂;分离时,通过配置的气缸推动钩头内部的钩舌板转动来实现。

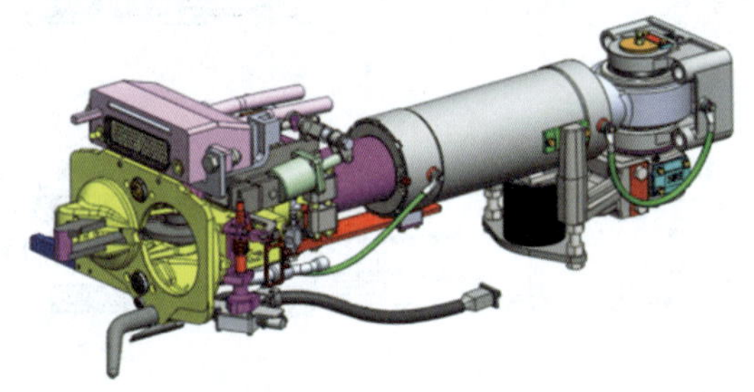

图4-9 10型密接式自动车钩示意

1)技术参数

10型密接式自动车钩的技术参数见表4-1。

表4-1 10型密接式自动车钩技术参数

最大载荷	拉伸载荷	≥1 000 kN
	压缩载荷	≥1 500 kN
摆角大小	最大水平摆角	±25°
	最大垂直摆角	±6°
	主动对中角	±(7±1)°
气液缓冲器	初压力	70 kN
	行程	≤100 mm
	阻抗力	≤1 000 kN
	容量	约20 kJ

续上表

牵引环弹簧	初压力	85 kN
	行程	≤30 mm
	阻抗力	≤600 kN
	容量	约 10 kJ

2)自动车钩缓冲装置基本结构和原理

CR400AF 型动车组头车 10 型密接式自动车钩结构参见图 4-10。

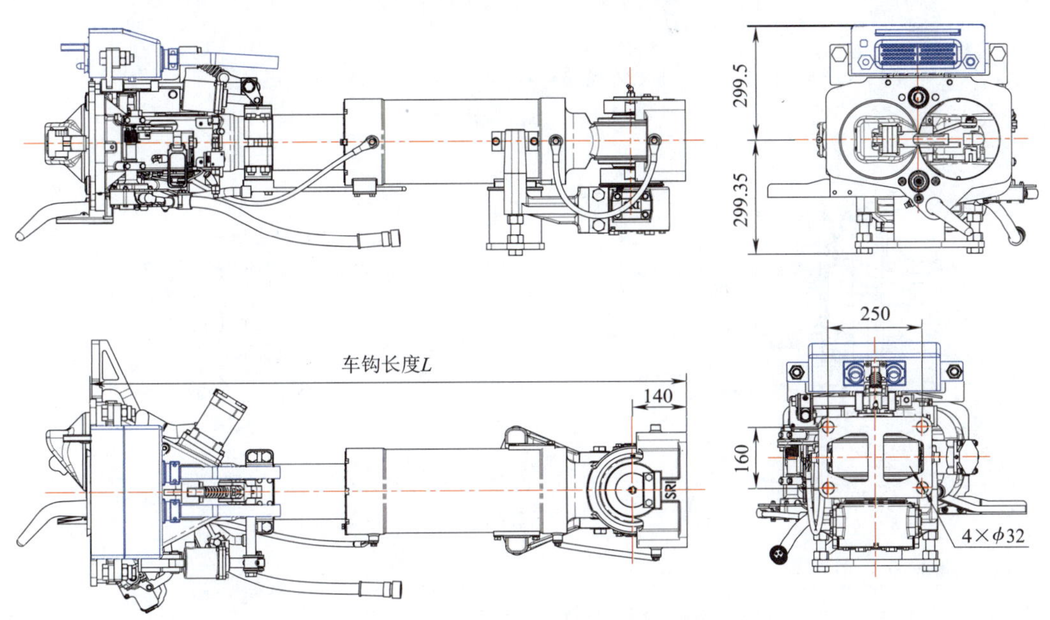

图 4-10 头车 10 型密接式自动车钩结构(单位:mm)

自动车钩缓冲装置位于 CR400AF 型动车组的头尾两端,用于实现动车组之间的机械、电气和风路的自动连接和自动分解,并可以手动分解。其主要由连挂系统、缓冲系统、安装吊挂系统等几个模块组成。连挂系统采用了 10 型机械车钩,配置了电气车钩承载机构和风管连接器;缓冲器采用大容量气液缓冲器、环簧和橡胶轴承,拉伸方向的缓冲通过环簧和橡胶轴承来实现,压缩方向的缓冲通过气液缓冲器和橡胶轴承来实现,可以满足高速连挂时的能量吸收功能;安装吊挂系统采用橡胶支持和机械对中方式,可以提供车钩缓冲装置的水平支撑和机械对中,同时保证车钩缓冲装置的转动性。

(1)连挂系统

连挂系统用于实现车辆间的机械和风路的连接,同时承载电气车钩实现电路连接。该系统分别由电气连接器、机械车钩、电气连接器推送机构、风管连接器等部分组成,如图 4-11 所示。

图 4-10 中机械车钩为欧洲标准 10 型车钩,用于实现车钩之间的机械和风路的连挂分解,其详细结构如图 4-12 所示。

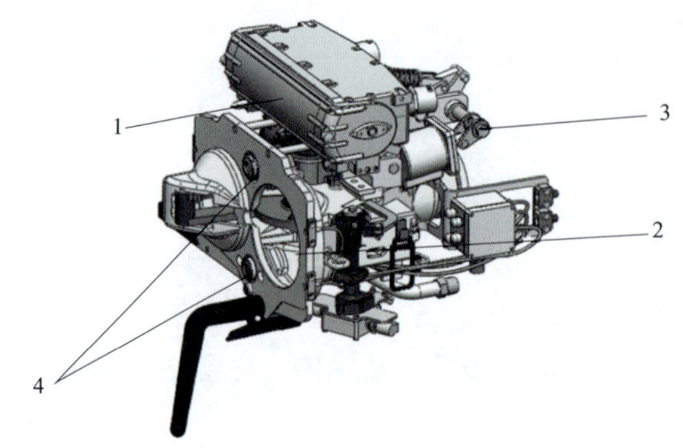

1—电气连接器;2—机械车钩;3—电气连接推送机构;4—风管连接器。

图 4-11　连挂系统结构

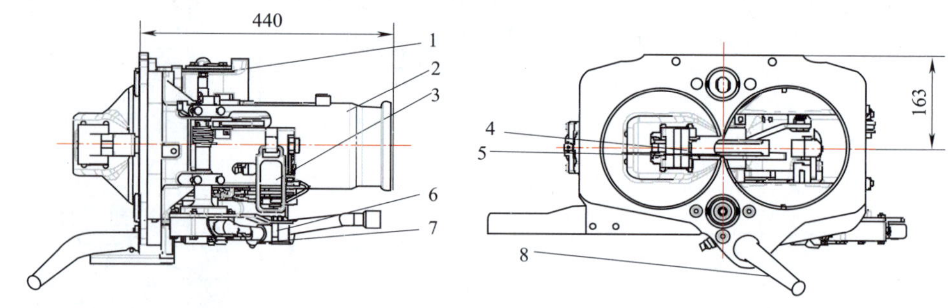

1—BP 连接器;2—钩体;3—解钩手柄;4—连挂杆;5—钩舌;6—MRP 连接器;7—UC 连接器;8—连挂导引杆。

图 4-12　10 型车钩结构(单位:mm)

(2)机械车钩

机械车钩上部安装有列车管连接器(BP 连接器),下部安装有总风管连接器(MRP 连接器)、解钩风管连接器(UC 连接器)和连挂导引杆,该连挂导引杆可以增加车钩可连挂的范围,如图 4-13 所示。

机械车钩在解钩时,司机可以远程操作向解钩气缸充气压,解钩气缸直接推动车钩内机构旋转实现解钩;同时也可以人工拉动车钩侧面的解钩手柄实现解钩。

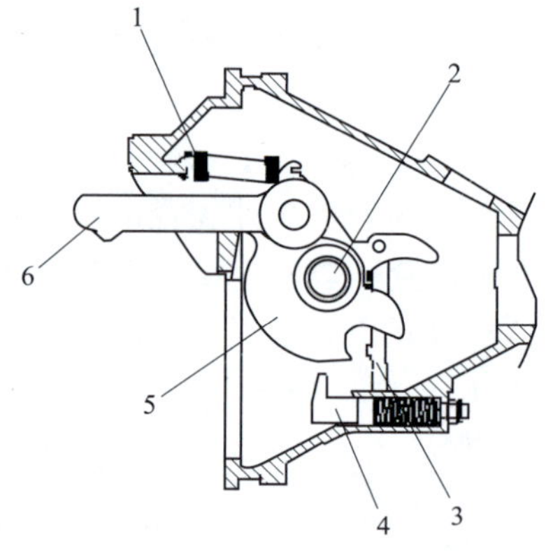

1—钩舌弹簧;2—钩舌主销;3—锁杆;4—触发器;5—钩舌;6—连挂杆。

图 4-13　机械车钩主要部件

(3)信号反馈装置

在机械车钩的侧面安装有位置指示器,该装置可以探测到车钩的连挂状态,如解钩、连挂,并将连挂状态以通断的电信号方式传递到车体。该装置将机械车钩内部连挂零部件的动作转移到车钩侧面的解钩手柄上,在解钩手柄转轴下部安装有两个行程开关,通过与旋转轴同心的凸轮旋转控制行程开关的通断,来实现对连挂状态的检测。

(4)电气车钩推送装置

电气车钩可以安装在承载装置上,用于实现列车之间的电气信号的连接,当机械车钩连挂完成后,承载装置带动电气车钩自动推出实现电气连挂,当机械车钩分解后,承载装置带动电气车钩被自动收回实现电气分解。该电气车钩可采用 CRH2 型动车组自动车钩用电气车钩。

电气车钩承载装置安装在机械车钩的上部，由一个气缸推动杆系结构，使电气车钩实现推出和收回，如图 4-14 所示。

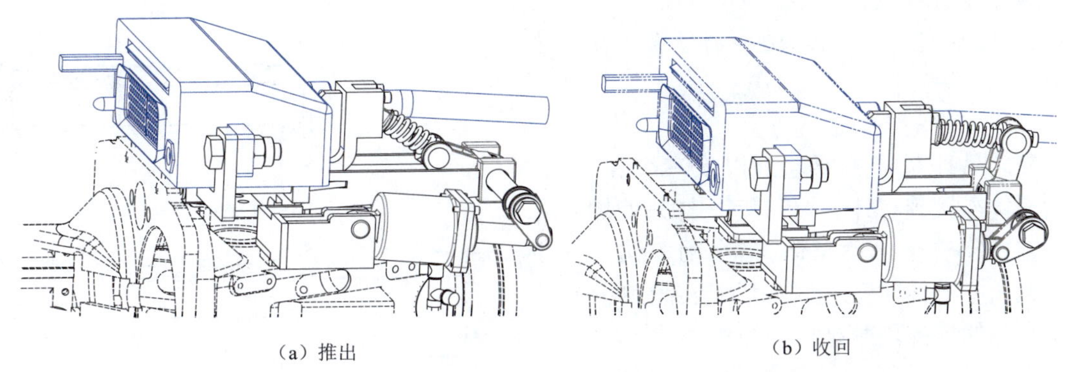

图 4-14 电气车钩推出和收回示意

当列车连挂且机构连挂完成后，承载装置推送风缸充风带动电气车钩伸出，在此过程中，电气车钩防雨盖开盖顶杆顶推对面电气车钩外壳端面，实现防雨盖的自动打开。承载装置杆系结构在气缸的推动下最终到达锁定位置，此时，如果推送气缸中的风压意外消失，由于锁定机构的机械锁定作用，使杆系结构无法反向旋转，即电气车钩被固定在连挂位置，如图 4-15 所示。

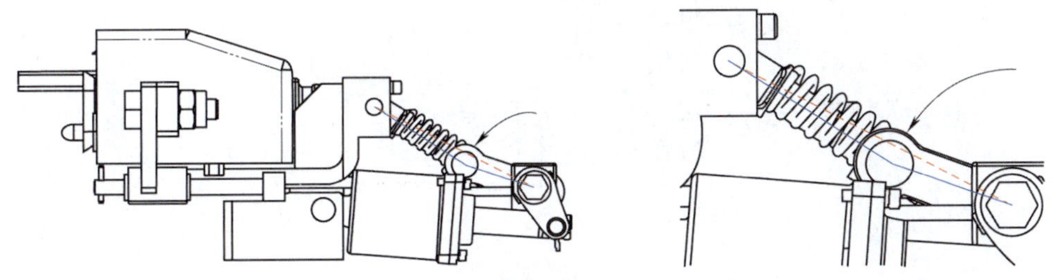

图 4-15 电气车钩连挂状态机械锁定原理

在解钩的过程中，气缸反向充入风压，主动使杆系结构反向旋转，解除锁定状态，并带动电气车钩回退。在回退过程中，电气车钩防雨盖顶推杆与对方电气车钩脱离顶推关系，防雨盖自动关闭。最终，电气车钩被推回分解位置。

(5)缓冲系统

车钩缓冲器采用拉压独立的缓冲装置，受拉时环弹簧元件起到缓冲作用；受压时气液缓冲器芯子起到缓冲作用。

缓冲器通过连接卡环与连挂系统进行连接，连接卡环下部安装有防转板，防转板在缓冲器壳体外壁上的滑槽内滑动，可以防止连挂系统和缓冲器发生相对扭转。缓冲装置后的拉环与安装系统进行连接，如图 4-16、图 4-17 所示。

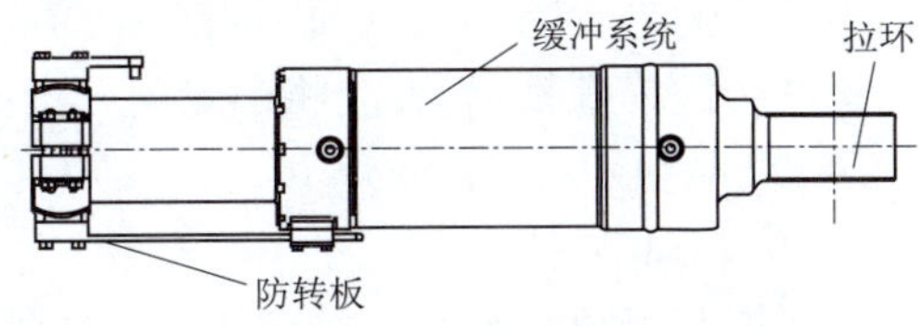

图 4-16 缓冲器外形示意

缓冲装置在受拉时，环形弹簧受到挤压，发生径向变形，同时在车钩轴向产生行程，在此过程中内外环形弹簧之间发生摩擦吸收冲击能量。缓冲装置在受压时，气液缓冲器吸收冲击能量，车钩轴向产生行程，缓冲器最大工作行程为100 mm。

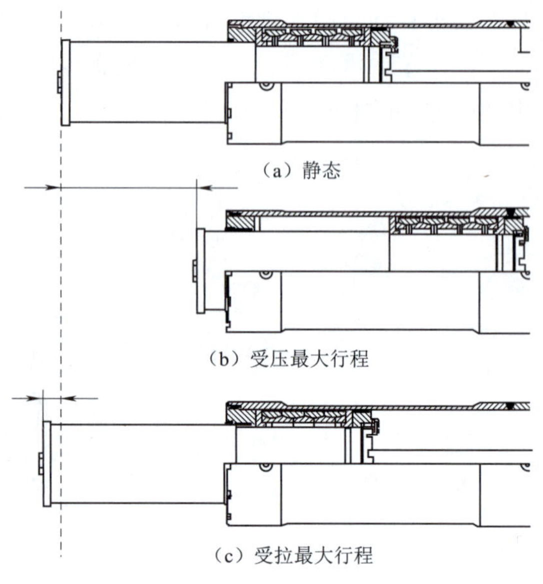

图 4-17　缓冲系统工作原理

(6)安装吊挂系统

安装吊挂系统主要起到以下三个作用：将自动车钩连接到车体，并传递牵引力；使用悬臂结构支撑起整个自动车钩；当自动车钩在水平方向偏离中心线时，自动将其回复到中间位置，便于车钩的连挂。其结构如图4-18所示。

安装吊挂系统的回转机构由安装座、钩尾销、拉环、橡胶关节轴承等结构组成，橡胶关节轴承安装在拉环和钩尾销之间，其作用是保证自动车钩能够在水平面和垂直面内一定范围内灵活转动。

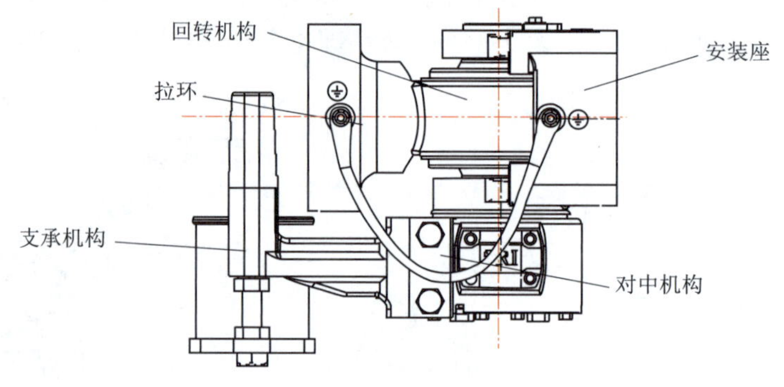

图 4-18　安装吊挂系统结构

自动车钩的支撑与车钩高度调整是由支承机构实现。当需要调整车钩高度时，先将支架下面锁紧螺母松开，然后调整支架下面的螺栓至合适位置，最后将锁紧螺母锁紧，即可实现钩高的调整。

(7)对中体

对中体在水平面内对自动车钩进行对中。对中仅在中心位置周围±7°范围内有效。这样使车钩可以被手动推出对中范围，以便以较大的弯度连挂。碟簧的弹簧力会推动两个活塞，从而将凸轮向外推向凸轮剖面。当车钩横向移动时，通过夹钳使整个支撑对中装置转动。车钩的运动会压缩碟簧，后者会将凸轮向外推向凸轮剖面。这将使自动车钩返回其中心位置。对中装置如图4-19所示。

(8)枢轴支座

压缩和牵拉载荷由机械车钩和缓冲器经连接头、球形橡胶轴承和枢轴销传递至固定在车辆底架上的支承架。球形橡胶轴承可以最大限度地降低较小的牵拉和压缩力，并大大延长枢轴支座的寿命。球形橡胶轴承的工作行程为 ±5 mm。枢轴支座结构如图 4-20 所示。

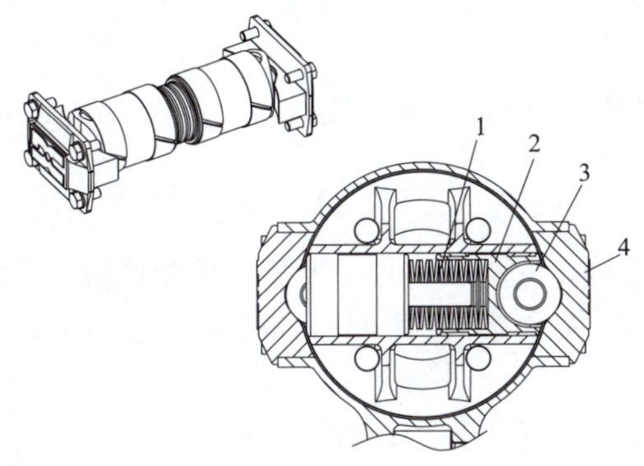

1—碟簧;2—活塞;3—凸轮;4—凸轮剖面。

图 4-19 对中装置

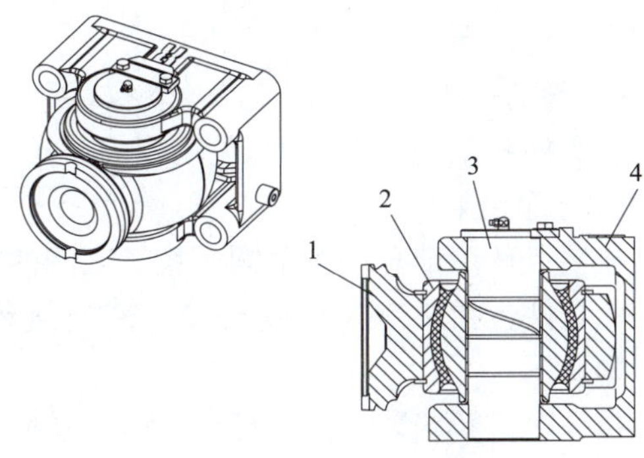

1—连接头;2—球形橡胶轴承;3—枢轴;4—支承架。

图 4-20 枢轴支座结构

(9)BP 阀

BP 阀门(制动管)安装在机械车钩的顶部。其作用是将加压空气连接至下一车厢中的制动回路。BP 阀的结构如图 4-21 所示。

当主销转动至其连挂位置时,阀门的开启动作完成。阀凸轮直接连接至主销,且当主销转动至连挂位置时,阀凸轮会从阀杆上移开,弹簧将开启气流。密封可以实现车钩之间的气密连接。

当车辆被解钩时,阀凸轮会将阀杆推至关闭位置。如果因为任何原因,车辆在没有正确解钩的情况下就被分开,此阀门将不会关闭,从而会在制动管线(BP)卸压时使制动回路脱扣。

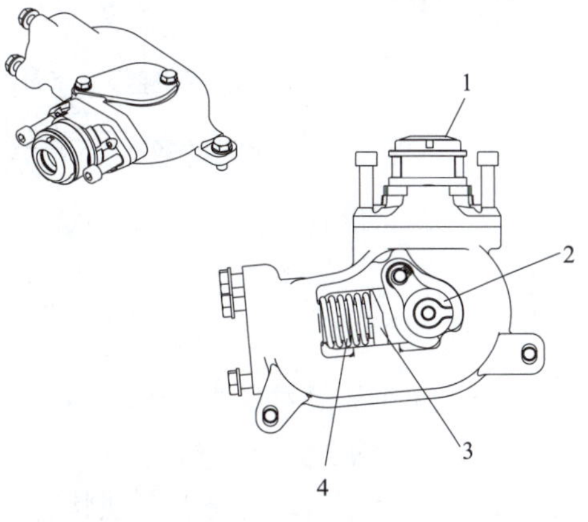

1—前端密封;2—阀凸轮;3—阀杆;4—弹簧。

图 4-21 BP 阀结构

(10)MRP 阀(主风管)

MRP(主风管)阀门位于机械车钩的下部。MRP 结构如图 4-22 所示。

当两个车钩被连挂时,阀杆被压回,以此打开阀门的气流。密封可以实现车钩间的气密连接。

在对车辆解钩时,弹簧会推动阀杆,以关闭气流。

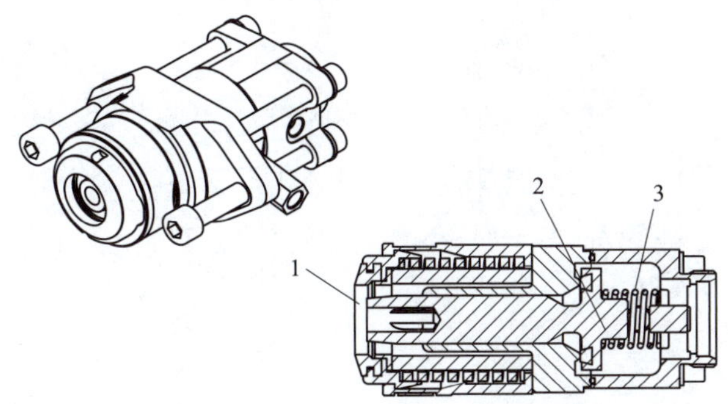

1—前端密封;2—阀杆;3—弹簧。

图 4-22 MRP 阀(主风管)

(11)UC 阀门

用于传送解钩空气的 UC(解钩)阀门置于气动车钩 MRP 的下方。其作用是在解钩时将解钩空气传送至下一车钩。

UC 阀的结构如图 4-23 所示。密封可以实现车钩之间的气密连接。在对车辆解钩时,弹簧会将阀杆和阀盘推回,从而关闭阀门。

(12)连接卡环

连接卡环用于车钩的不同子系统之间的相互连接。它可以实现主要零件的简便拆卸和安装。此套件包括两个套筒接头和下部连接环、螺栓、锁紧垫圈、紧固板和螺母。连接卡环如图 4-24所示。

在每次重新安装连接卡环时,螺栓、紧固板和螺母均应更换为新件。

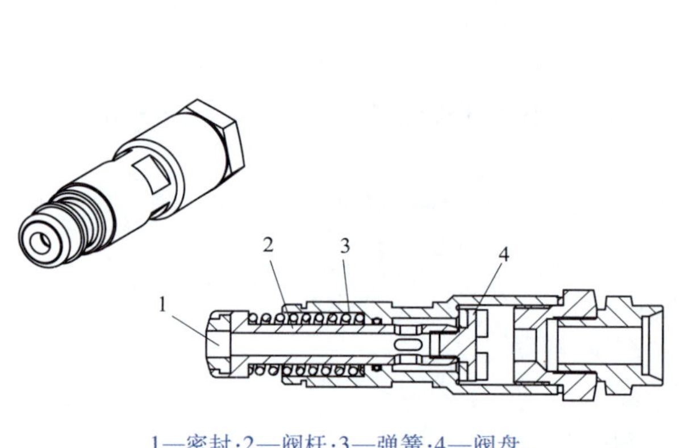

1—密封;2—阀杆;3—弹簧;4—阀盘。

图 4-23　UC 阀门结构

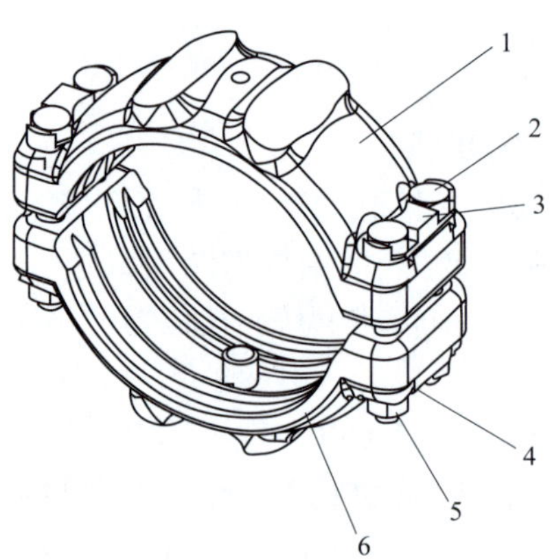

1—上部连接环;2—螺栓;3—防转板;4—防松垫片;5—螺母;6—下部连接环。

图 4-24　连接卡环

3)自动车钩缓冲装置操作方法

(1)待挂状态

如图 4-25 所示,是处于待挂状态的机械车钩,两个准备连挂的自动车钩的解钩气缸内无风。这是车钩连接前的准备状态,此时触发器被固定在待挂位置,弹簧处于最大拉伸状态,锁杆退缩至钩头锥体内,钩舌上的钩嘴对着钩舌正前方。

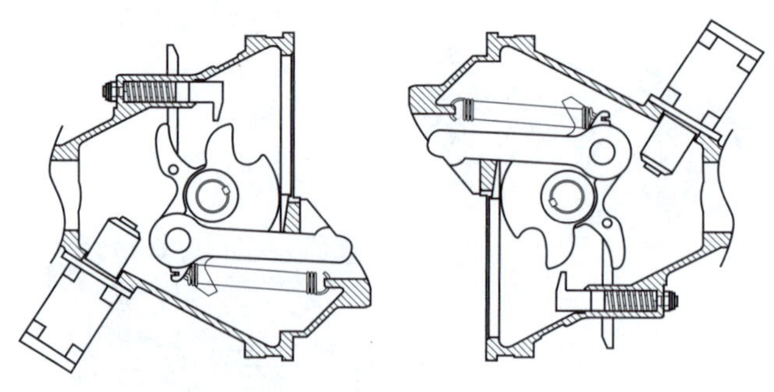

图 4-25　待挂状态

(2)连挂状态

图 4-25 是未连挂车钩的正常状态,车钩连挂均应在连挂准备就绪的状态下进行。

连挂时,当圆锥形车钩进入漏斗形的部分后,凸锥会压动触发器,从而解开锁杆。钩舌在钩舌弹簧的作用下转动,完成连挂。如图 4-26 所示,车钩处于连挂完成的状态。

在连挂完成之后,连挂杆和钩舌会形成一个平行四边形,它将拉力经过钩舌主销传递至车钩主体。在此位置,两个钩头会形成一个刚性、无松弛且安全的连接。连挂过程可见项目四任务一知识点 3。

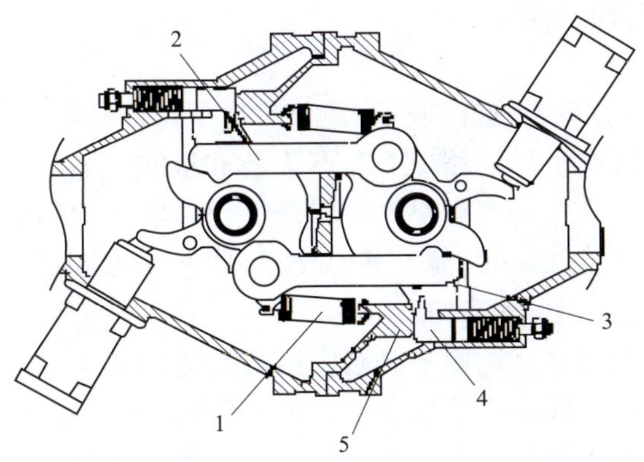

1—弹簧;2—钩舌;3—钩锁杆;4—触发器;5—凸锥。

图 4-26 车钩连挂完成状态

(3)解钩

全自动车钩的解钩可以采用两种方式来进行:第一种是远程自动解钩,第二种是人工现场解钩。

①远程自动解钩

远程自动解钩通过激活位于机械车钩侧面的解钩气缸来启动。为了实现自动解钩,必须打开一个司机室中的气动解钩阀门。空气将被送入两个车钩的解钩气缸中,这将同时转动连挂机构和解钩机构。空气由钩头正面上的气动连接送至另一车钩。

在被激活时,解钩气缸活塞会使钩板转动。钩舌主销被转动至一个解钩位置,如图 4-27 所示。钩舌的转动将锁杆推向触发器。当车钩分开时,触发器将返回其原始位置,使锁杆挂到位于触发器下方的锁头上。

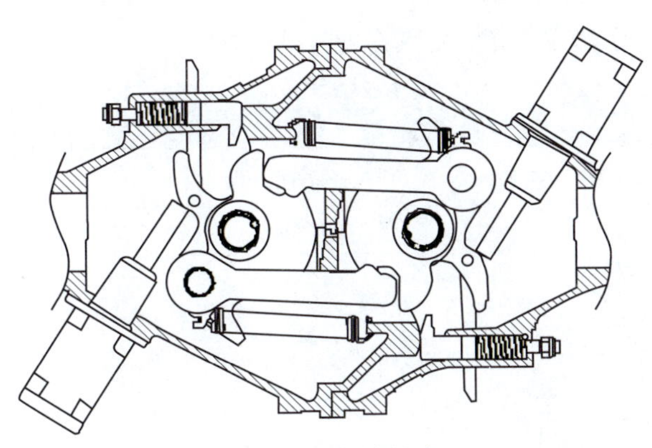

图 4-27 解钩状态

②人工现场

在正常情况下，自动车钩缓冲装置可以实现自动解钩，不需要人工协助。但是，如果由于任何原因而不能自动完成机械或电气解钩，则需要对自动车钩缓冲装置实行手动解钩。

首先，目视检查确认电气解钩已完成（电气连接器已分开）。如果没有，则使用扳手卡住电气车钩转动轴端位置，顺时针旋转轴，使电气解钩完成。

其次，拉动机械车钩侧面的手动解钩手柄，直至钩舌缩回钩头内部，并锁定，检查指示器，以确认机构是否已正确解钩。

最后，使车辆退行，解钩完成。

思政小课堂

1909 年 10 月 2 日，京张铁路通车典礼在南口隆重举行，中国人用自己的智慧和力量向世界展示了卓越的创造才能，在世界铁路史上写下浓墨重彩的一笔。京张铁路的成功建设开了我国铁路史上的诸多先河，其中一项重要创举就是工程标准化的制定。詹天佑非常重视工程标准化，在京张铁路建设即将结束时，他上书清政府，对统一全国铁路工程标准提出具体意见，其中就包括建议全国铁路使用自动车钩。

在使用自动车钩前，我国铁路运输中普遍使用的是链式车钩。这种连接方式需要工人在车与车之间引导连杆，让连杆保持在适当位置从而使车厢相连。链式车钩的安全性比较低，经常导致工人伤亡，并且由于车厢靠铁链相连，接头非常不牢固，铁链又没有弹性，车厢爬坡或转弯时，铁链很容易拉断，车辆运行的安全无法得到保障。因此，詹天佑在上书清政府的建议书中提议使用更加安全、操作更加简便的自动车钩——姜坭车钩。姜坭车钩在京张铁路列车上得到广泛使用，有效地避免了传统链式车钩由于京张铁路坡度过大而产生的安全问题。不仅如此，詹天佑还提倡在全国铁路广泛使用自动车钩。正是由于詹天佑对姜坭车钩的推广，我国铁路从建设初期就普遍使用自动车钩，这大大地保护了铁路工作人员的安全，消除了车厢连接的安全隐患，避开了走使用链式车钩的弯路，在当时具有十分先进的意义。

1913 年，詹天佑担任交通部技监，并于 1916 年主持全国交通会议，为全国铁路建设制定统一技术标准。詹天佑对铁路标准化、制度化的影响延续至今，激励着一代代铁路人不断探索和超越。

四、任务实施

第一步：扫描二维码完成线上学习。

第二步：学习教材本任务相关知识点 1、2。

第三步：结合线上线下教学资料，完成作业单 4-1。

10 型密接式车钩

作业单 4-1　动车组自动车钩认知			
班级：	姓名：	学号：	时间：
一、名词解释。			
1. 车端连接装置： 2. 密接式车钩：			

续上表

3 缓冲器容量：

4. 缓冲器行程：

5. 缓冲器能量吸收率：

二、写出下图中各标号所代表的车端连接设备的名称与作用。

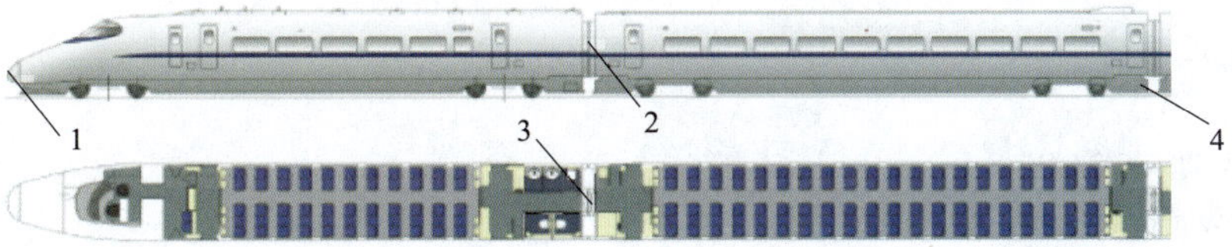

序　　号	名　　称	作　　用
1		
2		
3		
4		

三、写出下图中缓冲器的类型、结构组成并说明工作原理。

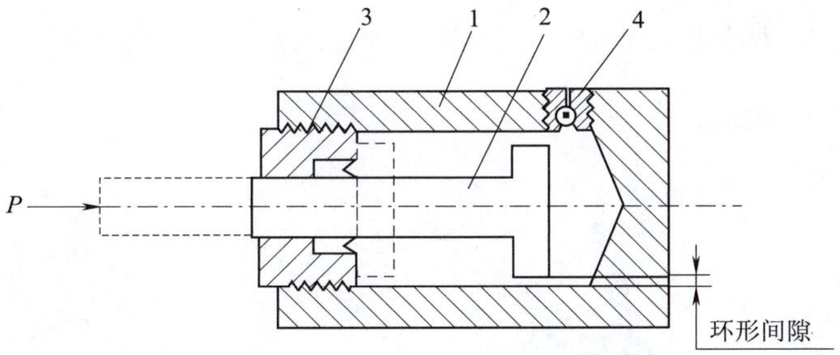

1—＿＿＿＿＿＿＿＿　2—＿＿＿＿＿＿＿＿

3—＿＿＿＿＿＿＿＿　4—＿＿＿＿＿＿＿＿

缓冲器类型：

工作原理：

续上表

四、识读下图10型车钩相关部件的名称。

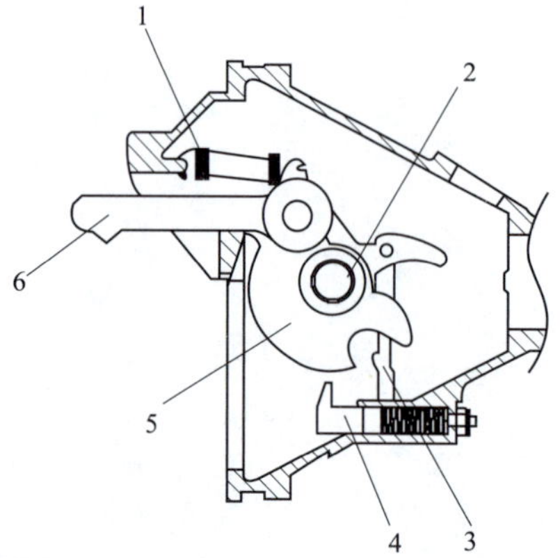

序号	各部件名称
1	
2	
3	
4	
5	
6	

五、完成下列填空。

1. CR400AF型动车组车端连接由________、________、________、________、________、风挡等部分组成。以上设备按照在动车组的布置可分为________、________、________等。

2. 前端设备主要包括________、________、________等部件。

3. CR400AF型动车组司机室前端采用________车钩，其机械钩体为标准________钩头，缓冲器采用________、________、________。

4. CR400AF型动车组车端连接管线分为车端连接________和车端连接________。

5. 车端电气连接分为________电气连接和________电气连接。

6. 车端连接风管通过________与________车钩或________连接。自动车钩的车端连接风管有________管、BP________、UC________，电动车钩________，中间车钩连接的车端连接风管有________、________管。

7. CR400AF型动车组中间车钩缓冲装置采用________车钩及________缓冲器。

8. CR400AF型动车组自动车钩所能承受最大载荷为________、气液缓冲器最大行程为________、最大容量为________。

9. CR400AF型动车组风挡主要有________外风挡、________内风挡及________风挡。

10. BP阀门安装在机械车钩的________，其作用是将加压空气连接至下一车厢中的________。

六、写出下列车钩缓冲装置的名称、各部件的名称并说明其作用。

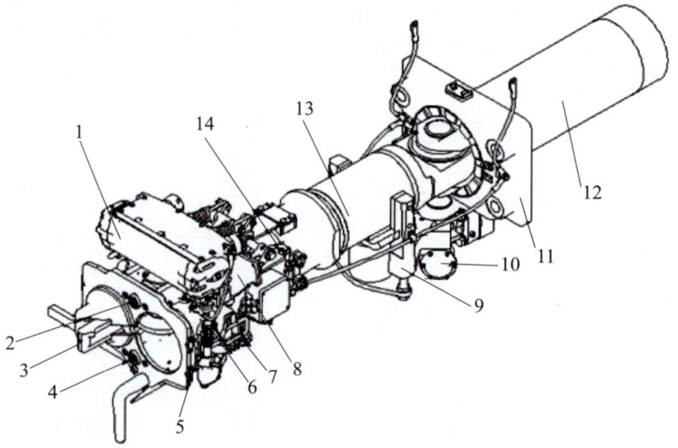

续上表

序　　号	名　　称	作　　用
1		
2		
3		
4		
5		
6		
7		
8		
9		
10		
11		
12		
13		
14		

七、写出下图中缓冲器类型、部件名称，分析缓冲器作用原理。

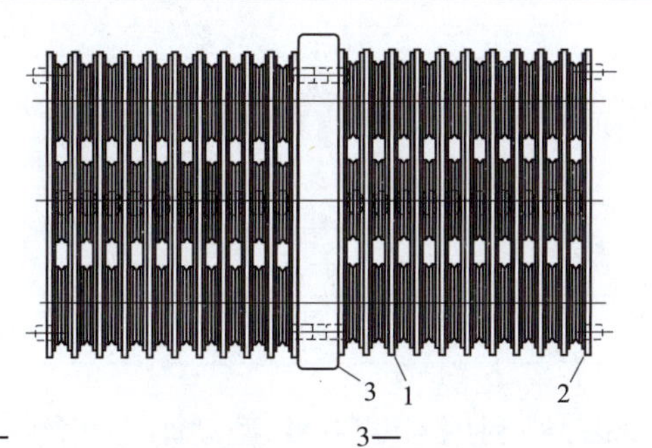

1—________　2—________　3—________

缓冲器类型：

作用原理：

八、写出下列柴田式密接式车钩的状态及特征。

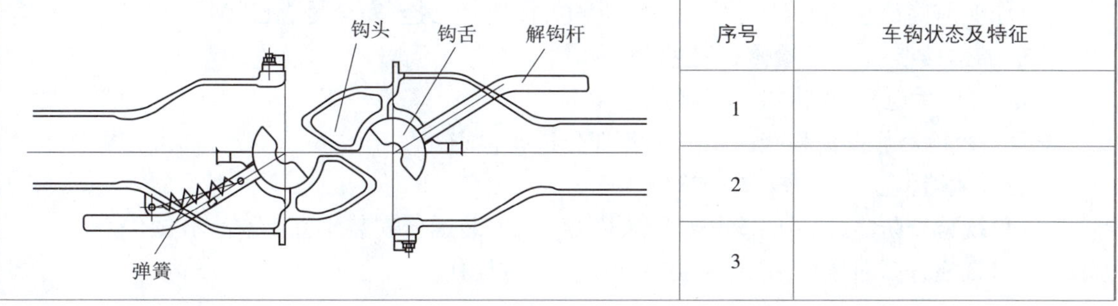

序号	车钩状态及特征
1	
2	
3	

续上表

九、填写下列表中参数。	
1. 自动车钩缓冲装置	
参数	范　围
最大拉伸载荷	
最大压缩载荷	
最大水平摆角	
最大垂直摆角	
主动对中角	
气液缓冲器阻抗力	
牵引环弹簧容量	
2. 中间半自动柴田式车钩缓冲装置	
参数	范　围
车钩最大拉伸载荷	
车钩最大压缩载荷	
缓冲器最大拉伸载荷	
缓冲器最大压缩载荷	
缓冲器能量吸收(拉伸时)	
缓冲器能量吸收(压缩时)	
缓冲器行程	

第四步:借助校内外实训基地,利用 CR400AF 型动车组实物及车钩缓冲装置实训台等实训设备,完成下列实训项目,并完成实训单。

实训 1　动车组车端连接装置一级检修

1. 准备工作

(1)按小组进行角色分配,4 人一组,全班分成若干个工作小组。

(2)确认工作服、防护鞋、安全帽等劳保用品按规定穿戴。

(3)按照工具和材料清单清点工具和材料,检查各工具校验周期是否超期。

(4)作业前确认止轮器已设置,接触网断电,接地杆已挂、安全号志已插设。

2. 车端连接装置一级检修作业操作

作业工具:手电筒、对讲机、工具包等。

按照一级检修作业流程线路对以下各部分进行检查:

1)防雪风挡(全列)检查(图 4-28)

(1)目视检查防雪风挡下部外观无破损、裂纹,安装螺栓安装牢固,无松动、缺失。

(2)目视检查防雪风挡吊座,无裂纹和明显机械损伤。

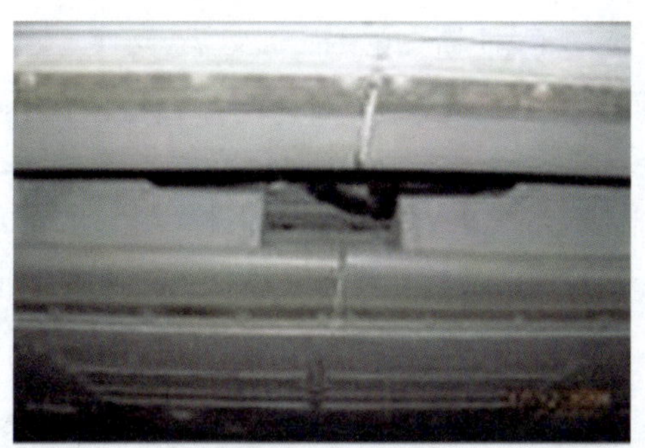

图 4-28 防雪风挡

2)内风挡(全列)检查(图 4-29)

(1)目视检查内风挡下部无损伤,橡胶无老化、破损。

(2)目视检查锁闭装置无脱落,处于锁闭位。

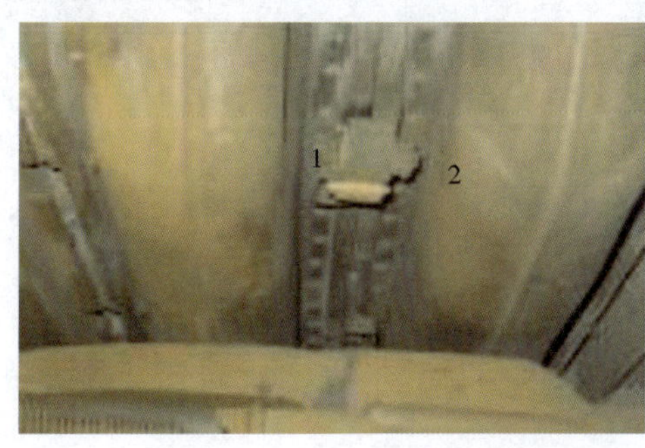

1—锁闭装置;2—内风挡。

图 4-29 内风挡及闭锁装置

3)外风挡(全列)检查(图 4-30)

(1)目视检查外风挡无变形、破损。

(2)目视检查安装螺栓安装紧固,无松动、缺失,防松标记清晰无错位。

图 4-30 外风挡

4)车端连接处及密接车钩(全列)检查(图 4-31)

(1)目视检查空气橡胶软管无破损、老化、鼓泡、漏气;管接头无松动、无损伤、漏气;管夹无松动、脱落。

(2)目视检查密接车钩、缓冲器托板安装螺栓无松动、缺失,开口销齐全完好。

(3)目视检查车钩接头、接头缓冲器、底架框架支架、支座、支座弹簧箱、滑板、释放手柄安装牢固无松动,无弯曲、裂纹、损伤。

(4)目视检查车钩电器线缆绝缘层无破损,连接良好无松动,安装牢固,悬挂链无松脱。

(5)目视检查电气连接器体无损伤,裂纹,安装螺栓无松动,下部连接牢固、无松动。

(6)目视检查锁定装置锁闭功能正常,两电气连接器之间无间隙,防松铁丝无松动、断裂、缺失。

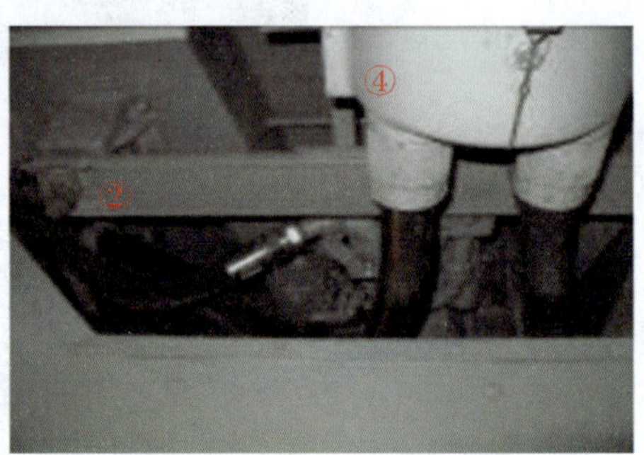

1—橡胶总风管;2—缓冲器托梁;3—车钩电气线缆;4—电器连接器;5—锁定装置。

图 4-31　车端连接处

5)填写车端连接装置一级检修实训单 4-1。

实训单 4-1　车端连接装置一级检修

<table>
<tr><td>实训项目</td><td colspan="5"></td></tr>
<tr><td>实训工具</td><td colspan="5"></td></tr>
<tr><td>实训耗材</td><td colspan="5"></td></tr>
<tr><td>小组编号</td><td></td><td>实训场地</td><td></td><td>姓名</td><td></td></tr>
<tr><td>准备工作</td><td colspan="5"></td></tr>
</table>

序号	检查项目	标准状态	检查状态	备注
1	防雪风挡			设置 2 个故障点
2	内风挡			设置 2 个故障点
3	外风挡			设置 2 个故障点
4	车端连接处及密接式车钩			设置 4 个故障点

实训 2　CR400AF 型自动车钩缓冲装置检修

1. 准备工作

(1)按小组进行角色分配,4 人一组,设组长 1 人,全班分成若干个工作小组。

(2)确认工作服、防护鞋、安全帽等劳保用品按规定穿戴。

(3)按照工具和材料清单清点工具和材料,检查各工具材料是否齐全。

(4)作业前确认止轮器已设置,接触网断电,接地杆已挂、安全号志已插设。

2. CR400AF 型动车组自动车钩缓冲装置检修作业流程

在校内实训基地进行无电作业。

作业工具:动车组车钩中心高度测量尺、36 mm 叉口棘轮扳手、200 mm 叉口扭力扳手、记号笔等。

1)手动分解机械车钩

(1)站稳后,拉动解钩拉绳直至车钩解开(咔嗒声)。解钩拉绳及棘轮位置如图 4-32 所示。

(2)检查车钩锁是否处于解钩位置,确保棘轮从车钩头外侧的基面(凹锥侧)伸出。

(3)将解钩手柄挂到相应的固定座上。解钩操作结束。

图 4-32 手动解钩手柄及棘轮位置

2)车钩高度测量与调整

(1)此项作业前须确认 MR 压力在 780 kPa 以上,当风压不满足要求时可待动车组供电打风至 780 kPa 以上后进行测量。

(2)组员 1 将动车组车钩中心高度测量尺底座放置轨道上,将高度测量尺打开与底座保持垂直,上下移动卡尺,要求指针对准车钩中心线标记中心,并锁紧卡尺。组员 2 读取钢板尺另一端数值,高度符合 $1\,000^{+10}_{-25}$ mm,车钩钩头左右偏转角度不大于 1°(钩头立面两侧高度差不超过 8 mm)。

(3)如果钩高超出允许范围则按下述方法调节(图 4-33),如果车钩钩头较低,用36 mm的叉口棘轮扳手松开螺母 1 和 2,向车钩上方拧紧左右两只螺栓 3 相同的圈数,直至车钩达到垂直高度范围,使用扭力扳手重新拧紧螺母 1 和 2,涂打防松标记。螺母 1、2 和螺栓 3 之间拧紧扭矩大小为 200 N · m。

(4)如果车钩钩头较高,用 36 mm 的叉口棘轮扳手松开螺母 1 和 2。向车钩下方松动左右两只螺栓 3 相同的圈数,直至车钩达到垂直高度范围,使用扭力扳手重新拧紧螺母 1 和 2,涂打防松标记。螺母 1、2 和螺栓 3 之间拧紧扭矩大小为 200 N · m。

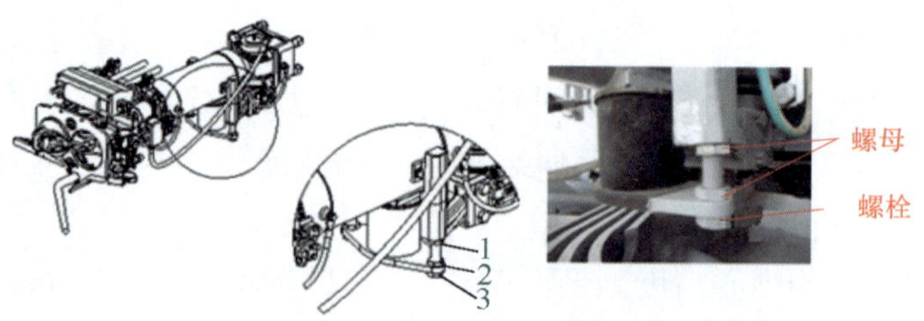

图 4-33　车钩高度调整

3）电气车钩手动解钩

4）填写 CR400AF 型动车组自动车钩缓冲装置操作实训单 4-2

用扳手逆（顺）时针拧动传动轴六角头 1（图 4-34 中圆圈处）实现电气车钩的缩回（和推出）。调整螺栓位置见图 4-34。

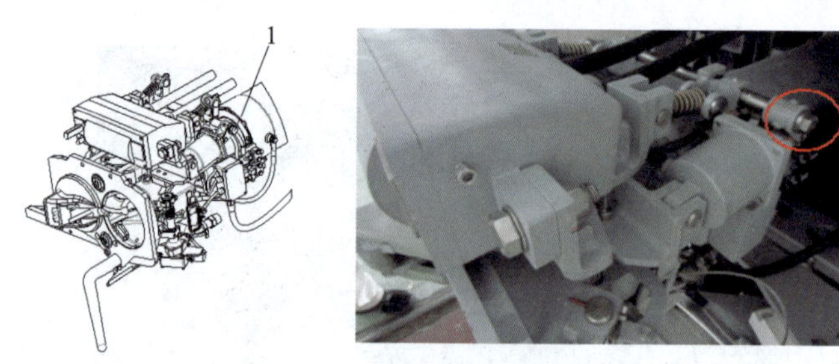

图 4-34　调整螺栓位置

实训单 4-2　CR400AF 型动车组自动车钩缓冲装置操作

<table>
<tr><td colspan="2">实训项目</td><td colspan="4"></td></tr>
<tr><td colspan="2">实训工具</td><td colspan="4"></td></tr>
<tr><td colspan="2">实训耗材</td><td colspan="4"></td></tr>
<tr><td colspan="2">小组编号</td><td>实训场地</td><td></td><td>姓名</td><td></td></tr>
<tr><td colspan="2">准备工作</td><td colspan="4"></td></tr>
<tr><td>序号</td><td>操作步骤</td><td>是否符合流程</td><td>操作是否规范</td><td colspan="2">备注</td></tr>
<tr><td>1</td><td></td><td></td><td></td><td colspan="2"></td></tr>
<tr><td>2</td><td></td><td></td><td></td><td colspan="2"></td></tr>
<tr><td>3</td><td></td><td></td><td></td><td colspan="2"></td></tr>
<tr><td>4</td><td></td><td></td><td></td><td colspan="2"></td></tr>
<tr><td>5</td><td></td><td></td><td></td><td colspan="2"></td></tr>
<tr><td>6</td><td></td><td></td><td></td><td colspan="2"></td></tr>
<tr><td>7</td><td></td><td></td><td></td><td colspan="2"></td></tr>
<tr><td>8</td><td></td><td></td><td></td><td colspan="2"></td></tr>
</table>

第五步：小组评价与自我评价。

结合实训完成情况，完成评价单4-1。

评价单4-1　小组评价与自我评价

实训项目					
小组编号		实训场地		实训者	
序号	评价项目	分值	实训要求		自我评价
1	任务完成情况	30	能正确使用工具，按要求完成实训任务（漏检、错检一项扣5分）		
2	操作过程	20	操作过程符合要求，没有按照作业顺序或规范完成扣5分		
3	实训记录	20	记录规范、完整，准确（记录不全、错误一项扣5分）		
4	实训纪律	15	遵守实训课堂纪律，无事故，实训工具未损坏		
5	团队合作	15	服从工作安排，团队协作意识强		
实训总结与反思： 小组其他成员评价得分：______、______、______、______、______ 组长评价得分：______					

第六步：教师评价

结合实训完成情况，由教师填写评价单4-2。

评价单4-2　教师评价

实训项目					
小组编号		实训场地		实训者	
序号	评价项目	分值	实训要求		考核评价
1	操作程序	30	能正确使用工具，按要求完成实训任务		
2	操作速度	10	按时完成实训操作		
3	数据记录	10	实训记录单整洁，无转抄，涂改，抄袭等		
4	实训成果	30	记录规范、完整，步骤规范、熟练（每个步骤错误扣5分）		
5	安全操作	10	无实训事故，实训工具未损坏		
6	团队合作	10	服从组长工作安排，能配合其他成员工作		
需改进的问题： 指导教师：　　　　　　　　评价时间：					

五、拓展知识点

序号	名称	对应考核	相关知识点二维码
知识点 4-1	CR400BF 型动车组自动车钩装置	作业单 4-1	
知识点 4-2	CRH380A 型动车组自动车钩	作业单 4-1	
知识点 4-3	动车组车端连接装置	作业单 4-1	
知识点 4-4	自动车钩三级检修工艺	实训 1	

任务二　半永久车钩与过渡车钩检修

一、学习目标

【知识目标】

1. 了解不同动车组半永久车钩的组成及原理。
2. 掌握不同动车组过渡车钩的结构、作用与原理。
3. 掌握不同动车组半永久车钩的连挂流程。
4. 了解不同过渡车钩的救援安装流程。

【能力目标】

1. 能说出不同动车组半永久车钩、过渡车钩的组成及各部分作用。
2. 能对照不同动车组实物或仿真模型讲解其半永久车钩、过渡车钩的结构与作用。
3. 能以小组方式开展动车组过渡车钩连挂操作作业。

【素养目标】

1. 培养学生良好的学习习惯和行为习惯。
2. 培养学生爱岗敬业、团结协作、精益求精的工匠精神。
3. 培养学生“安全高于一切、责任重于泰山、一切行动听指挥”的半军事化管理铁路职业素养。

二、任务导入

车端连接装置作为动车组的重要组成部分，其使用性能关系到动车组的正常运用。CR400BF 型动车组是我国动车组系列产品家族中的新一代动车组，了解和掌握 CR400BF 型动车组车端连接装置的组成、作用、原理以及各部分的结构、工作原理、使用和维护方法对我们正确运用 CR400BF 型动车组以及保障动车组线上运营安全是非常重要的。

本任务旨在通过对 CR 和 CRH 系列动车组半永久车钩、过渡车钩的结构、作用原理、操作维护方法进行讲解，使学习者具备对动车组车端连接装置的知识、技能等有迁移能力，同时，学习者可通过相关知识点和微课资源的学习，掌握动车组机械师所必备的相关知识和技能，并完成后续学习。

三、相关知识点

知识点 1　半永久车钩

1. CR400BF 型动车组半永久车钩

1）半永久车钩结构及作用原理

CR400BF 型动车组上的半永久车钩由风管接头、牵引杆、轴承座、连接卡环、接地线等零部件组成，如图 4-35 所示。

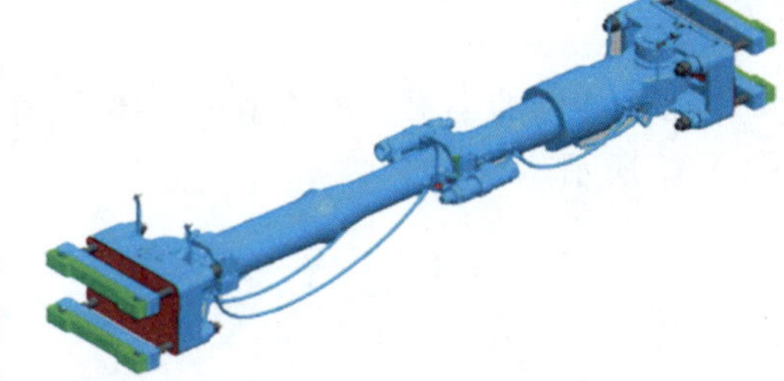

图 4-35　CR400BF 型动车组半永久车钩

CR400BF 型动车组的每辆头车的二位端和每辆中间车的车端都配有半永久性中间车钩。中间车钩包括两种不同的部分，一种是带缓冲器的，另一种是带压溃管的，两部分用便于分离的卡环连接，确保连接可靠和安全。中间车钩可以满足连挂的列车通过垂直和水平曲线以及旋转运动。风管的连接是在车钩连接后自动实现的。车钩的两部分只能由人工分解。

2）带缓冲器的半永久车钩结构

如图 4-36 所示为带缓冲器的半永久车钩。

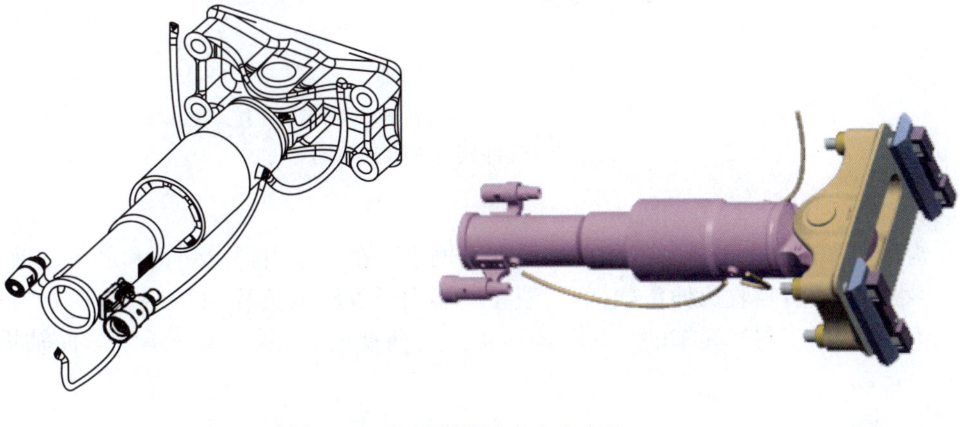

图 4-36　带缓冲器的半永久车钩

带缓冲器的半永久车钩技术参数见表 4-2。

表 4-2　带缓冲器的半永久车钩技术参数

压缩强度(Rp0.2)	无永久变形		1 500 kN
抗拉强度(Rp0.2)	无永久变形		1 000 kN
长度	枢轴到车钩表面		(1 131 ±5) mm
总重			约 280 kg
摩擦弹簧	行程	牵引/缓冲	约 23 mm
	复位载荷	牵引/缓冲	80 ±25 kN
	最大载荷	牵引/缓冲	约 600 kN
	能量吸收	牵引/缓冲	约 7.8 kJ
气液缓冲器	行程	缓冲	62 ±1 mm
	复位载荷	缓冲	85 ×(1 ±10%) kN
	最大载荷	缓冲	800 ×(1 ±10%) kN
	能量吸收	缓冲	40 ×(1 ±10%) kJ
最大摆角	垂直		约 7°
	水平		约 20°

带缓冲器的半永久车钩由风管接头、牵引杆、安装座、连接卡环、接地线等零部件组成，如图 4-37 所示。

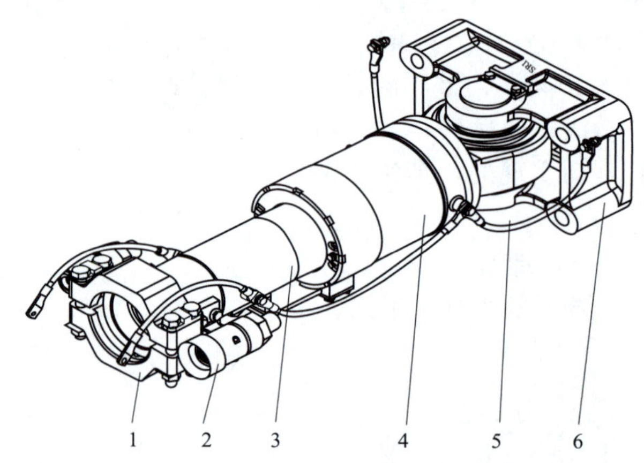

1—连接环组成;2—风管连接器;3—车钩牵引杆;4—缓冲器;5—接地线;6—安装座。

图 4-37　带缓冲器的半永久车钩部件

(1)车钩牵引杆

车钩牵引杆通过便于拆卸的卡环连接在车辆上。车钩牵引杆由弹簧和一个气液缓冲器组成，缓冲器利用弹簧吸收拉伸负载，而气液缓冲器则吸收压缩负载，如图 4-38 所示。车钩牵引杆前端为轴环，用于与对面车的中间车钩连接。后柄端做成环状，用来承纳球面轴承，使车钩可以自由运动。

(2)安装座

安装座作用是将牵引力和压缩力传递到车辆底架。安装座利用钩尾销连接到车钩牵引杆上，允许车钩牵引杆作水平运动。

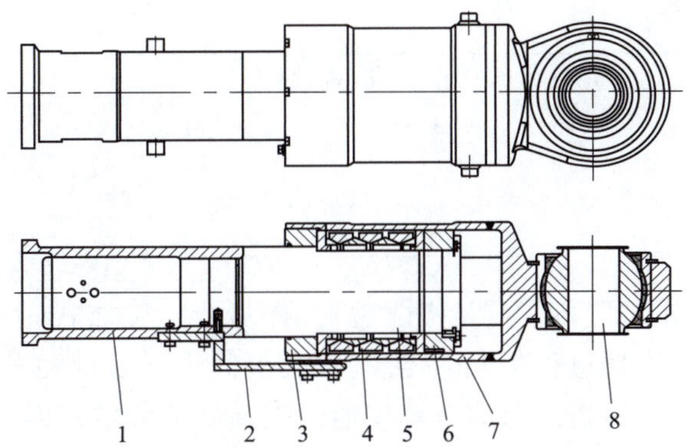

1—牵引杆;2—防转板;3—前端螺母;4—环簧;5—缓冲器;6—后端螺母;7—壳体;8—拉环。

图 4-38 车钩牵引杆

(3)连接卡环

连接卡环用来将车钩牵引杆连接到对面的车钩上。连接卡环由上、下两个卡环组成,下卡环上有一个排水孔。

(4)接地

接地线连接到车钩,用来引导电流绕过非传导性部件。接地线位于:

①两个中间车钩的车钩牵引杆之间(两侧)。

②车钩前、后部分(两侧)之间。

③车钩牵引杆与车辆底架之间(两侧)。

3)带压溃管的半永久车钩结构

带压溃管的半永久车钩包括安装座、压馈管、风管连接器、连接环组成,带压馈管半永久车钩组成如图 4-39 所示。

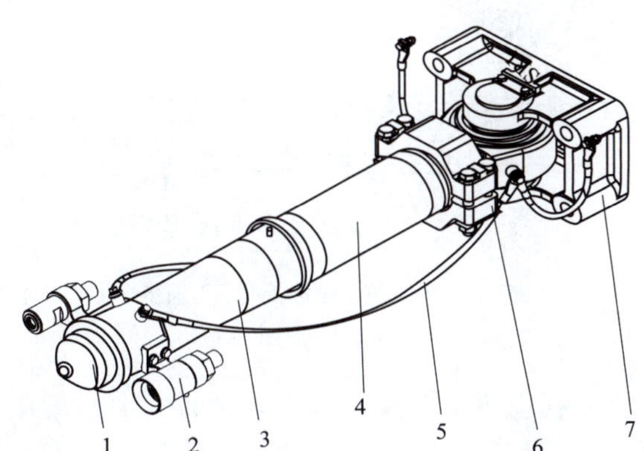

1—导向锥;2—风管连接器;3—加压管;4—压溃管;5—接地线;6—连接环组成;7—安装座。

图 4-39 带压溃管的半永久车钩

带压溃管的半永久车钩技术参数见表 4-3。

表 4-3 带压溃管的半永久车钩技术参数

压缩强度(Rp0.2)	无永久变形	1 500 kN
抗拉强度(Rp0.2)	无永久变形	1 000 kN

续上表

长度	钩尾销回转中心到车钩连挂面	(1 150 ±5) mm
总重	约 204 kg	
最大摆角	垂直	约 7°
	水平	约 20°

带压溃管的半永久车钩配备了能量吸收装置(压溃管),膨胀式压溃管具有较大的能量吸收能力,当列车在运行或连挂过程中发生碰撞,压载荷低于压溃管触发力时,压溃管吸能元件不发生动作,所有的冲击能量将由与该车钩相连的缓冲器来吸收;压载荷大于设定值时,压溃管就发生作用产生塑性变形,最大限度吸收冲击能量,以达到保证车辆及人身安全和保护车辆设备的目的。

(1)压溃管

车钩压溃管(图 4-40)用于两辆车之间的连接,通过易于拆卸的卡环连接在车辆上。车钩压溃管由加压管、加压锥、中心轴、膨胀管、连接卡环、后端拉环等组成。当车辆碰撞过程中发生的冲击压缩载荷大于压溃管设定值时,压溃管就发生作用产生塑性变形,最大限度吸收冲击能量,以达到保证车辆、人身安全和保护车辆设备的目的。

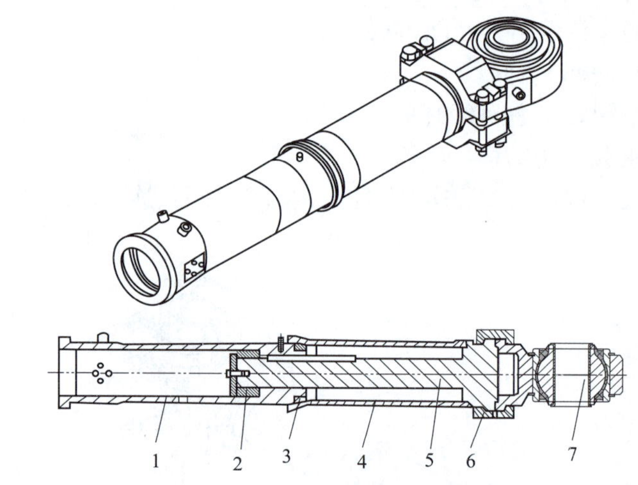

1—加压管;2—螺母;3—加压锥;4—膨胀管;5—中心轴;6—连接卡环;7—拉环。

图 4-40　车钩压溃管

车钩压溃管前端为轴环,利用便于拆卸的卡环与对面的中间车钩连接在一起。后端拉环做成环状,用来承纳球面轴承,使车钩可以自由运动,拉环与压溃管中心轴利用便于拆卸的卡环链接。

(2)连接卡环

连接卡环用来将车钩压溃管连接到对面的车钩上。连接卡环将单独交付。连接卡环由上、下两个卡环组成,下卡环上有一个排水孔。两个卡环用四个六角头螺栓和六角螺母连接在一起,并在螺栓和螺母下面分别采用防松块及防松板锁定。将防松板沿螺母折起挡住螺母以起到防松的作用。连接卡环结构及外形如图 4-41 所示。

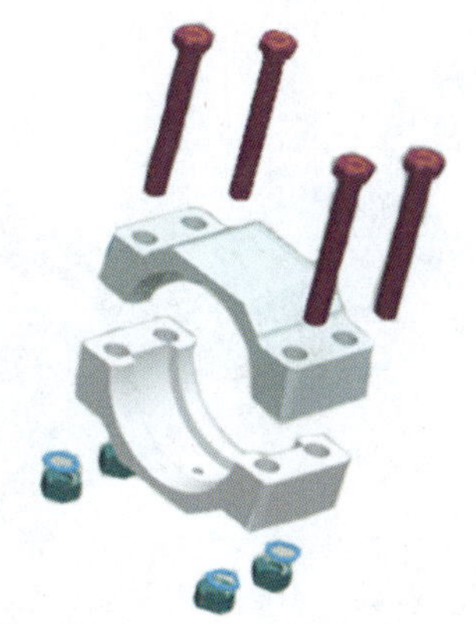
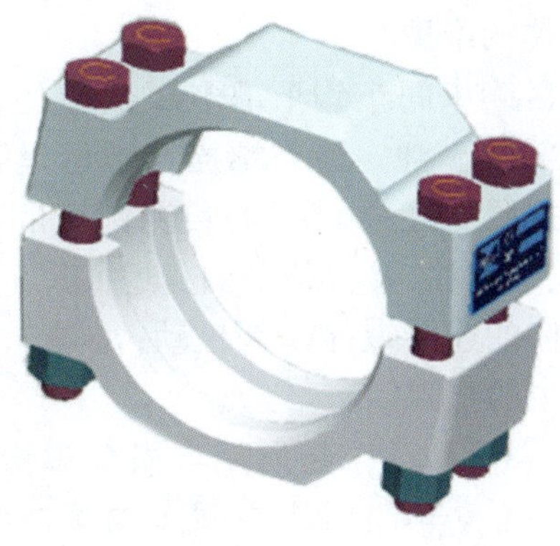

图 4-41　连接卡环结构及外形

4）半永久车钩连挂

装有半永久车钩的两个车辆连挂，主要通过连接卡环进行，在连接时有排水孔的卡环必须朝下放置。半永久车钩连挂示意图如图 4-42 所示。

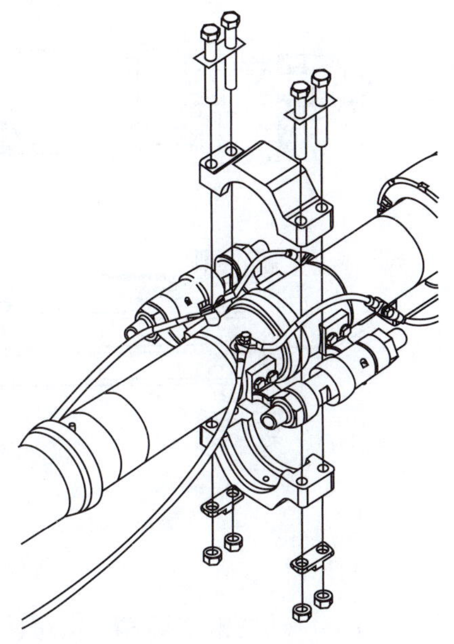

图 4-42　半永久车钩连挂示意

装有半永久车钩的两个车辆进行连挂所需要的工具材料有：标准工具、可调节扭矩扳手，锤子和木块或者橡胶锤子、4 个 M20 × 160（8.8 级）螺钉、4 个 M20（8 级）螺母、6 个锁紧垫圈 VS20、清洁剂、润滑脂、钢丝等。

连挂步骤如下：

（1）连挂准备

①确认半永久车钩上装有对中圆锥，锥头指向另一半车钩的对中衬套。

②目视检查两个连挂的半永久车钩有无损坏。

③清洁车钩牵引杆的轴环和卡环的内表面。

④在螺栓螺纹上涂润滑脂。

⑤在车钩牵引杆的轴环上涂润滑脂。

（2）半永久车钩连挂

①缓慢地驱动车辆，将车钩的两半对正，使车钩牵引杆结合环相互靠近。

②将新的六角头螺栓插入上卡环的孔内并将上卡环放在结合环上。

③放好下卡环（带有排水孔的），垫上新的锁紧垫圈并用手拧紧六角螺母，将两个卡环结合在一起。

④用锤子轻击卡环（下面垫上木块），保证配合紧密。

⑤用扳手固定六角头螺栓，并将各个六角头螺母交叉拧紧到（300 ± 10） N · m 的扭矩。

⑥重复④与⑤两次。

⑦用润滑脂注满下卡环上的螺栓与螺栓孔之间的间隙（防腐蚀）。

（3）连接风管接头

检查风管接头是否泄漏（无嘶嘶的杂音）。

中间车辆半永久车钩连接后状态如图 4-43 所示。

5）半永久车钩的维护

每隔1.5月目测中间车钩下部卡环孔中是否有油，如没有，则需填满油。检查螺栓与螺母是否松动，如松动，要按照规定力矩紧固；目测钩身是否有漏油现象，如发现漏油，要将整个钩身返回厂商；检查轴承座与车体的连接螺栓是否松动；每隔1.5年更换风管接头中的垫圈。

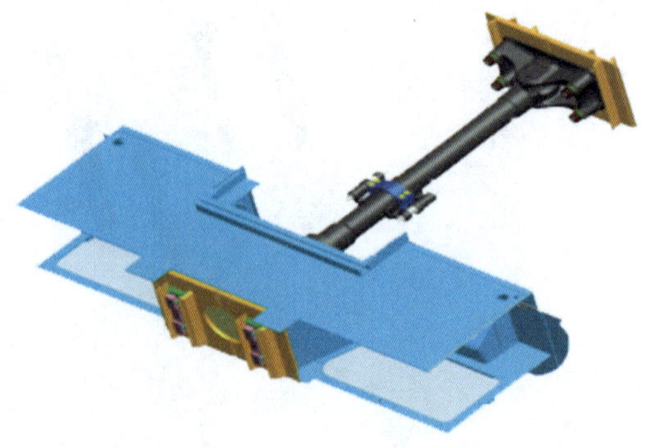

图4-43　中间车辆半永久车钩连挂状态

2. CRH380A（L）型动车组所用半永久车钩

CRH380A（L）型动车组所用中间车钩缓冲装置采用半自动柴田式密接式车钩和复式橡胶缓冲器。其整体结构如图4-44所示。

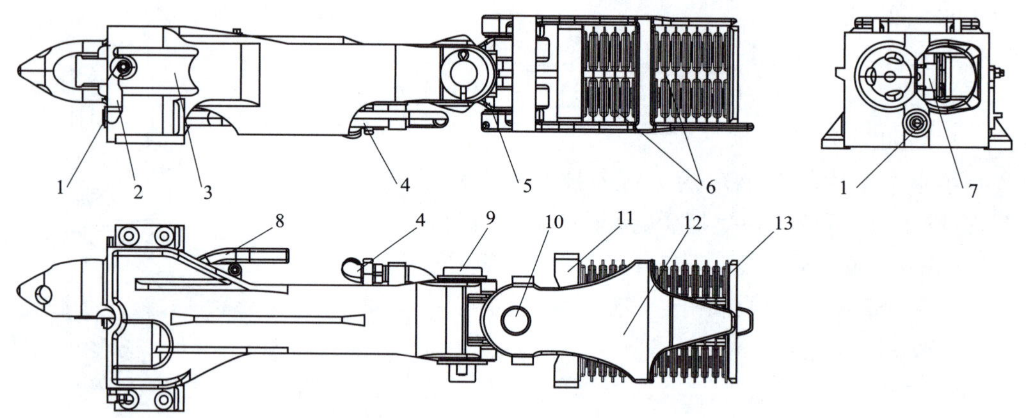

1—阀体；2—钩锁；3—钩体；4—空气管路；5—框接头；6—橡胶缓冲器；7—钩舌；
8—解钩杆；9—横销；10—纵销；11—前挡板；12—缓冲器框体；13—后挡板。

图4-44　中间车钩缓冲装置基本结构

1）半自动柴田密接式车钩缓冲装置技术参数见表4-4。

表4-4　半自动柴田密接式车钩缓冲装置技术参数

车钩的强度	拉伸载荷		约1 570 kN
	压缩载荷		约3 040 kN
缓冲器性能	最大载荷	拉伸载荷	≤1 200 kN
		压缩载荷	≤1 200 kN
	能量吸收	拉伸时	≥10.7 kJ
		压缩时	≥13.9 kJ
	行程	拉伸时	≤44 mm
		压缩时	≤56 mm

2）半自动柴田密接式车钩结构

半自动柴田密接式车钩主要由钩体、钩舌、解钩杆、推力弹簧和钩锁几部分组成，如图4-44所示。

3）柴田密接式车钩操作方法

扫描课程资源二维码，观看视频了解柴田密接式车钩的操作方法。

柴田密接式车钩

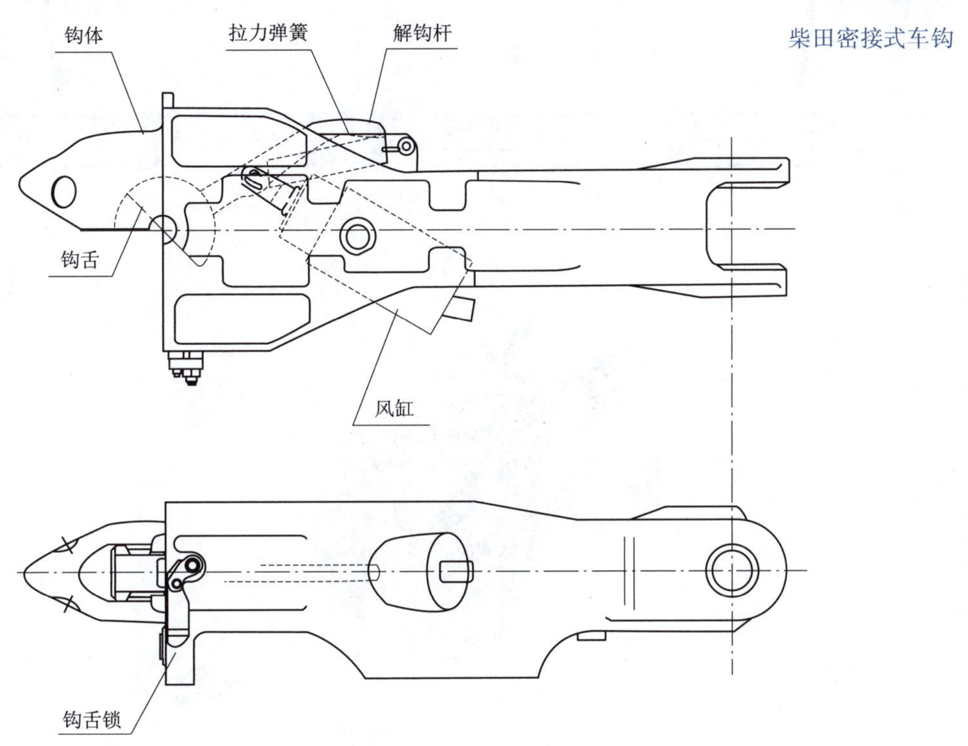

图4-45　中间半自动柴田密接式车钩结构

知识点2　过渡车钩

动车组配备两套过渡车钩，位于1车和8车的车钩存放柜内，过渡车钩由多个车钩部件组成。机车通过过渡车钩牵引/拖曳动车组，机车配备符合中国标准的车钩（型号AAR）。过渡车钩安装在自动车钩钩头上。在正常情况下，牵引机车的车钩高度为880 mm。自动车钩高度为1 000 ± 10 mm。其中AAR车钩有120 mm的高度差。过渡车钩带有将10型车钩的风管接头连接到配备AAR车钩的机车空气系统的软管接头。

在与AAR车钩连挂前，必须手动将过渡车钩安装到10型车钩上。

过渡车钩设计用来牵引一列8编组动车组。只有在回送和救援工况时才可使用过渡车钩牵引动车组，在列车正常运行时，不得使用。

1. CR400BF型动车组过渡车钩

过渡车钩由两个车钩模块组成，第1部分是：与动车组10型车钩相连接的密接式车钩；第2部分是AAR型钩头，保证同既有机车车钩连接。过渡车钩设置TB/T 60—2014《机车车辆用制动软管连接器》规定的空气软管相连接的过渡风管接口，为救援和回送时提供压缩空气。结构形式满足动车组被既有机车救援及回送，以及各型动车组相互之间救援及回送的要求，过渡车钩存放位置如图 4-46 所示，过渡车钩如图 4-47 所示。

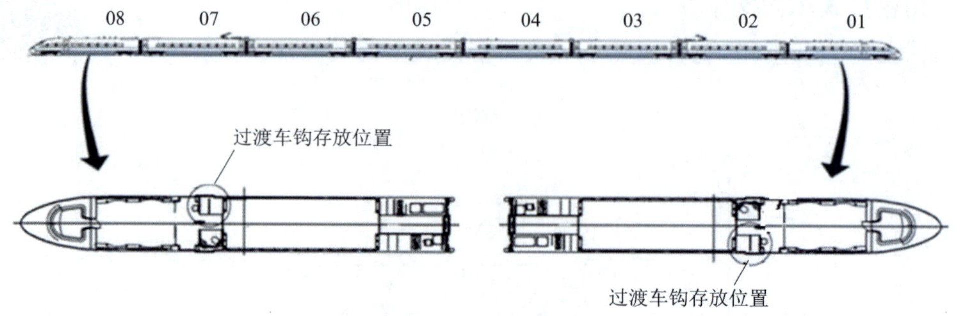

图 4-46　过渡车钩存放位置

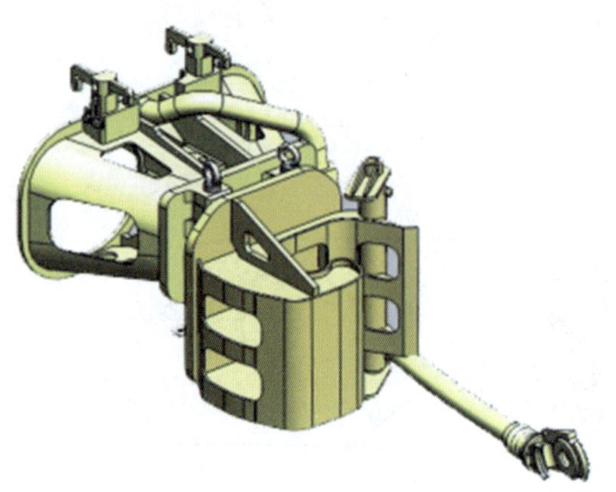

图 4-47　过渡车钩

1）主要技术参数

CR400BF 型动车组过渡车钩的主要技术参数见表 4-5。

表 4-5　主要技术参数

压缩强度		500 kN
拉伸强度		550 kN
兼容性		10 型和 AAR 型钩头
车钩长度		634 mm
车钩质量	10 型过渡车钩	约 46 kg（包含制动软管接头）
	AAR 型过渡车钩	约 39 kg
	整体组件	约 85 kg

过渡车钩钩头表面边缘较宽平，用来将压缩载荷通过自动钩头和相应 AAR 车钩传至车体底架。牵引力通过钩锁（包括钩板、连杆和中枢）进行传递。过渡车钩的钩锁形成一个平

行四边形,可确保力达到平衡,因而可防止车钩被意外打开。正常磨损不会影响钩锁的安全性。

2)过渡车钩(10 型)

(1)10 型过渡车钩

10 型过渡车钩设计用来与自动车钩相连接,结构如图 4-48 所示。连挂面板用以承受压力载荷和冲击。牵引载荷则通过连接杆和钩舌传递至过渡车钩的其他部分。

车钩头表面分为凸锥面和凹锥面。在过渡车钩与自动车钩连挂时自动对正和对中。

钩体组成带有制动软管连接器,用于连接来自牵引车的 BP(制动管路)压缩空气。

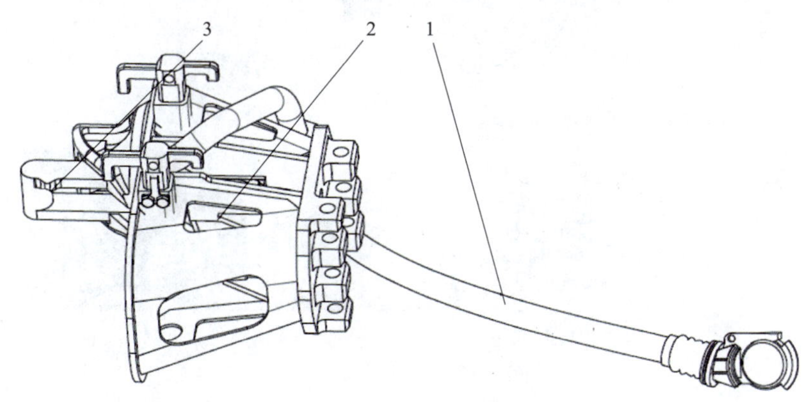

1—制动软管连接器;2—钩舌;3—连挂杆。

图 4-48 10 型过渡车钩

(2)AAR 过渡车钩

AAR 过渡车钩用来与装有 13/15 号车钩的列车进行连挂,结构如图 4-49 所示。

为了能够与采用 13/15 号车钩的牵引列车配合使用,此机车过渡车钩模块配有上下防跳装置,上防跳装置有 2 个安装孔(①、②),下防跳装置有 3 个安装孔(③、④、⑤),图 4-49(a)是存放状态,图 4-49(b)是工作状态。防止在正常作业时由于 13/15 号的跳动解钩。正常工作状态时上防跳架使用图 4-49(b)中件号为②的孔安装,下防跳架件号为④的孔安装(中间孔)。

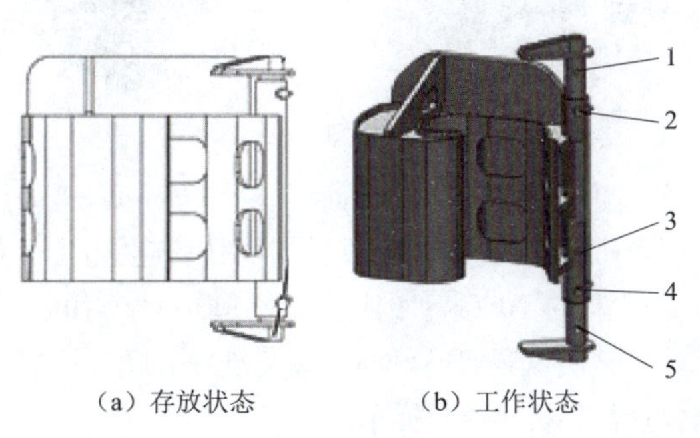

1、2、3、4、5—孔。

图 4-49 ARR 过渡车钩

3)辅助挂钩(图 4-50、图 4-51)

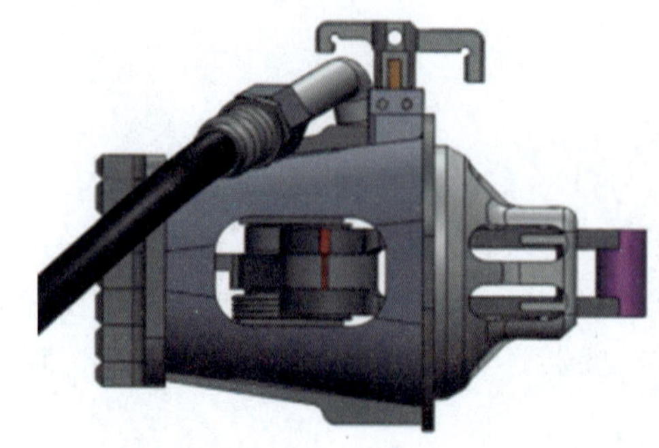

图 4-50　过渡车钩连挂到位指示

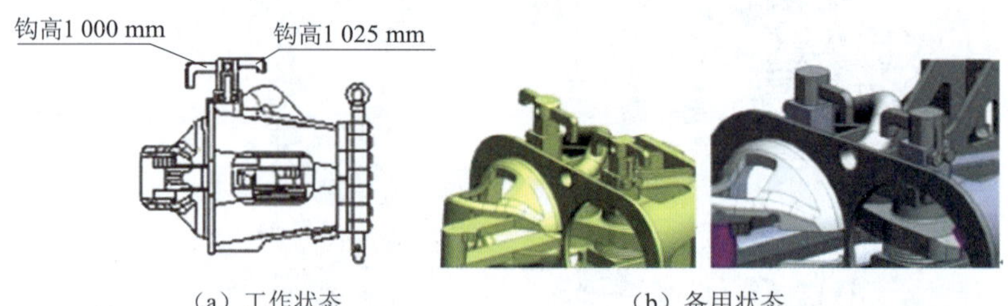

(a)工作状态　　(b)备用状态

图 4-51　挂钩状态示意

4)过渡车钩存放(图 4-52)

图 4-52　过渡车钩存放示意

2. CR400AF 型动车组过渡车钩

CR400AF 型动车组过渡车钩是在救援和回送时,用来连挂机车和动车组的部件。该过渡车钩包括三个模块:1 000 mm 高的 10 型车钩模块、1 000 mm 高的柴田式车钩模块、880 mm 高的 15 号车钩模块。过渡车钩模块两两组合便可以实现不同车辆之间的相互救援连挂,过渡车钩存放于 1 车和 8 车,具体位置如图 4-53 所示。

1 000 mm 高的 10 型车钩模块和 880 mm 高的 15 号车钩模块组合可以实现机车、客车与动车组连挂;1 000 mm 高的 10 型车钩模块和 1 000 mm 高的柴田式车钩模块组合可以实现动车组与 CRH2 型及 CRH380A/AL 型动车组的连挂。

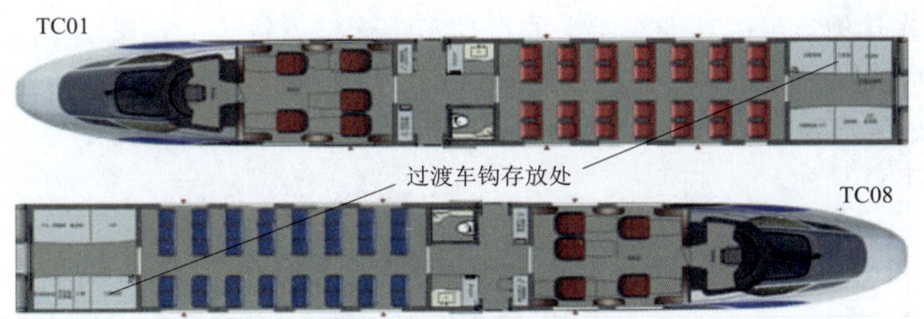

图 4-53 过渡车钩存放位置

1）过渡车钩基本参数

CR400AF 型动车组的过渡车钩的基本参数见表 4-6。

表 4-6 过渡车钩的基本参数

最高使用速度	120 km/h	
最大连接辆数	16 辆	
车钩强度	纵向拉伸屈服强度	≥500 kN
	纵向压缩屈服强度	≥550 kN
车钩质量	10 型车钩模块	42.9 kg
	柴田式车钩模块	32.1 kg
	15 号车钩模块	42.41 kg

2）过渡车钩基本结构

过渡车钩整体结构如图 4-54 所示。

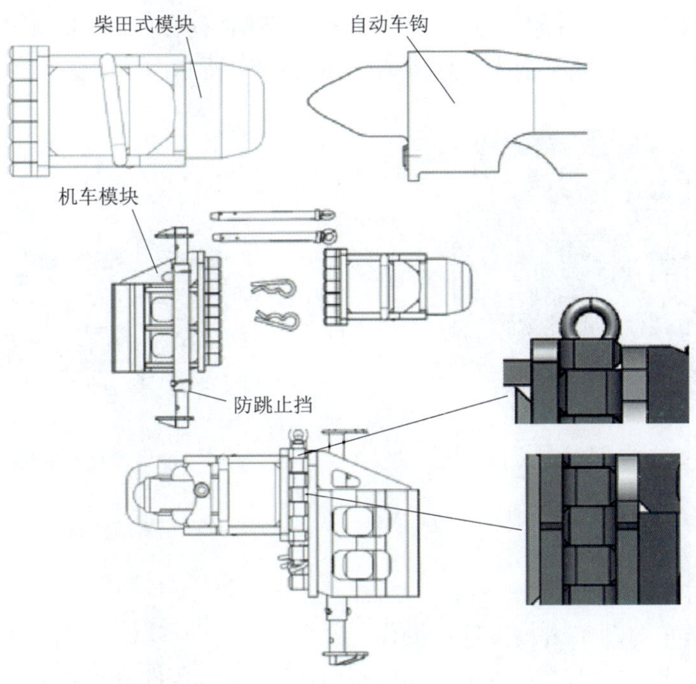

图 4-54 过渡车钩整体结构

10 型过渡车钩模块可以和动车组上的自动车钩连挂。钩头的前端面有一个凸锥和一个凹锥,用于过渡车钩的连挂导向,保证过渡车钩和自动车钩连挂时的自动矫正和对中。10 型过渡车钩模块还包含有制动管和总风管,用以向机(客)车传递空气压力信号。10 型过渡车钩模块结构如图 4-55 所示。

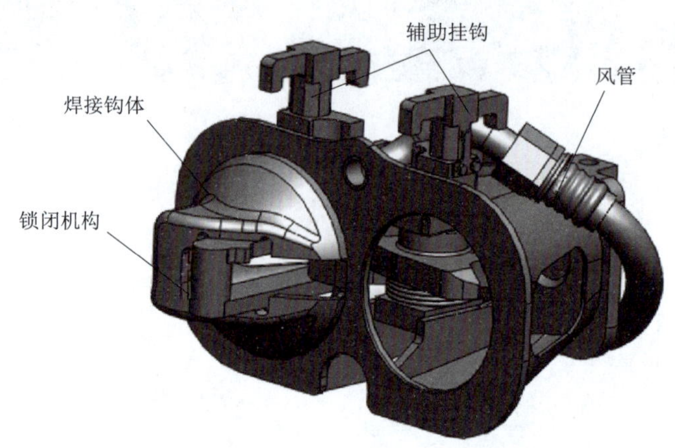

图 4-55　10 型过渡车钩模块结构

15 号过渡车钩模块(图 4-56)可以和机(客)车的 15 号(或者 13 号)车钩连挂,但 15 号过渡车钩的钩舌是固定的,当机(客)车的车钩处于待挂位置方可连挂。为防止过渡车钩在运行时上下摆动导致脱钩,在 15 号过渡车钩模块上安装了防跳架,这使得过渡车钩在运行时不会由于上下错动较大导致车钩脱钩。

柴田式过渡车钩模块主要用于 CRH2A/CRH380A 型动车组与安装有柴田式车钩的 CRH2/CR400AF 型动车组连挂时使用。柴田式过渡车钩模块可以与柴田式车钩连挂,使用时可通过连接销与其他模块实现连挂。具体结构如图 4-57 所示。

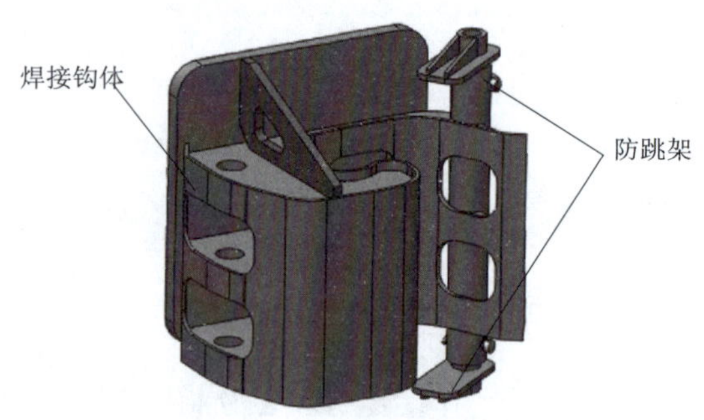

图 4-56　15 号过渡车钩模块

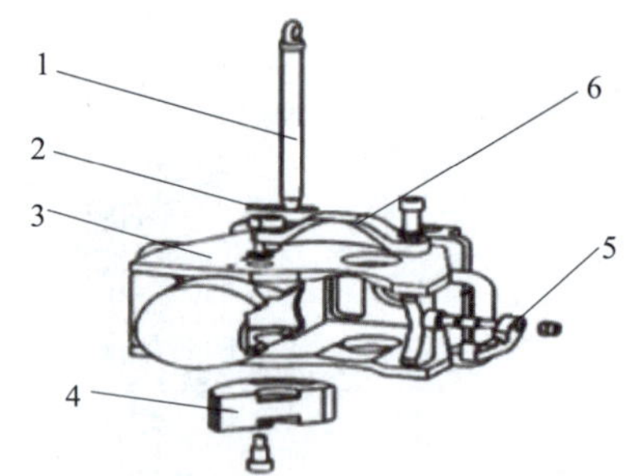

1—连接销;2—R 销;3—柴田式过渡车钩钩体;4—钩舌;5—钩锁;6—手柄。

图 4-57　柴田式过渡车钩模块结构

3)过渡车钩的连挂操作

(1)机车、回送车与动车组救援连挂操作

动车组在救援、回送过程中严格按照相关无火回送技术条件进行作业,为确保车钩间安全连挂,机车或回送车的 15 号车钩与动车组过渡车钩连挂操作如下:

①机车或回送车与动车组进行连挂时,地面须有专人指挥。

②先将过渡车钩的10型车钩模块安装在动车组头车的密接车钩上,确认锁销相互连挂完成。再将过渡车钩的15号车钩端通过销轴与已安装完成的10型车钩模块连挂。如果与CRH2型及CRH380A/AL型动车组连挂,也是先将10型车钩模块与动车组连挂后,再将柴田式车钩模块与10型车钩模块连挂。

③确认过渡车钩中15号车钩模块中心高度。

④确认动车组头车过渡车钩中心高度,须距轨面840~890 mm。

⑤确认机车或回送车15号车钩中心高度,须距轨面870~890 mm。

⑥确认过渡车钩和15号车钩中心高度差,须不超过50 mm。

⑦须同时符合以上车钩中心高度的要求,否则须调整。可以采取抬起过渡车钩然后轻轻放下的措施进行调整,或采取给空气弹簧充气以调整车钩高度的措施。直至满足安全连挂尺寸要求。

⑧将机车回送车停在距离动车组3 m以上的位置。

⑨机车或回送车车钩(15号车钩)置于释放状态。

⑩确认机车或回转车的车钩和动车组过渡车钩处于轨道的中心位置。

⑪以0.5~2 km/h的速度移动机车或回送车并使其与动车组连挂。

⑫瞬间连挂后,机车须立即制动,并进行试拉,确认连挂可靠。

⑬进行连挂的其他作业。

(2)CRH2型及CRH380A/AL型动车组与动车组救援连挂

动车组在救援过程中严格按照相关无火回送技术条件进行作业外,为确保车钩间安全连挂,CRH2型及CRH380A/AL型动车组与动车组过渡车钩连挂操作如下:

①CRH2型及CRH380A/AL型动车组与动车组进行连挂时,地面须有专人指挥。

②先将过渡车钩的10型车钩模块安装在动车组头车的密接车钩上,确认锁销相互连挂完成,再将柴田式车钩模块与10型车钩模块连挂。

③确认柴田式车钩模块中心高度。

④确认动车组头车过渡车钩中心高度,须距轨面945~1 005 mm。

⑤确认CRH2型及CRH380A/AL型动车组前端柴田式车钩中心高度,须距轨面995~1 005 mm。

⑥确认过渡车钩和15号车钩中心高度差,须不超过60 mm。

⑦须同时符合以上车钩中心高度的要求,否则须调整。可以采取抬起过渡车钩然后轻轻放下的措施进行调整,或采取给空气弹簧充气以调整车钩高度的措施。直至满足安全连挂尺寸要求。

⑧将机车回送车停在距离动车组3 m以上的位置。

⑨确认CRH2型及CRH380A/AL型动车组的车钩和被救援动车组柴田式过渡车钩处于轨道的中心位置。

⑩以0.5~2 km/h的速度移动救援动车组并使其与被救援动车组连挂。

⑪瞬间连挂后,机车须立即制动,并进行试拉,确认连挂可靠。

⑫进行连挂的其他作业。

过渡式车钩

四、任务实施

第一步:扫描学习网络视频课程内容。

第二步:学习教材本任务相关知识点1、2、3。

第三步：结合线上线下教学资料，完成作业单 4-2。

作业单 4-2　半永久车钩与过渡车钩

班级：　　　　姓名：　　　　学号：　　　　时间：

一、名词解释。

1. 半永久车钩：

2. 车钩牵引杆：

3. 压溃管：

4. 过渡车钩：

二、请填写下面设备的部件名称。

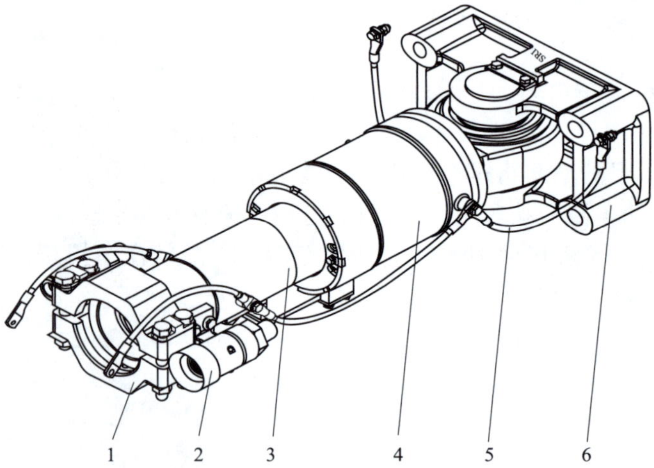

序号	名称
1	
2	
3	
4	
5	
6	

三、请填写下面设备的部件名称。

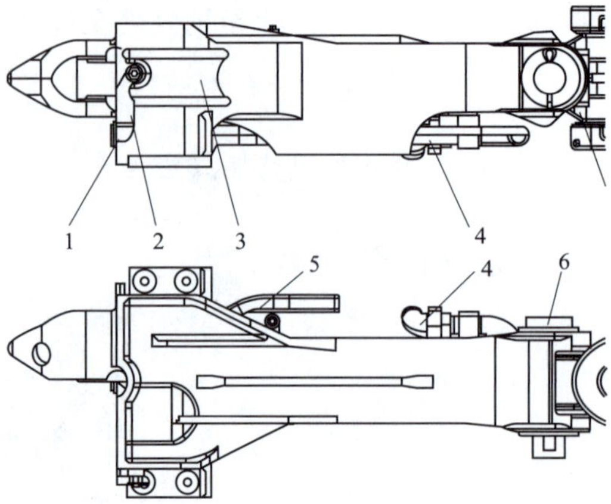

序号	名称
1	
2	
3	
4	
5	
6	

续上表

四、请填写下面设备的部件名称。

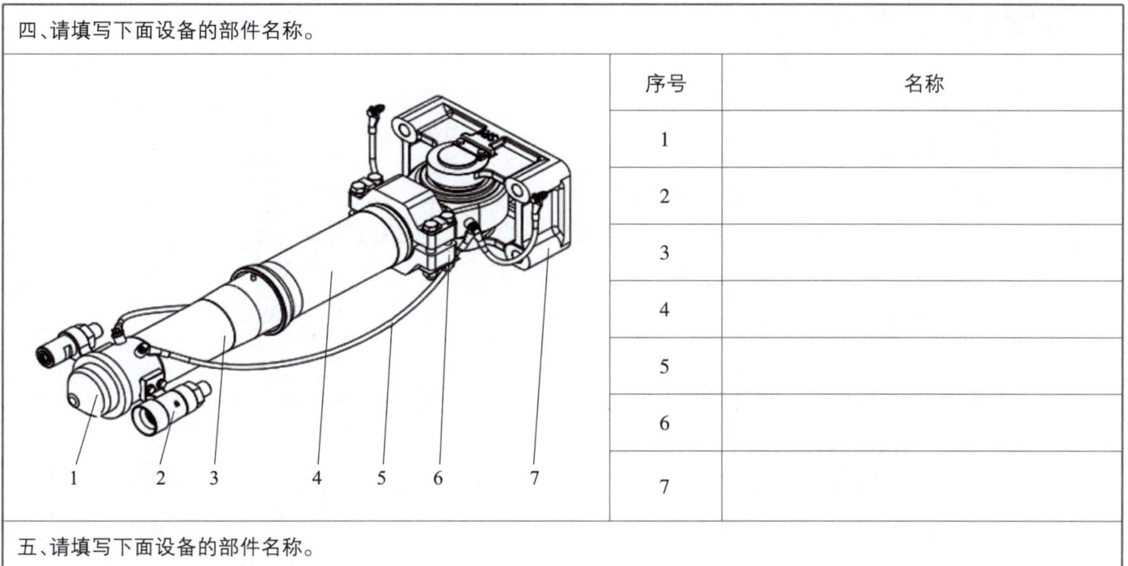

序号	名称
1	
2	
3	
4	
5	
6	
7	

五、请填写下面设备的部件名称。

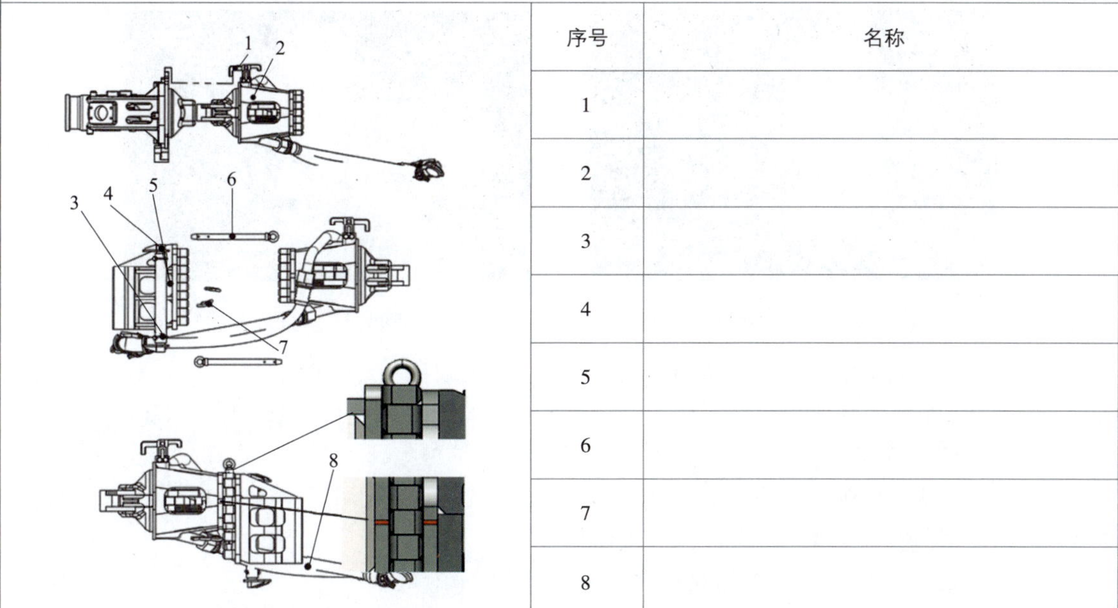

序号	名称
1	
2	
3	
4	
5	
6	
7	
8	

第四步：借助校内外实训基地，利用动车组实物及车钩缓冲装置实训台等实训设备，完成下列实训项目，并完成实训单。

实训1　CR400AF 型动车组过渡车钩检查与润滑

1. 准备工作

(1)按小组进行角色分配，4 人一组，设组长 1 人，全班分成若干个工作小组。

(2)确认工作服、防护鞋、安全帽等劳保用品按规定穿戴。

(3)按照工具和材料清单清点工具和材料，检查各工具材料是否齐全。

(4)作业前确认止轮器已设置，接触网断电，接地杆已挂、安全号志已插设。

2. CR400AF 型动车组过渡车钩检查与润滑作业流程

在校内实训基地进行无电作业。

物料清单:白棉布、润滑脂、毛刷等。

作业步骤:

1)动车组状态确认

(1)作业组员确认动车组防溜已设置,防护号志已设置,并报告组长。

(2)作业组员确认工作服、防护鞋、安全帽等劳保用品按规定穿戴。

(3)作业组员确认润滑油型号正确,未过期。

(4)组长确认作业准备完毕,可以开始作业。

2)过渡车钩检查

(1)打开头车开司机室检查门,将 15 号过渡车钩、柴田式过渡车钩、10 型过渡车钩模块、连接销和 R 型销搬出设备舱,放在司机室地板上。

(2)分别检查柴田式过渡车钩、15 号过渡车钩、10 型过渡车钩外观状态,确认部件齐全、各部位无裂纹、变形,如图 4-58、图 4-59、图 4-60 所示。

图 4-58　柴田式过渡车钩

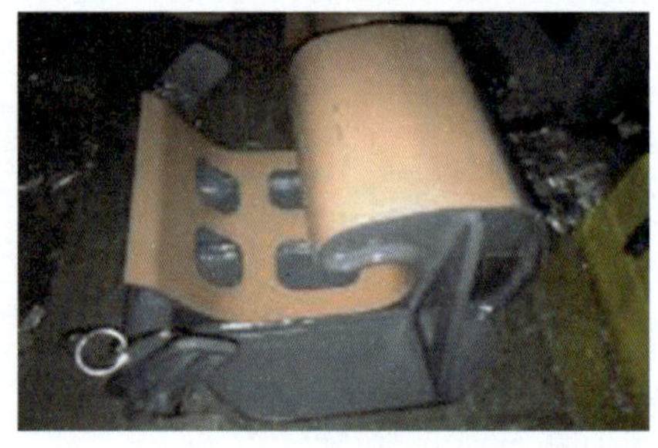

图 4-59　15 号过渡车钩

(3)确认 15 号过渡车钩防跳架、自锁销和钢丝绳无缺失(图 4-59)。

(4)确认 10 型过渡车钩风管无破损、风管接头已进行防尘处理、风管内无积灰(图 4-60)。

3)过渡车钩清洁与润滑

(1)用白棉布、毛刷清理柴田式过渡车钩连接面、钩舌、钩舌腔,去除杂物,在钩舌和钩舌腔表面涂抹润滑脂,转动钩舌,确认钩舌动作良好。

(2)用白棉布、毛刷清理 15 号过渡车钩的连接面。

(3)用白棉布、毛刷清理 10 型过渡车钩的连接面、钩舌和连挂杆,去除杂物,在钩舌和连挂杆表面涂抹润滑脂;转动钩舌,确认钩舌动作良好,风管防尘失效时须清理风管内积灰、重新进行防尘处理。

4)清理连接销

拔出 R 形销,用白棉布、毛刷清理连接销,去除杂物,在表面涂抹润滑脂,恢复 R 形销(图 4-61)。

5)放回过渡车钩及连接附件

(1)将 15 号过渡车钩、柴田式过渡车钩、10 型过渡车钩模块、连接销和 R 形销放回设备舱。

(2)关闭头车司机室检查门。

图 4-60　10 型过渡车钩

图 4-61　R 形销

6）完工确认

作业完毕后，对照工具、物料清单清点工具物料，清理作业场地，做到工完料净场地清并及时通知组长。

7）填写 CRH380A 型动车组过渡车钩检查与润滑实训单 4-3

实训单 4-3　CRH380A 型动车组过渡车钩检查与润滑

<table>
<tr><td>实训项目</td><td colspan="5"></td></tr>
<tr><td>实训工具</td><td colspan="5"></td></tr>
<tr><td>实训耗材</td><td colspan="5"></td></tr>
<tr><td>小组编号</td><td></td><td>实训场地</td><td></td><td>姓名</td><td></td></tr>
<tr><td>准备工作</td><td colspan="5"></td></tr>
<tr><td>序号</td><td>操作步骤</td><td>是否符合流程</td><td>工具物料使用是否正确、操作是否规范</td><td colspan="2">备注</td></tr>
<tr><td>1</td><td></td><td></td><td></td><td colspan="2"></td></tr>
<tr><td>2</td><td></td><td></td><td></td><td colspan="2"></td></tr>
<tr><td>3</td><td></td><td></td><td></td><td colspan="2"></td></tr>
<tr><td>4</td><td></td><td></td><td></td><td colspan="2"></td></tr>
<tr><td>5</td><td></td><td></td><td></td><td colspan="2"></td></tr>
<tr><td>6</td><td></td><td></td><td></td><td colspan="2"></td></tr>
</table>

实训 2　CR400BF 型动车组过渡车钩救援连挂操作

1. 准备工作

（1）按小组进行角色分配，4 人一组，设组长 1 人，全班分成若干个工作小组。

（2）确认工作服、防护鞋、安全帽等劳保用品按规定穿戴。

（3）按照工具和材料清单清点工具和材料，检查各工具材料是否齐全。

（4）作业前确认止轮器已设置，接触网断电，接地杆已挂、安全号志已插设。

2. CR400BF 型动车组过渡车钩救援连挂操作流程

1）在校内实训基地进行无电作业，作业步骤如下：

（1）将过渡车钩运至连挂端。

(2)检查自动车钩是否处于准备连挂位置。确认钩舌缩进凸锥;棘轮从车钩头外壳的侧面伸出。

(3)10 型过渡车钩(2)靠辅助挂钩(1)把 10 型过渡车钩挂在对侧自动钩上。

(4)将 15 号过渡车钩(5)挂到 10 型过渡车钩上,穿入连接销(6)并插入 R 型销(7)。

(5)参见图 4-62 中的加力位置,用力下压过渡车钩触发全自动车钩完成连挂操作,观察指针是否指示到位,如没有指示到位,需要重新进行连挂。

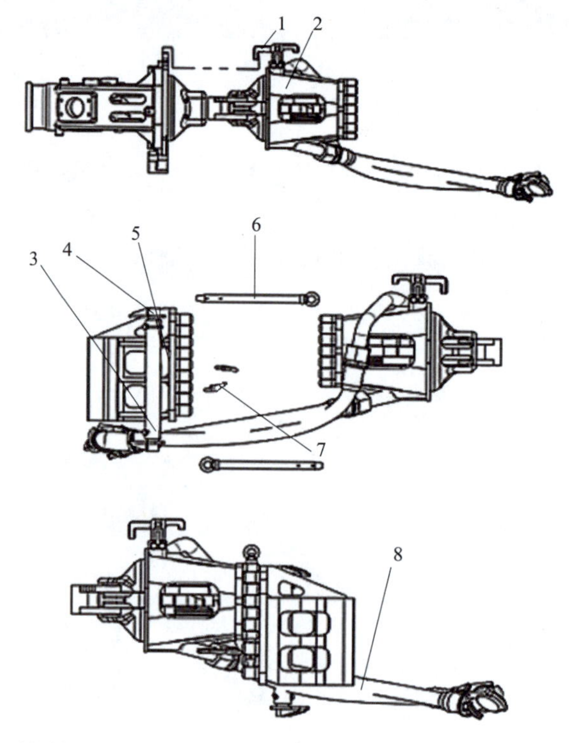

1—辅助挂钩;2—10 型过渡车钩焊接钩体;3—自锁销;4—防跳架;
5—15 号过渡车钩钩体;6—连接销;7—R 型销;8—风管。

图 4-62　过渡车钩连挂示意

2)填写动车组过渡车钩救援连挂操作实训单 4-4。

实训单 4-4　动车组过渡车钩救援连挂操作

<table>
<tr><td>实训项目</td><td colspan="5"></td></tr>
<tr><td>实训工具</td><td colspan="5"></td></tr>
<tr><td>实训耗材</td><td colspan="5"></td></tr>
<tr><td>小组编号</td><td></td><td>实训场地</td><td></td><td>姓名</td><td></td></tr>
<tr><td>准备工作</td><td colspan="5"></td></tr>
</table>

序号	操作步骤	是否符合流程	操作是否规范	备注
1				
2				

续上表

序号	操作步骤	是否符合流程	操作是否规范	备注
3				
4				
5				
6				

第五步:小组评价与自我评价

结合实训完成情况,完成评价单4-3。

评价单4-3　小组评价与自我评价

<table>
<tr><td colspan="2">实训项目</td><td colspan="4"></td></tr>
<tr><td colspan="2">小组编号</td><td>实训场地</td><td></td><td>实训者</td><td></td></tr>
<tr><td>序号</td><td>评价项目</td><td>分值</td><td colspan="2">实训要求</td><td>自我评价</td></tr>
<tr><td>1</td><td>任务完成情况</td><td>30</td><td colspan="2">能正确使用工具,按要求完成实训任务(漏检、错检一项扣5分)</td><td></td></tr>
<tr><td>2</td><td>操作过程</td><td>20</td><td colspan="2">操作过程符合要求,没有按照作业顺序或规范完成扣5分</td><td></td></tr>
<tr><td>3</td><td>实训记录</td><td>20</td><td colspan="2">记录规范、完整,准确(记录不全、错误一项扣5分)</td><td></td></tr>
<tr><td>4</td><td>实训纪律</td><td>15</td><td colspan="2">遵守实训课堂纪律,无事故,实训工具未损坏</td><td></td></tr>
<tr><td>5</td><td>团队合作</td><td>15</td><td colspan="2">服从工作安排,团队协作意识强</td><td></td></tr>
<tr><td colspan="6">实训总结与反思:

小组其他成员评价得分:________、________、________、________、________
组长评价得分:____________</td></tr>
</table>

第六步:教师评价

结合实训完成情况,由教师填写评价单4-4。

评价单4-4　教师评价

<table>
<tr><td colspan="2">实训项目</td><td colspan="4"></td></tr>
<tr><td colspan="2">小组编号</td><td>实训场地</td><td></td><td>实训者</td><td></td></tr>
<tr><td>序号</td><td>评价项目</td><td>分值</td><td colspan="2">实训要求</td><td>考核评价</td></tr>
<tr><td>1</td><td>操作程序</td><td>30</td><td colspan="2">能正确使用工具,按要求完成实训任务</td><td></td></tr>
<tr><td>2</td><td>操作速度</td><td>10</td><td colspan="2">按时完成实训操作</td><td></td></tr>
<tr><td>3</td><td>数据记录</td><td>10</td><td colspan="2">实训记录单整洁,无转抄,涂改,抄袭等</td><td></td></tr>
</table>

续上表

序号	评价项目	分值	实训要求	考核评价
4	实训成果	30	记录规范、完整，步骤规范、熟练（每个步骤错误扣5分）	
5	安全操作	10	无实训事故，实训工具未损坏	
6	团队合作	10	服从组长工作安排，能配合其他成员工作	
需改进的问题： 指导教师：　　　　评价时间：				

任务三　动车组风挡检修

一、学习目标

【知识目标】

1. 掌握动车组风挡的结构、作用与原理。
2. 了解不同类型动车组风挡的作用及布置。

【能力目标】

1. 能说出动车组风挡的组成及各部分作用。
2. 能对照动车组实物或仿真模型讲解其风挡的结构与作用。
3. 能以小组方式开展CRH380A(L)型动车组风挡认知汇报。

【素养目标】

1. 培养学生良好的学习习惯和行为习惯。
2. 培养学生爱岗敬业、团结协作、精益求精的工匠精神。
3. 培养学生“安全高于一切 责任重于泰山 一切行动听指挥”半军事化管理铁路职业素养。

二、任务导入

本任务旨在通过对CR和CRH系列动车组风挡的结构、作用和维护方法等做专门的介绍。使学习者具备对动车组车端连接装置的知识、技能等有迁移能力，同时，使学习者通过相关知识点和微课资源的学习，掌握动车组机械师所必备的相关知识和技能，并完成后续学习。

三、相关知识点

知识点1　CR400BF型风挡系统

风挡是列车之间的柔性部分，可以吸收车辆之间的最大相对运动，并使旅客能够安全便利地通过，同时满足列车的空气动力学及声学要求。CR400BF型设内风挡和外风挡。

1)内风挡

(1)内风挡结构及作用原理

CR400BF型内风挡主要由内、外框和内、外折棚组成。风挡折棚具有足够的刚度和阻尼来抑制车体的相对振动，风挡内部是气密结构。风挡连挂后，内部气体被压缩，相邻两风挡结合成为密闭的空气囊，成为各个方向上具有较大刚度和阻尼值的减振结构。如图 4-63 所示为 CR400BF 型动车组的内风挡。

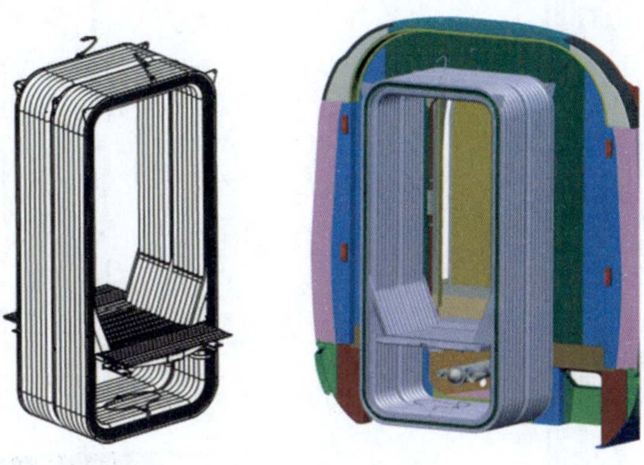

图 4-63 内风挡

(2)内风挡主要技术参数

CR400BF 型动车组的内风挡的主要技术参数见表 4-7。

表 4-7 主要技术参数

双层折棚	尺寸约 2 980 mm × 1 400 mm × 850 mm	
通过宽度	在平直轨道上	约 1 100mm
	在地板区域	约 807 mm
通过高度	在平直轨道上	约 2 050 mm
机械强度	外部压力	+3.8 kPa
	内部压力	-5.7 kPa
气密性要求	即压力从 4 kPa 降到 2.2 kPa 应大于 60 s	
运行温度	正常环境下，运行温度在 -35 ~ +80 ℃之间	
隔声性能	隔声值	38 dB
	通过台处噪声	76 dB
运行周期	10 ~ 15 年	
风挡系统总重	约 470 kg	

(3)内风挡各组成部位及材料

内风挡主要由安装框、双层折棚、渡板、地板覆盖、桥板、桥板覆盖、桥板支架、板簧、板簧座总成、接地电缆等组成，其整体结构如图 4-64、图 4-65 所示。

内风挡由内外折棚以及两个铰接框组成。内折棚内部下方边缘处两侧的裙布用于覆盖折棚和渡板之间的间隙。铰接框与内外折棚刚性连接。为保证内风挡能准确连接到过渡板组成上，在铰接框上设置了定位座。

锁闭系统位于铰接框上，用收紧杆将铰接框铰接到过渡板组成上。在此过程中过渡板组成上的锁钩插入到锁座上，从而实现与铰接框的刚性连接。

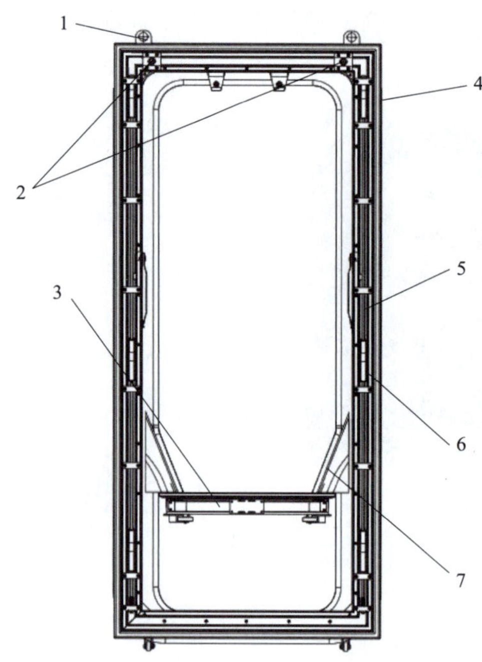

1—起吊环；2—定位座；3—板簧；
4—铰接框；5—锁闭系统；6—锁座；7—裙布。

图 4-64　风挡组成正视图

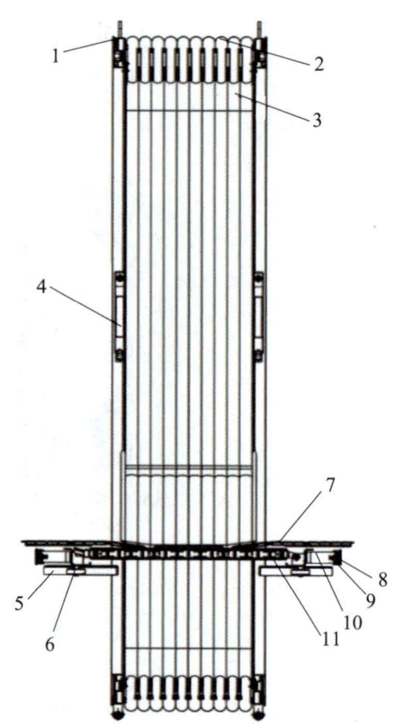

1—对接框；2—外折棚；3—内折棚；4—锁盒盖；
5—左右支架组成；6—托架组成；7—踏板组成；
8—板簧座组成；9—板簧固定座组成；
10—板簧；11—镶嵌式渡板组成。

图 4-65　风挡组成侧视图

内外折棚是由特殊棚布制成。棚布褶皱通过夹制铝框相互连接在一起。折棚框确保了形状的稳定性，棚布确保了折棚的灵活性。双层折棚四周轮廓都是闭合的。

带支架的渡板如图 4-66 所示，渡板在运行状态时为乘客提供一个安全通道。渡板的设计能够吸收车辆间的相对运动，因此风挡不会产生缝隙和其他间隔，这使得乘客在车辆运行时能自由地通过风挡。渡板包括支架、连接板、框架和踏板以及滑动部件。

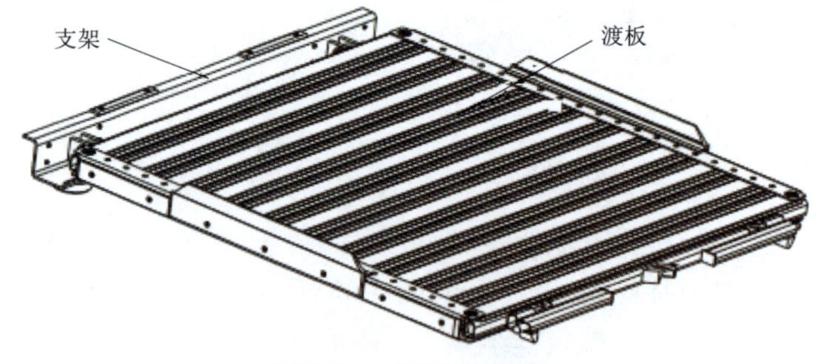

图 4-66　带支架的渡板

带锁紧装置的支架如图 4-67 所示，支架可以与渡板分解以便向上翻转或清洁。

支架上安装有两个轮子，轮子用垫圈和开口销固定，并且将防滑条和两块磨耗板铆接在支架上。

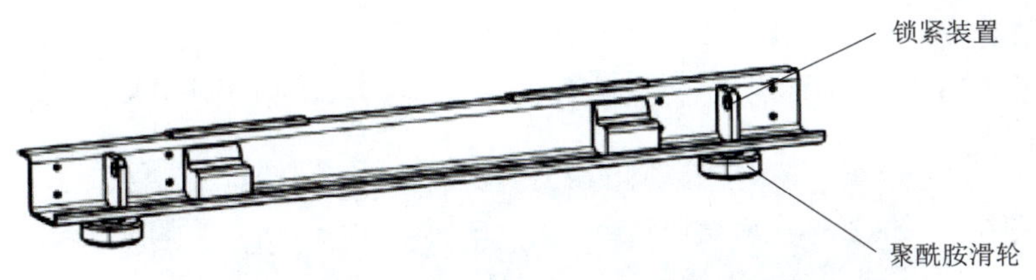

图 4-67 带锁紧装置的支架

桥板覆盖用于覆盖车体和渡板之间的间隙。桥板覆盖包括地板、翻板、铰链支架和防滑条，如图 4-68 所示。桥板覆盖用六角圆柱头螺栓与车体连接。

桥板支架分左、右两个，如图 4-69 所示。用两个 M8 沉头螺栓将桥板支架安装在底架前端上，并作为渡板与另一端车体相连的支撑。

用四个 M8 沉头螺栓将板簧座安装在车体底架前端上，用夹紧件将板簧固定在板簧座上，如图 4-70 所示。

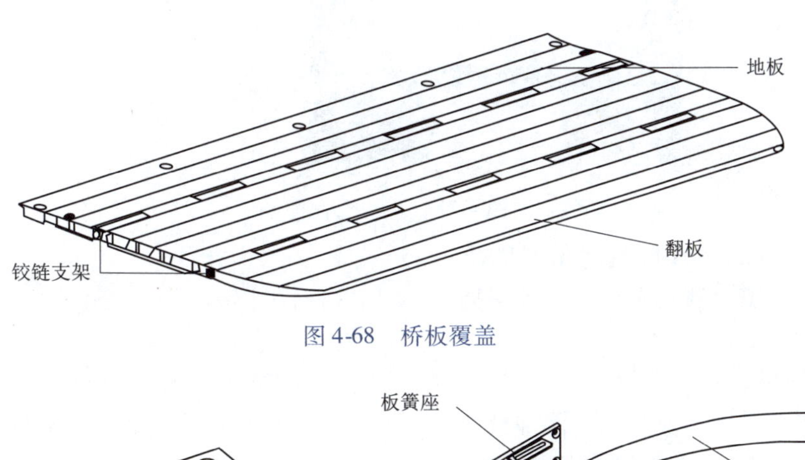

图 4-68 桥板覆盖

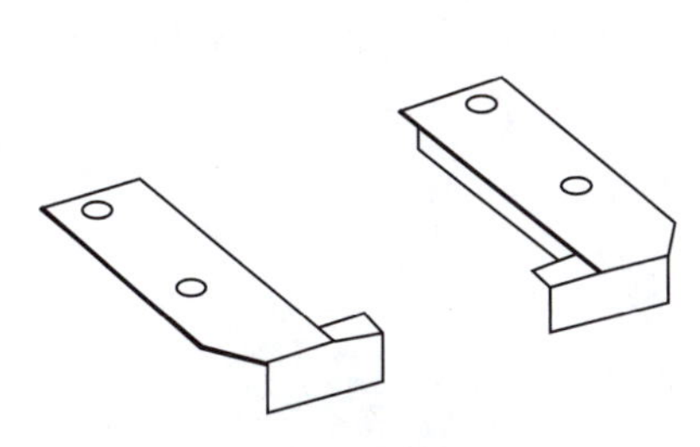
图 4-69 左右桥板支架

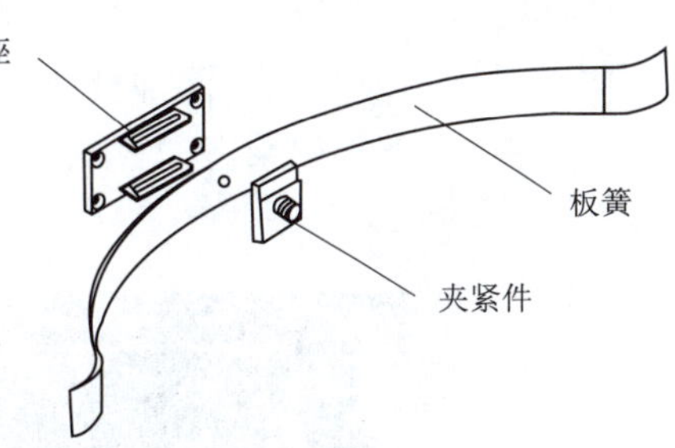

图 4-70 板簧、板簧座和夹紧件

(4) 内风挡的维护

每隔 1.5 月检查桥板覆盖防滑层是否损伤；目测风挡棚布是否出现撕裂或有孔，如有孔按用户手册修补或更换；每隔 18 个月目测板簧是否损坏，如损坏，需立即更换；风挡渡板处禁止用水清洗，需保持干燥。

2) 外风挡

外风挡是列车上的减阻功能部件，适用于高速动车组，安装在车体端墙外部，将车体连接部分的外表面延伸，使得两车体外表面间距缩小，减弱气流分离及气流冲击端墙表面的强度，以减少列车空气压差阻力。

为了降低运行阻力，减少能源消耗，在 CR400BF 型高速动车组车辆间设 U 形外风挡。为保持车体外形的美观和结构的统一,在每个车辆间均设U形外风挡,共计30套。

外风挡如图4-71所示。其主要有三部分组成,安装在端墙的两侧及顶部。

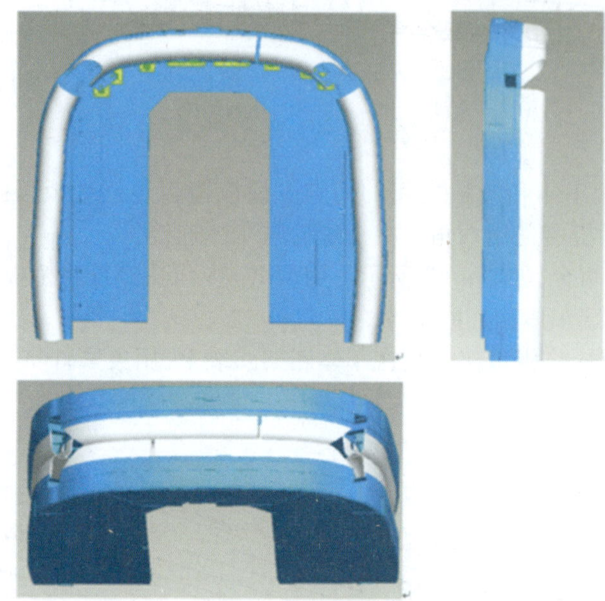

图4-71　外风挡示意

知识点2　CR400BF型动车组风挡系统

动车组外端墙上安装有压缩型外风挡、内风挡、防雪风挡等车端设备。

1)内风挡

在车辆间的连接部位,设有气密式的内风挡。内风挡结构如图4-72所示。气密式内风挡由固定在车体上的风挡橡胶和内部饰板两部分组成。通路两侧及顶部的内饰板设置有平滑的渡板及可动式镶板,可以确保乘客通过的舒适性;底部的渡板结构采用渡板附着在踏板上的形式固定。

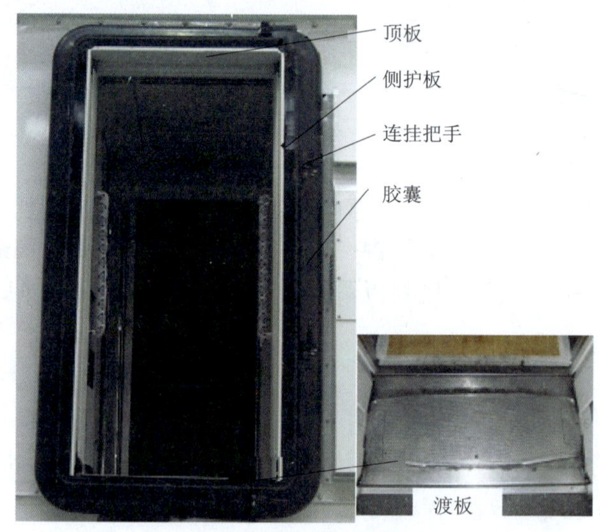

图4-72　气密式内风挡结构

内风挡不仅为旅客提供了车辆间的贯通通道,也是构成整车气密空间的关键组成部分。内风挡具有良好的隔声、隔热、气密性、水密性和伸缩性。

2)内风挡维护

在使用中,每周应对内风挡积水、内风挡胶囊内顶部凝水情况进行检查,发现积水时要及时清理。

内风挡底部积水处理措施:

(1)转动侧护板让出渡板拆卸空间。

(2)拧开固定渡板两端补板的 M5×10 螺钉,卸下渡板补板。

(3)拧开连接渡板与风挡框的 M10×30 螺栓,卸下渡板。

(4)将内风挡底部积水或积冰清理干净,结冰严重时可用 70 ℃左右热水将冰化开,再清理干净。

(5)将内风挡擦拭干净后,将渡板和渡板补板依次安装上。

内风挡胶囊内顶部凝水处理措施:

(1)拧开固定顶板轴座的 M6×40 螺栓,卸下一个顶板轴座。

(2)将顶板两端的销轴从两个顶板轴座的销孔内移出,卸下顶板。

(3)顶板与侧护板共用一个顶板轴座来固定,故侧护板也同时被卸下。

(4)将内风挡顶部冷凝水擦拭干净。

(5)将顶板的销轴一侧插入固定的顶板轴座中,另一侧插入卸下的顶板轴座中,卸下的顶板轴座也同时与被卸下的侧护板固定。

(6)装配好后,用 M6×40 螺栓将卸下的顶板轴座固定回原位置。

3)外风挡

外风挡为压缩型,由胶囊和框架组成。可以减小运行时产生的噪声,减小制动时产生的纵向冲击。其结构如图 4-73 所示。

图 4-73 压缩式外风挡结构

4)外风挡维护

外风挡作为两车辆间连接的最外侧防护,在动车组运用过程中受到环境和气候的影响,会造成表面脏污的情况,需要三天进行一次清洗。

外风挡清洗方法如下:

(1)用分散水流喷射外风挡,将浮灰冲去。

(2)用中性清洗剂人工清洗 3 遍(采用 pH 值为 7.0,含阴离子表面活性剂或阳离子表面活性剂的清洗剂)。

(3)对污迹难清除部位,用打磨毡蘸清洗剂擦拭干净。

(4)最后用清水冲洗干净,用抹布擦干风挡。

(5)清洗时按照从上到下的顺序清洗,较难清洗部位反复多次清洗。

(6)采用上述常规中性清洗剂清洗后,若风挡污迹还比较严重,可采用油污净作为清洗剂进行清洗,作业方法同上,但不要经常使用该清洗剂进行清洗,以避免损伤风挡。

5)防雪风挡

防雪风挡由胶囊和框架组成,安装于车端底部,如图 4-74 所示。在大雪天气,轨道上的积雪会被列车卷起黏附在内外风挡下方,当附着的大块积雪在振动及风力的作用下掉落时会激起碎石和冰块飞溅,为此,在车钩的下部设置了外形较为光滑、不易附着冰雪的防雪风挡,以防运行时因为掉落积雪而引起的碎石等异物的飞溅。

为了防止风挡前端部的下垂或因粘连积雪而损伤,通常将防雪风挡尽量做短,并在下侧设置风挡压板。为了防止损伤,下侧压板安装螺栓的固定方法,采用从下侧插入螺栓,上侧用特殊的螺母进行固定。

图 4-74 防雪风挡

四、任务实施

动车组风挡

第一步:扫描二维码完成线上学习。

第二步:学习教材本任务相关知识点 1、2。

第三步:结合线上线下教学资料,完成作业单 4-3。

作业单 4-3　内外风挡
班级：　　　　姓名：　　　　学号：　　　　时间：
一、名词解释。
1. 内风挡： 2. 渡板： 3. 外风挡：

续上表

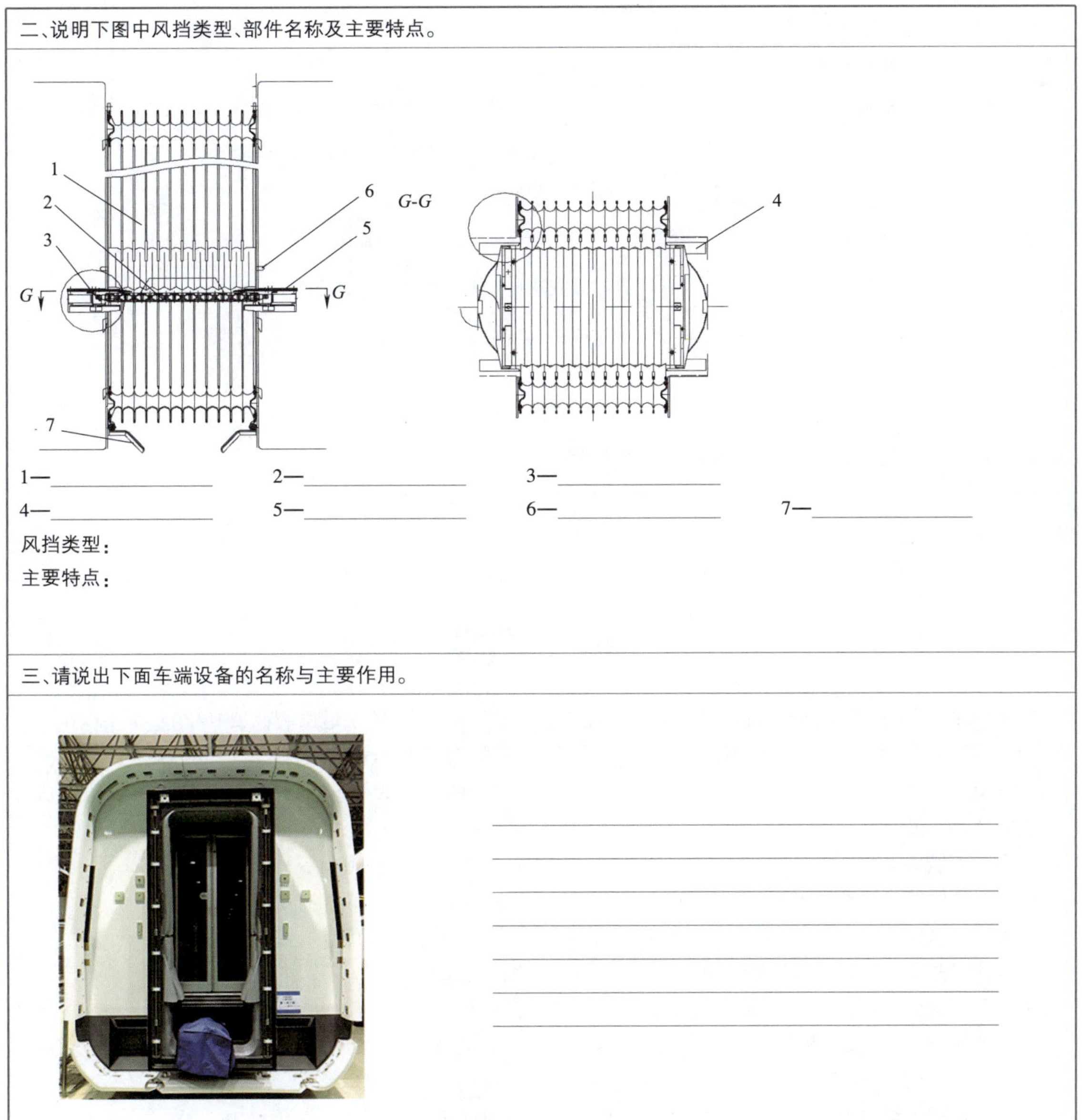

二、说明下图中风挡类型、部件名称及主要特点。

1—________ 2—________ 3—________

4—________ 5—________ 6—________ 7—________

风挡类型：

主要特点：

三、请说出下面车端设备的名称与主要作用。

____

第四步：教师评价

结合实训完成情况，由教师填写评价单 4-5。

评价单 4-5 教师评价

实训项目					
小组编号		实训场地		实训者	
序号	评价项目	分值	实训要求		考核评价
1	操作程序	30	能正确使用工具，按要求完成实训任务		

续上表

序号	评价项目	分值	实训要求	考核评价
2	操作速度	10	按时完成实训操作	
3	数据记录	10	实训记录单整洁，无转抄、涂改、抄袭等	
4	实训成果	30	记录规范、完整，步骤规范、熟练（每个步骤错误扣5分）	
5	安全操作	10	无实训事故，实训工具未损坏	
6	团队合作	10	服从组长工作安排，能配合其他成员工作	
需改进的问题： 指导教师：　　　　评价时间：				

参考文献

[1]中国铁路总公司. 铁路技术管理规程（高速铁路部分）[S]. 北京：中国铁道出版社，2014.

[2]中国铁路总公司. 铁路动车组运用维修规则[S]. 北京：中国铁道出版社，2017.

[3]《"复兴号"中国标准动车组》编委会. "复兴号"中国标准动车组（CR400型）[M]. 北京：中国铁道出版社有限公司，2020.

[4]中国国家铁路集团有限公司. 铁路动车组运用维修[M]. 北京：中国铁道出版社有限公司，2022.

[5]中国国家铁路集团有限公司. 铁路动车组检修[M]. 北京：中国铁道出版社有限公司，2022.

[6]中国国家铁路集团有限公司. 铁路动车组概论[M]. 北京：中国铁道出版社有限公司，2022.

[7]中国铁路总公司. 动车组机械师[M]. 北京：中国铁道出版社，2016.

[8]中国铁路总公司. 动车组维修师[M]. 北京：中国铁道出版社，2016.

[9]中国铁路总公司. CRH系列动车组典型故障案例[M]. 北京：中国铁道出版社，2015.

[10]孙志才，刘锡权. 铁道车辆检修技术[M]. 北京：中国铁道出版社，2013.

[11]张卫华. 动车组总体与转向架[M]. 北京：中国铁道出版社，2011.